Ostpreußen

Zuhause im weiten Land

Annemarie in der Au/Grete Fischer/Eva Reimann

Ostpreußen
Zuhause im weiten Land

Weltbild

Die einzelnen Titel dieses Sammelbandes erschienen bei der
Husum Druck- und Verlagsgesellschaft mbH & Co. KG, Husum

Besuchen Sie uns im Internet:
www.weltbild.de

Genehmigte Lizenzausgabe für Verlagsgruppe Weltbild GmbH,
Steinerne Furt, 86167 Augsburg
Die Kindheit blieb am Haff zurück von Annemarie in der Au:
Copyright © 1991 by
Husum Druck- und Verlagsgesellschaft mbH & Co. KG, Husum
Letzter Sommer in Ostpreußen von Grete Fischer:
Copyright © 1986 by
Husum Druck- und Verlagsgesellschaft mbH & Co. KG, Husum
Zu Hause im weiten Land Ostpreußen von Eva Reimann:
Copyright © 1996 by
Husum Druck- und Verlagsgesellschaft mbH & Co. KG, Husum
Umschlaggestaltung: Beatrice Schmucker, Augsburg
Umschlagmotiv: ZEFA, Düsseldorf
Gesamtherstellung: Oldenbourg, Graph. Betriebe Druckerei GmbH,
Hürderstraße 4, 85551 Kirchheim
Printed in Germany
ISBN 3-8289-7146-6

2005   2004   2003   2002

Die letzte Jahreszahl gibt die aktuelle Lizenzausgabe an.

Inhaltsverzeichnis

Die Kindheit blieb am Haff zurück

Letzter Sommer in Ostpreußen

Zu Hause im weiten Land Ostpreußen

... immer wirst du erinnern sein Lied

Buchsbaumduft – Erinnerungsduft

Die Kindheit
blieb am Haff zurück

Kapitel 1

Man hätte glauben können, dass Geister sich im nebligen Dämmer des neuen Tages zu einem heimlichen Stelldichein aufmachten. Aus jedem Haus traten sie, waren eilig und – obwohl man die Erregung bei den meisten mit allen Nerven spürte – lautlos. Es war, als lösten sich jahrhundertealte Schatten von den Steinen, schwankten für Augenblicke hin und her und ließen sich dann willig vom Nebel verschlucken.

Karl Findeiser wusste, dass diese Schatten Menschen waren, die wie sie flüchteten. Sie – das waren seine Mutter und er. Und sie trugen beide Rucksäcke mit dem, was die Mutter in der Eile des Aufbruchs für wichtig und wertvoll gehalten hatte.

Wertvoll. Für einen Augenblick vergaß Karl über dem Inhalt seines Rucksacks die anderen Menschen. Wertvoll! Er mochte wirklich wissen, was Mutter sich dabei gedacht hatte. Zwei Hemden hatte sie ihm eingesteckt und seine Sonntagshose, einen Pullover von seinem Vater und mindestens zehn Taschentücher.

Wertvoll! Hatte sie vielleicht auch nur mit einem einzigen Gedanken an seine Eisenbahn gedacht, die der Vater ihm in seinem letzten Urlaub noch mitgebracht, und die sie gemeinsam aufgestellt hatten? Sie war gewiss wertvoller als zehn Taschentücher, die man nicht einmal am Sonntag vermissen würde, wenn man zur Kirche ging. Mit den Fingern würde man notfalls auch fertig werden, wenn man die Nase nach alter Fischerart schnäuzte. Und Karl konnte das.

Wertvoll! Und hatte die Mutter vielleicht auch nur eine

Sekunde für den Beutel voller Glasmurmeln verschwendet, die er in jahrelanger mühevoller Arbeit den Jungens seiner Straße abgemogelt hatte? Aber er – er hatte daran gedacht und sie im letzten Augenblick in seine Manteltasche gesteckt, in die er doch um Gottes Willen nichts hineinstecken durfte, um sie nicht auszubeulen. Merkwürdig, dass die Mutter, so lange sie nun schon unterwegs waren, noch nie einen Blick für diese Ausbeulung gehabt hatte. Aber seit sie nun auf der Flucht waren, gab es ja auch keine Sonntage mehr, hatte sein Sonntagsmantel seine Berechtigung verloren, war er nichts mehr als irgendein anderes Fluchtgepäck, das alle Gefahren, Beulen und allen Schmutz mit ihnen teilen musste.

Wie lange waren sie überhaupt schon unterwegs? Gleich nach seinem zwölften Geburtstag waren sie aus der Stadt gezogen, und sein Geburtstag war im September. Sie hatten die von Bomben zerstörte Stadt auf einem Güterwagen verlassen und auf Irrwegen eine andere Stadt erreicht, die ihnen und vielen anderen Geflüchteten ein Obdach gegeben hatte. Obwohl es nichts gab, was sie an diese kleine Stadt hätte binden können – keine Fabrik, in der der Vater arbeitete, keine althergebrachte eingerichtete Wohnung, keine Verwandten und Bekannten, nicht einmal einen Kaufmann, der ihnen mit heimlichem Augenzwinkern einen Teil mehr über seine Ladentheke zuschob, als ihnen auf den zugeteilten Lebensmittelkarten zugestanden, – obwohl es nichts dergleichen gab – keine altvertraute Kirche und keinen klettergeübten Baum, kein freundnachbarliches Radio, mit dessen geringstem Kratzer man ebenso vertraut war wie mit seiner von welcher Hand eben eingestellten Lautstärke, – obwohl es nichts gab – kein Wohnzimmer mit einem Buffet, auf dem bunte Römergläser standen, kein geerbtes Vertiko mit Nippesfiguren darauf und einer Schublade voller Geheimnisse aus Mutters und Großmutters Kindheit, kein Klavier mit schon gelblich gewordenen Elfenbeintasten und keine Speisekammer, in der man an den vielen Einmachgläsern entlangspazieren konnte – obwohl es nichts dergleichen Intimes gab, waren sie froh gewesen, ein neues Dach zu finden, ein Bett und einen Schrank und bei der freundlichen Hausfrau eine Kochstelle, wo die Mutter auch hatte kochen können. Sie hatten sich sogar wieder einen neuen Kochtopf und dieses und jenes anschaffen können.

Aber nun hatten sie wieder alles Erworbene stehen lassen müssen, waren sie erneut ins Ungewisse hinein auf dem Weg, weil das Leben zu haben sie mehr dünkte als aller Besitz.

Der Herbst war vorbeigegangen und der Weihnachtsmonat. Jetzt war es Januar – – oder schon Februar? Komisch, es gab plötzlich Dinge, nach denen niemand mehr fragte, eines davon war die Zeit.

»Trödel nicht, Junge. Der Wenk hat gesagt, dass wir früh am Haff sein müssen, sonst schaffen wir es nicht.«

Da war Karl wieder bei den menschlichen Schatten im unfreundlichen Nieselnebel. Es wurden immer mehr. Einige schienen sich kaum von den Häusern losreißen zu können. Sie standen eine Weile unschlüssig mit ihrem Gepäck, mit ihren Säcken und Taschen da und schauten in die Dunkelheit der Häuser zurück. Dann taten sie so, als hätten sie etwas vergessen und gingen wieder in ihre Heimlichkeit. Aber es gab auch einige, die ihren Kopf tief gesenkt hielten und keinen einzigen Blick zurückwarfen.

Je weiter sie auf der Landstraße von der Stadt zum Wasser hin fortgingen und sie hinter sich ließen, dieses Bienenhaus aus Soldaten, Frauen, Kindern und Geschossen, desto häufiger trafen sie auf Pferdegespanne. Aus den Leiterwagen, mit denen noch im letzten Sommer das Heu und das Getreide von den Feldern in die Scheunen gefahren war, hatte man fahrende Häuser gemacht.

Genau so – dachte Karl – genau so muss es gewesen sein, als die Pioniere durch Amerika gezogen sind, um sich neues Land zu suchen, Wagen hinter Wagen. Und die Wagen hatten Dächer aus Holz und Schilf oder einfach nur Decken, die über ein Gestell gelegt worden waren. Die Frauen und Kinder saßen darin auf den Kisten, und die Männer saßen auf den Kutschböcken oder gingen nebenher, das geladene Gewehr immer schussbereit.

Aber nein, dieses bücherfüllende Bild stimmte nicht, wenn auch diese Wagen abenteuerlich genug aussahen. Wohl waren die Wagen voller Kisten, Bettzeug und Kinder, aber auf den Kutschböcken saßen Frauen und trieben die struppig gewordenen Tiere an. Wer irgend laufen konnte, ging neben den Wagen her und schonte die Kräfte der Tiere. Wer weiß, wie lange sie die ohnehin noch strapazieren mussten. Männer waren keine dabei, jedenfalls nicht solche, wie sie durch die Abenteuergeschichten jagen, schießen und neue Hütten bauen. Manchmal nur strich ein alter Mann über den Kopf eines Pferdes oder zurrte den Strick fester, der einen Kochtopf hielt oder ein Bündel Heu. Die anderen Männer hatten Uniformen an, aber sie gehörten nicht zu den Wagen.

Es gab auch keine Indianer mit vergifteten Pfeilen, die hinter Büschen lauerten. Vielleicht wäre manches einfacher gewesen, wenn man den Feind hinter dem Strauchwerk oder hinter einem einsamen Haus hätte vermuten können. Aber dieser Treck wusste nicht genau, wo sein Feind gerade steckte, es liefen nur Vermutungen um ihn und seine Allgegenwärtigkeit in der Luft, auf dem Wasser und in dem Land flüsternd von Mund zu Mund. Das machte den Weg so unheimlich und so gefährlich. Die um ihn hätten wissen müssen, schwiegen.

»Vielleicht nimmt uns am Haff so ein Wagen mit!«

»Und wenn sie alle voll sind?«

»Der Wenk hat gesagt, dass die Wagen am Wasser kontrolliert werden. Alles, was nicht unbedingt nötig ist, muss herunter, damit Menschen mitfahren können.«

Karl freute sich darüber, aber er zeigte es seiner Mutter lieber nicht. Die Erwachsenen waren so merkwürdig in dieser Zeit, sie hatten bei allem immer gleich Tränen in den Augen und sprachen schwer verständliche Worte von Besitz und Verlieren und Nichtwiedersehen. Das Lachen um das Abenteuer gehörte nicht zum Fluchtgepäck, vielleicht war es daheim schon erschossen worden oder in den Ruinen der Häuser verschüttet.

Warum aber sollte man jetzt zum Beispiel nicht lachen, wie der scharfe Ostwind ihnen in die Rücken fuhr und zugleich die Nebelfetzen und die Nieseltropfen vor ihren Nasen tanzen ließ.

»Jetzt fängt es auch noch an zu regnen!«

»Vielleicht hätten wir heute doch nicht gehen sollen. Wenks sind auch geblieben.«

»Ja, die. Die haben noch auf ihre Tochter gewartet. Aber kein Mensch weiß, ob die überhaupt noch einmal kommt. Nichts weiß man mehr, überhaupt nichts.«

»Es wird jetzt klarer, findest du nicht auch? Man kann schon viel weiter sehen. Guck mal, die da vorn!«

Eine Gruppe Soldaten spritzte vor ihnen auseinander und verschwand in einem Graben neben der Landstraße, der voller nassem Schnee stand. Ein Pferd stieg erschrocken in die Höhe und versuchte, aus seinem Geschirr auszubrechen. Ein anderes Pferd wurde so plötzlich herumgerissen, dass die

Deichseln kreischten. Ein Flugzeug war über ihnen. Karl hörte es zuerst und riss seine Mutter an den Straßenrand und zu Boden.

Lange hockten sie so und lauschten auf den ratternden Gesang der Motoren, der über ihnen kreiste. Würde das Flugzeug schießen oder Bomben werfen? Dann wurde es wieder still. Selbst der Atem der Menschen schien zu schweigen, und nur das leise Mahlen der Pferde auf den Trensen war zu hören. Das Lachen der herauskriechenden Soldaten erschreckte Karl ebenso wie seine Mutter. Aber während das Entsetzen bei seiner Mutter blieb, bewunderte er die Soldaten restlos um dieses Lachen. Nun war er es, der seine Mutter antrieb, vorwärts zu gehen und in ihrer Nähe zu bleiben. Wo es lachende Soldaten gab, musste man sich doch wohl sicherer fühlen.

Der Nieselnebel verdichtete sich nach und nach zu großen, nassklammen Schneeflocken.

»Nun wird auch noch alles in den Rucksäcken nass werden.«

»Es ist besser, der Himmel schickt uns etwas herunter, als jemand anders. Lieber nasse Sachen als blaue Bohnen auf dem Leib. Bei so einem Wetter sind Sie sicherer, liebe Frau.«

Der Soldat mochte Recht haben. Wenn man seinem weißstoppeligen Gesicht folgen durfte, schien er eine große Erfahrung zu haben. Dennoch waren seine Worte kein Trost, und Karl und seine Mutter waren froh, in der Ferne ein paar Häuser zu sehen.

Es ist schon eine merkwürdige Zeit. Man darf einfach so in fremde Häuser eintreten, ohne zu klingeln, ohne anzuklopfen, ohne um Erlaubnis zu fragen und ohne seinen Namen zu nennen. Aber es ist auch schwer, unter dem Haufen Menschen, der sich da in einem Raum zusammendrängt, den Besitzer des Hauses zu erkennen und nach seinem Namen zu fragen. Vielleicht ist er überhaupt gar nicht mehr da. Sie standen mit anderen in einem Hausflur und starrten in das Wetter hinaus.

»Möchtest du etwas essen, Kind?«

Nein. Karl möchte nichts essen. Er fühlte sich sehr hilflos mitten in diesem sich drängenden Menschenhaufen. Niemand scheint zu wissen, wie es nun weitergehen soll, niemand scheint einen Entschluss fassen zu wollen, aber alle warten, warten auf irgendetwas. Manchmal sprechen sie alle gleichzeitig vor sich hin, dann wieder sind sie alle zugleich ohne Worte, und dann hört man den Ostwind um das Haus sausen.

Im Hauseingang stehen ein paar Soldaten und blasen stinkende Rauchschwaden in die Luft. Wahrscheinlich haben sie irgendwo eine Seegrasmatratze zu Zigaretten gemacht. Karls Mutter ist die Erste, die sich wieder aufrafft, als sie sieht, dass das schneenasse Wetter ein wenig nachlässt.

»Wo geht es nun zum Haff hinunter?«

Die Soldaten zeigen ihnen den Weg. Man braucht nur dem jetzt endlos erscheinenden Zug der Wagen zu folgen. Im Fortgehen hört Karl den einen der Soldaten sagen, dass der Kessel wieder geschlossen ist. Wer weiß, wie vielen es überhaupt gelingt, hier herauszukommen. Karl schaut prüfend zur Mutter hoch, ob sie diese Worte auch gehört hat. Gottseidank nicht. Jedenfalls ist keine Veränderung an ihr zu bemerken. Wir Männer – denkt Karl – wir Männer können mit solchen Hiobsbotschaften viel besser fertig werden als die Frauen. Und es ist das ersten Mal, seit sie vor Monaten sich auf den Fluchtweg gemacht haben, dass er solche Ideen hat.

Der Wenk hatte Recht: Da, wo der Weg einen sanft abfallenden Bogen zum Wasser hin macht, liegen Kisten, Koffer und wild verstreute Kleidungsstücke, liegen Kochtöpfe und

Hühnerkäfige und sogar Heubündel, die ganz schwarz vor Nässe sind. Die Wagen zögern alle, ehe sie sich auf das Eis gleiten lassen. Das Tauwetter hält schon seit ein paar Tagen an, und man hat gehört, dass das Haffeis Risse zeigt. Aber es gibt ja nur noch diesen einzigen Ausweg über das Haff und über die Nehrung, um sich in Sicherheit zu bringen. Die abschnürenden Kreise des Feindes werden immer enger gezogen.

Müssen wir Ballast abwerfen? Die Menschen auf den Wagen, die Haus und Hof verlassen haben, die sich über Nacht von Hof, Keller und Scheunen zusammengerafft haben, was die Wagen fassen und die Pferde nur irgend ziehen können, sie hängen nun doppelt an jedem Stück, das alles Übrige ihres Besitzes vertreten muss. Müssen wir Ballast abwerfen, damit die Wagen nicht im dünnen Eis einbrechen? Und sie kneifen wohl die Augen zusammen zu einem schmalen Schlitz und pressen die Lippen aufeinander, bis sie zu einem Strich geworden. »Hü, Lotte!« heißt es, und die Menschen wagen für sich und ihre Habe nun auch noch das Letzte, die Fahrt über das brüchige Eis.

Die Mutter wendet sich an einen Offizier, ob sie nicht mit einem Wagen mitfahren können. Der Offizier schaut sie nur an und zuckt die Achseln. Da müsse sie sich schon selber umsehen. Und er zuckt noch einmal die Achseln und wendet sich ab.

Karl sieht eine junge Frau mit einem hoch bepackten Kinderwagen. Das Gefährt hat nur noch drei Räder, und es ist schwer, es durch die ausgefahrene Furt zu schieben. Und gleich hinter ihr geht ein altes Ehepaar. Die Frau humpelt schwer auf einen Stock gestützt, während der Mann einen kleinen Leiterwagen hinter sich herzieht. Und im gleichen Augenblick schämt sich Karl, dass seine Mutter überhaupt noch nach einem Platz im Wagen gefragt hat. Die dort haben ihn doch wohl viel nötiger.

»Komm, wir gehen«, sagt er leise.

Aber seine Mutter gibt es noch nicht auf. Wenn sie schon nicht selber den langen Weg fahren können, vielleicht darf man wenigstens die Rucksäcke auf einem Wagen abstellen. Sie schaut sich um, denn sie hat es in den letzten Wochen immer noch nicht abgelegt, wählerisch zu sein. Der eine Wagen sieht ihr nicht stabil genug aus, auf dem zweiten gefallen ihr die Leute nicht, der dritte ist schon zu voll, und manchmal hören die Leute überhaupt nicht auf ihre Fragen, weil sie mit sich selber genug beschäftigt sind.

»Komm, wir gehen!«

Karl sagt es noch einmal und schon viel dringlicher. Und er drängt seine Mutter einfach auf das Eis, das schon hoch von Wasser bedeckt ist. So reihen sie sich in den endlosen Zug ein, der über die unabsehbare Fläche gleitet. Jetzt regnet es wieder. Sie schieben sich dicht hinter einen Wagen und fühlen sich selbst hinter ihm wehrlos allem ausgesetzt, was auch immer jetzt kommen mag. Es gibt hier aus diesem Elendszug kein Entrinnen mehr.

Einmal denkt Karl, wie lange sie wohl schon so dahintrotten, den Blick auf das patschende Wasser gerichtet, das selbst schon ihre dicken Stiefel und die zwei Paar wollenen Strümpfe durchdrungen hat. Er möchte gern nach der Uhr sehen, die eigentlich seinem Vater gehört, aber es wäre unsinnig, dafür den Mantel, die Jacke und die Hemden aufzuknüpfen. Denn die Uhr trägt er an einem Bindfaden hängend auf seiner nackten Brust. Es ist auch sinnlos, nach der Zeit zu sehen, denn hier gilt nur der Weg.

Manchmal wendet er seinen Blick von dem Wasser unter ihnen und dem Wagen ab. Seitab vom heute eingehaltenen

Weg liegen Pferdekadaver oder halb ausgeräumte Wagen, die im Eis eingesunken sind. Vielleicht hat sich hier gestern die Tragödie eines zerschossenen Trecks abgespielt, vielleicht ist sie auch schon ein paar Tage alt. Und die rettende Nehrung ist noch immer nicht in Sicht.

Einmal müssen die Wagen stehen bleiben. Irgendwo ist wohl ein Hindernis, das diese Stockung verursacht. Da lösen sie sich von diesem Wagen vor ihnen, gehen an einigen anderen Wagen vorbei und ordnen sich neu in den langen Zug ein. Karl schmerzen schon längst die Schultern von der Last seines Gepäcks. Aber er sagt nichts. Wir Männer – so denkt er noch einmal –, wir Männer können das doch alles besser tragen, als die Frauen.

Mitten auf dem Eis macht der Wagenzug ganz plötzlich eine Schwenkung nach links. Und da ist die schmale Landzunge zwischen Haff und See sichtbar: ein verheißungsvoller Horizont voller schützender Bäume. Und gerade jetzt ist das Rattern der fremden Maschine wieder über ihren Köpfen, fällt sie aus dem Hinterhalt an. Tack-tack-tack hören sie es aus der Ferne, aber es kommt näher, tack-tack-tack-tack – – –

»Los, lauf zur Nehrung!« schreit ihn die Mutter an. Da ist Karl wieder das kleine Kind, das seiner Mutter blindlings gehorcht. Eine Weile keuchen sie nebeneinander her, und sie beide sind darauf bedacht, miteinander Schritt zu halten. Dann muss Karl einer hastenden Fußgängergruppe ausweichen und nimmt die Spitze ein. Er versucht, auf das Keuchen der Mutter in seinem Rücken zu achten.

»Kriech unter den Wagen!«

Er weiß nicht genau, ob das die Stimme der Mutter ist, es bleibt auch keine Zeit mehr, darüber nachzudenken. Das Tack-tack-tack ist nun über ihnen, und die Gedanken sind das Erste, was ihm zum Opfer fällt.

Karl rennt noch ein paar Schritte weiter, ehe er sich unter den rückwärtigen Teil eines Planwagens drückt, der stehen geblieben ist. Andere Wagen rasen nun in wilder Fahrt an ihm vorbei, angetrieben von den Schüssen und angetrieben von dem Schreien der Menschen. Kaum drei Schritte von ihm entfernt fällt eine Frau auf das Eis. Ein jäher Schreck durchfährt ihn, dass es seine Mutter sein könnte, die nicht mehr neben ihm ist. Aber nein, seine Mutter ist klug. Sie wird auch unter einem Wagen hocken und das wilde Schießen abwarten. Und wenn dieser Spuk erst einmal vorbei ist, dann wird er zu ihr gehen, und sie werden beide lachen. Er nimmt sich ganz fest vor, zu lachen, wie es die Soldaten auf der Landstraße gemacht haben.

Noch einmal fegt das wilde Tack-tack-tack-tack über sie hinweg. Die Frau, die vorhin auf das Eis gefallen ist, sieht er nicht mehr. Er hat nicht bemerkt, ob sie fortgelaufen ist oder ob man sie fortgetragen hat. Von vorn her hört er ein Pferd schreien. Ja, es ist ein richtiges Schreien in die weißnasse Stille hinein. Dann hört er über sich im Wagen das Weinen eines kleinen Kindes, das ein Weniges von dem Urschmerz des Tieres fortnimmt. Schu, schu, schu, singt eine Frauenstimme, eine alte, brüchige Frauenstimme.

Da springt Karl auf und rennt zurück, um bei seiner Mutter zu weinen. Im Augenblick hat er vergessen, dass er lachen wollte. Die lautlosen Tränen sind ohne sein Wollen in sein Gesicht gekommen.

Muttchen, wo bist du?

Karl späht nach jedem Wagen und um jeden Wagen herum. Mindestens fünf Wagen geht er zurück. Sollte seine Mutter so weit zurückgeblieben sein? Oder hat sie ihn doch noch eingeholt und ist an ihm vorbeigelaufen, und er hat sie nicht bemerkt? Er läuft wieder die fünf Wagen nach vorn und gleich noch ein Stück weiter. Er schaut jeder Frau genau unter das Kopftuch, aber es ist keine, die ihn mit ihren Augen sucht. Sie haben nicht einen einzigen Blick für ihn, so stumpf trotten sie nun wieder daher.

Wo ist die Mutter?

Karl bleibt stehen und lässt Wagen für Wagen an sich vorbeiziehen. Er ist plötzlich merkwürdig ruhig, und das fällt ihm selber auf. Es fällt ihm sogar ein, dass jedes Kind jämmerlich schreien würde, verlöre es die Mutter auch nur einen Augenblick aus der Hand. Er schreit ja gar nicht. Er ist also nun wirklich kein Kind mehr? Das erfüllt ihn beinahe mit Stolz, den Bruchteil eines Augenaufschlags wenigstens, ehe ihn die Frage nach der Mutter erneut quält.

Wo die Mutter nur geblieben ist?

»Los, lauf zur Nehrung!«

Natürlich! Dass er nicht sofort daran gedacht hatte! Nun wird Mutter dort an den Bäumen ganz unnötig auf ihn warten und sich Sorgen machen. Und er lacht und nickt bei diesem Gedanken einer Frau so erleichtert strahlend zu, dass sie ihm ein wenig fassungslos nachschauen muss, wie er gleich einem fröhlichen Feriengast der Nehrung zuspringt.

Kapitel 2

Er sah es schon vom Eis her, dass am Ufer niemand auf ihn wartete, aber Karl war so von seinen Gedanken des glücklichen Wiederfindens erfüllt, dass ihm dies nicht einmal in das Bewusstsein drang. Wer wird sich auch wie ein Denkmal an die Auffahrt zum Land stellen und sich geradezu zum Ziel für alle Schießübungen machen. Und Karl hüpft über die ersten Dünengrasbüschel hinweg, die – vom Schnee gebleicht – wie gewachsene Eishalme sind.

Der Menschenstrom schwemmt ihn in den Wald hinein. Und es ist, als nähme der Wald von den Menschen den Bannfluch des Eises. Fragen sind wieder da und erhalten Antwort, Rufe fliegen von Wagen zu Wagen, und das Weinen eines Kindes erinnert hier an eine warme Ofenbank oder an ein federreiches Bett. Es klingt alles nicht mehr so feindlich, selbst das Rattern einiger Panzerwagen nicht, die sich hier zwischen die Pferdewagen drängen und den Sandweg aufwühlen.

Hier gibt es auch wieder Menschen, die für Ordnung sorgen, Soldaten und Zivilisten. Eine Holzbaracke mag manchem der Suchenden, Verzweifelten und Entwurzelten das Symbol für eine Rettungsstation sein aus seiner eigenen Ausweglosigkeit. Viele drängen einfach nur vorwärts, dem großen Menschenstrom nach, andere aber möchten wieder einmal ein menschliches Wort hören, das ihnen sagt, was sie hier und da so außerhalb ihrer Wohnungen und ihrer Höfe machen sollen. Sie stehen in der Nähe der Baracken und warten geduldig, bis jemand Zeit für sie hat. Karl wendet sich von einem Menschenhaufen zum andern und sucht ein vertrautes Gesicht. Noch nie fand er die Welt so groß wie gerade hier in dem kleinen Ort.

Eine Frau hält ein kleines Deckenbündel auf ihren Armen und reicht es einer anderen Frau, die eine weiße Armbinde trägt.

»Es ist tot.«

Sie sagt es so, als spräche sie davon, dass ein Apfel angeschlagen sei oder die Milch sauer, oder als habe eine alte Decke einen neuen Riss.

Und die Frau mit der Armbinde erschrickt kein bisschen, aber sie nimmt der anderen das Bündel auch nicht ab. Sie hebt nur bedauernd die Hände, wie man es wohl tut, wenn irgendetwas weder abzuändern noch weiterzuführen ist.

»Es ist tot.«

So leicht macht man es sich also jetzt, wenn jemand tot ist? Oder warum denn sonst sind die Frauen so ohne natürliche Reaktion auf den Tod und noch dazu auf den ihres Kindes? Karl wendet sich schnell von den beiden Frauen ab. Er denkt an Onkel Peters Begräbnis. Er denkt daran, wie die Familie und das halbe Dorf in der ausgeräumten Stube standen, in der der dunkle Sarg aufgebaut war, und wie sie alle bei des Herrn Pfarrers Worten weinten und schnufselten, dass es Gott erbarmen mochte.

»Es ist tot.«

Und hier weint niemand mehr. Karl hat Angst, dass das tote Kind in dem kleinen Deckenbündel sich vielleicht noch gegen sein vollkommenes Verlorensein wehren könne. Karl läuft von diesen Barackenmenschen fort, denen man die Seele getötet hat, dass sie nicht einmal mehr weinen können. Er muss seine Mutter finden und sie darum fragen, sehr viel fragen nach Dingen, die er hier nicht begreift. Seine Mutter darf unter den Barackenmenschen nicht sein.

24

Er schließt sich wieder dem Treck der Vielen an. Wie schön müsste es sein, hier im Sommer durch den festlichen Wald zu laufen, düneab und düneauf, oder den großen breiten Sandweg entlang, der manchmal zwischen den bewachsenen Sandbergen zu einem Hohlweg wird. Jetzt ist der Boden matschig, und der Weg ist ausgefahren, dass die Wagen nur schwer von der Stelle kommen. Manchmal schert ein Wagen aus, weil die Pferde einfach zu müde sind, um weiterzuziehen, und bleibt unter dem Schutz der Bäume stehen. Der Wald ist an manchen Stellen ein großes Heerlager. Keine geordnete Wagenburg etwa, wie Karl sie aus den Sagenbüchern kennt, sondern ein zufälliger und ungeordneter Menschen- und Materialhaufen, Pferde, Wagen, Frauen, Greise, Gepäckstücke und sogar Soldaten. Hin und wieder schwelt irgendwo ein kleines Feuer, an dem man sich wärmen oder auf dem man vielleicht sogar etwas kochen möchte.

Karl lässt sich keine Zeit, anzuhalten. Die Schmerzen in seinen Schultern spürt er schon nicht mehr, und er ist auch nicht hungrig. Einmal sieht er die Frau mit dem dreirädrigen Kinderwagen wieder. Sie sitzt auf einem Baumstumpf und starrt auf ihre bloßen Hände. Karl möchte am liebsten zu ihr gehen und sich neben sie setzen. Es wäre ja möglich, dass sie ihn und seine Mutter vor dem Eis gesehen hat und nun mit ihm über seine Mutter sprechen kann. Das wäre doch wohl möglich, und es wäre ein Trost. Vielleicht hat sogar sie es nötig, mit jemand zu sprechen, damit die Gedanken nicht immer die gleichen unentrinnbaren abscheulichen Kreise quälend gehen müssen. Aber dann spricht Karl sie doch nicht an, sondern geht vorüber.

Muss er nun nicht endlich irgendjemand nach seiner Mutter fragen? Mitten im Wald hügelan steht ein kleiner verspielter Bau. Er sieht wie eine kleine Kapelle aus. Ein paar Soldaten stehen davor.

»Ich suche meine Mutter.«

»Hier sind nur Soldaten. Flintenweiber gibts bei uns nicht.«

Man muss sich wundern, dass es in dieser Zeit noch so scharfe Stimmen gab. Doch ein anderer Soldat nickte stumm und rückte zur Seite, damit Karl hineingehen konnte. Karl musste sich erst an das angenehme Dämmerlicht des Raumes gewöhnen. Welch ein Unterschied zu dem Draußen, welch eine Stille und welch eine Behaglichkeit, obgleich in dem Raum wirklich nichts war, was dieses Attribut gerechtfertigt hätte, weder die wenigen Bettgestelle im Hintergrund, auf denen ein paar Soldaten dösten, noch der Offizier, der irgendetwas mit leiser Stimme in ein Feldtelefon sprach, noch das Stroh, das herumlag.

Es war, als brächen die Beine plötzlich unter Karl weg, er musste sich auf eine winzige Strohschütte hinsetzen, die dicht beim Eingang lag. Nur ein paar Augenblicke so sitzen und gar nichts mehr denken müssen, nur ein paar winzige Augenblicke lang glauben, dass man hier geborgen sein könnte. Nur …

Es musste mitten in der Nacht sein, als Karl einmal aufwachte. Der kleine Raum war voller Menschen, die teils auf den Betten lagen, teils unruhig hin und her liefen. Der Offizier telefonierte noch immer, und die kleine Kerze, die neben seinem Bettgestell stand, war die einzige Beleuchtung des Raumes. Ein Säugling schrie. Karl hatte noch niemals einen Säugling so schreien gehört, und er fühlte eine große Angst in sich aufsteigen, dass auch dieser Säugling sterben müsse, und die junge Frau dann vielleicht nicht mehr weinen könne. Aber noch war ihre Stimme voll offenen Jammers und ihre Augen voller Tränen.

»Ich habe keine Milch mehr« sagte sie zu den Umstehenden und knöpfte sich dabei Mantel und Bluse auf. »Es nimmt doch noch nichts anderes.«

»Vielleicht gibt es in Kahlberg etwas.«

Es war das erste Mal, dass Karl ein Ziel nennen hörte. Wenn die Leute glaubten, dass man dem Säugling und seiner Mutter helfen könne, dann wollte er auch dorthin. Und er flüsterte den Namen des Ortes vor sich hin, zerpflückte ihn beinahe auskostend in seine Buchstaben, setzte ihn wieder zusammen, und das Geschrei des Säuglings berührte ihn nicht mehr, und die Verzweiflung der jungen Mutter zerschellte an der Mauer, die er sich selber aus einem Namen aufbaute.

Der Morgen war kalt und ein wenig nebeltrüb, aber es regnete nun nicht mehr. Karl hatte seine Strohschütte zusammengescharrt, weil er von seiner Mutter gelernt hatte, dass man alles ordentlich hinterlassen müsse. Und flüchtig war ihm auch der Gedanke gekommen, dass man sich am Morgen doch wohl waschen müsse. Da er aber niemand sah, der es tat, war dieser Gedanke auch bei ihm mit dem nächsten Atemzug schon vergessen.

Karl hatte es eilig, er wollte zu seiner Mutter in den Ort, den man nachts genannt hatte. Ob sie jetzt wohl auch schon aufgestanden war und ihr Brot aß? Er selber hatte noch ein vollständiges Butterbrot in sauberem Papier eingewickelt in seinem Rucksack gefunden. Er packte es andächtig aus und hielt es mit den Zähnen fest, während er das Papier sorgfältig wieder zusammenlegte. Die Mutter würde sich freuen, dass er ihr zu gefallen suchte. Sie würde sich wohl auch freuen, dass er noch nichts von dem restlichen angeschnittenen kleinen Brot gegessen hatte, das er im Rucksack trug, und das ihnen beiden gehörte. Wirklich, er musste sich beeilen, damit er es mit ihr teilen konnte.

»Sie haben in der letzten Nacht versucht, nach Kahlberg zu kommen, sie sind aber zurückgeschlagen worden.«

Hatte das einer der Soldaten gesagt, die an der Tür herumstanden? Sie machten alle unbewegliche Gesichter, als hätten sie nichts gesagt und nichts gehört. Das ist etwas Merkwürdiges um Gerüchte. Man sieht niemand, der sie ausspricht, und doch sind alle Ohren voll davon, und die Herzen wissen es.

Karl schaute nach den Betten hin, an denen in der Nacht die junge Frau und der Säugling geweint hatten. Auf den Betten lag etwas, das wie große Deckenbündel aussah. Ich müsste sie wecken, dachte Karl, damit sie rechtzeitig fortkommen. Aber dann hatte er plötzlich wieder Angst vor dem hilflosen Schreien des Säuglings, der eingeschlafen war, und er nahm schnell seinen Rucksack auf, nickte dem Offizier zu, der eben verschmutzt und übernächtigt den Hügel hinaufkam, wand sich durch ein paar dicht zusammengeschobene Wagen hindurch und erreichte wieder den Waldweg.

Was er gestern nicht gewusst, heute wusste er, dass alle Menschen, Tiere und Wagen nach Kahlberg wollten. Und es war auf diesem Weg ein zähes Ringen mit den ausgefahrenen Räderspuren, die in dem zerwühlten Sand immer tiefer wurden, aber auch mit den Panzern, die rücksichtslos ihr Vorrecht auf allen Wegen auszunutzen versuchten. An einer Weggabelung sah Karl unerwartet die silberne Weiße der See vor sich. Er lief ihr zu, als müsse er einen Freund begrüßen. Nur wenige Menschen waren hier, und die waren wie kleine dunkle Punkte in der Helle des schneeglasierten Sandstrandes.

»Schön«, flüsterte Karl. »Schön.«

Und weitab am Horizont sah er dann und wann ein Aufblitzen, dem erst lange später ein fernes Grollen folgte. Schiffskanonen. Zu dem augenblicklichen Glanz gesellte sich die Furcht. Dennoch begleitete Karl nun die See den Strand entlang, der so still und glatt und friedfertig aussah, als warte er noch ein Weilchen träumend auf neue sommerliche Gäste, die ihn kannten und ihm gut waren.

Nur einmal störte ein Flugzeug. Karl duckte sich in das spärliche Dünengras, als könne es ihn mütterlich verbergen. Und es geschah ihm nichts …

Hatte er sich nicht schon immer gewünscht, wieder einmal wie vor Jahren auf der Landzunge zwischen See und Haff zu spielen? Natürlich müsste es Sommer sein. Der Sand müsste warm und beinahe so fein wie Staub durch die Hände rieseln, die See müsste ganz zarte weiße Schaumkronen tragen, und der Wind müsste durch das Dünengras streichen und es von jenen Zeiten erzählen lassen, wo es noch Wanderdünen gab.

Wenn man die Augen ein wenig zukniff und gegen das Wasser hin blinzelte, dann konnte man doch wahrhaftig alles verwandeln und selbst einen Kurenkahn auf sich zusegeln lassen. Hei, wie der brettergeschnitzte Wimpel sich im Winde drehte!

Irene hieß damals das kleine Mädchen, mit dem er zusammen einen Burgwall gebaut hatte. Irene war mit ihren Eltern von weither in das Ferienparadies gekommen. Irenes und sein Burgwall war so hoch geworden, dass sie sich ordentlich anstrengen mussten, um über ihn hinwegzuklettern. Irene hatte die Burg mit saftgrünen Tannengirlanden und abgedorrten Krüppelkieferästen geschmückt, während er sich auf bunte Steinchen und glänzende Muscheln spezialisierte. Sie wurden nie fertig mit ihrer Burg, denn sie fanden sie immer noch nicht geschmückt genug, und manchmal mussten sie auch beinahe wieder ganz von vorne anfangen mit dem Bauen und Ausbessern und Anfeuchten des flirrigen Flugsandes.

Ein anderes Mal hatten sie Irenes Papa in den Sand eingegraben, dass nur noch sein lachender Kopf herausschaute. »Nun musst du Erdbeben spielen, Papi!« Und dann bebte und bröckelte der kleine Hügel erst nur ganz wenig und dann immer mehr, bis der Sand den jubelnd kreischenden Kindern nur so um die Ohren flog. Es gab kein größeres Vergnügen, als Tag um Tag so ganz und gar voller Sand und Sonne und salziger Luft zu sein.

Und ein anderes Mal … aber da ist erneut das Tack-tack-tack am Himmel. Karl drückt sich wieder enger an das Dünengras, und er ist nicht in den Sommerferien, sondern auf der Flucht. Und es ist wohl auch ein Unterschied, ob man mit blinzelnden Augen Kurenkähne entdeckt oder sehen muss, wie ein kleines Schiffchen in der Ferne Feuerstoß auf Feuerstoß abgibt und ein schweres Donnern über die See zu ihm schickt.

Wenn er nur schon endlich in Kahlberg wäre! Aber der Weg zieht sich schier endlos lange hin, und selbst das Träumen machte ihn nicht schneller. Der Rucksack drückte wieder schmerzhaft die Schultern nieder. Da gelang es Karl nicht mehr, sich Strandburgen geschmückt mit Muscheln, Steinen, Tang und Fähnchen vorzustellen.

Es mochte Mittag sein, als Karl endlich am Ziel war. Aber hier wohnte nur eine neue Ratlosigkeit. Die kleinen Häuser gaben ihm keine Antwort, und die Menschen, die müde an ihm vorbeiwankten, als könnten sie sich kaum noch auf den Beinen halten unter der Bürde ihres Schicksals, die Menschen sind schon lange stumm geworden. Höchstens die kleinen Kinder weinen noch manchmal oder plappern die kleinen dummen Fragen in die aufgewühlten Wege hinein.

Aber die Kinder haben alle noch ihre Mütter, und vielleicht finden sie bei ihnen irgendwann einmal eine Antwort auf all ihre Fragen, Karl muss sich seine Antworten selber geben, obwohl ihm der Mut dazu immer tiefer sinkt.

Es war einfach dumm von mir, am Strand langzugehen. Alle sind sie im Schutze des Waldweges gegangen. Glaubst du vielleicht, dass Mutter so leichtsinnig gewesen wäre, über ein freies Gelände so wie du zu gehen, damit die feindlichen Flieger sie ja recht gut sehen können? Nein. Er hat wohl alles falsch gemacht. Es bleibt nur eins: zurückgehen, diesmal mitten durch den Wald, und dem Strom der Menschen begegnen. Vielleicht, vielleicht findet er dann doch seine Mutter und auch eine Antwort auf so viele Fragen.

Er quält sich sehr mit dem Weg. Die Fahrrinne wird immer tiefer ausgemahlen von Panzern und Kanonenwagen. Die Fuhren der Flüchtlinge schieben sich mit verzweifelten Hührufen dazwischen, aber manchmal führt eine vermummte Gestalt auch die Gespanne direkt durch den Wald, hügelauf, hügelab, um Knieholz herum und über Wurzelstriemen der hohen Bäume. So etwa muss es sein, wenn eine Sturmflut fest Gefügtes entwurzelt und vor sich herschwemmt. Genau so muss es sein. Und Karl geht nun dieser Flut entgegen, um seine Antwort zu finden.

Nur ein klein wenig ausruhen, nur einen Augenblick sich hinsetzen wie auf einer winzigen Insel, die die Sturmflut nicht berühren darf, die von Nässe und Kälte gefühllosen Füße von sich strecken und den Kopf an einen knorrigen Stamm legen, als lehne man ihn zu Hause in der Dämmerstunde an den Kachelofen. Muttchen wird gleich kommen, sie wird bestimmt einmal hier vorbeikommen mit dem langen Zug der Mütter und Kinder, wenn man nur lange genug wartet, sie wird gleich ins Zimmer kommen und ihm sein altes Kindertöpfchen voller honigsüßem Kamillentee bringen, gleich …

»Junge! Bist du des Teufels! Rutscht du mir mit deinem Kopf einfach zwischen die Pferdebeine! Junge! Hätte ich nicht aufgepasst! Bist du des Teufels! Du lieber Gott, sitzt er hier …«

Es ist eine etwas brüchige Männerstimme, die Karl für Sekunden zwingt, die Augen aufzuschlagen. Eine raue, bärbeißige, schimpfende Stimme, und doch ist sie Karl wie vertraute Musik. Lächelnd sind seine Augen schon wieder geschlossen, und er streckt sich lang aus, als hätte ihn eine warme Hand gestreichelt.

Aber die Stimme lässt nicht locker, und zwei Hände packen seine Schultern, reißen sie gewaltsam hoch und schütteln sie, als gehörten sie zu einem Sack Mottenlumpen. Was der Onkel Fritz nur hat, er soll ihn doch in seinem schönen warmen Ferienbett schlafen lassen, er hat ganz bestimmt nicht die Fohlen zu den Stuten in die Koppel gelassen, er soll ihn doch … und es dauert lange, bis Karl begriffen hat, dass es hier keinen Onkel Fritz gibt, und dass das Schnauben der Pferde nicht zu seinen Ferienerinnerungen im Fohlengarten gehört.

»Herr des Himmels, Junge, bist du noch da? Frau, reich mir den Korn! Vielleicht bringt er ihn hoch. Sich hier in die Kälte zu legen! Kerlchen!«

Und der alte Mann nimmt die Zipfel von Karls Wollschal und reibt ihm das Gesicht, während er vor sich hin räsoniert. Das tut weh, aber das Prickeln und Scheuern tut auch irgendwie wohl. Dann fühlt Karl etwas Brennendes in seinem Mund, das er hustend schlucken muss. Er will es abwehren, aber der Mann hält seinen Kopf fest und befiehlt ihm, noch einmal zu schlucken. Und da ist es plötzlich gar nicht mehr so furchtbar, wenn ihm auch die Tränen in die Augen schießen. Der alte Mann lacht und nimmt schnell auch einen Schluck Korn. Es ist ein gutes Lachen.

»Kerlchen, wer hat dich hier zurückgelassen!«

»Ich suche meine Mutter.«

Da ist das Lachen jäh aus dem Gesicht des stoppelbärtigen alten Mannes gewischt.

»Du kommst mit bis Kahlberg!« Er zieht Karl an seinem Rucksack hoch. »Geh auf den Wagen.« Und der Alte hievt Karl hinauf, ohne weiter zu fragen oder auf Antwort zu warten. Es tut gut, in eine Geborgenheit hineinzufallen, und sei es auch nur in die einer Schütte Stroh auf einem rumpelnden, zugigen Leiterwagen.

»Nicht schlafen, Kerlchen, du darfst jetzt nicht auf dem nassen Boden zwischen Frost und Matsch schlafen. Du verwelkst wie eine kleine Blume, ehe sie richtig aufblüht.«

Karl konnte in der Dunkelheit des halb geschlossenen Wagens nicht erkennen, ob die Frau, die ihn fest in den Armen hielt, jung oder alt war. Er ruhte sich aber gleichsam in ihrer Stimme aus, weil sie etwas von der Zärtlichkeit seiner Mutter hatte.

Die Dämmerung kam schon über die See herauf, als sie ihn in einem Haus abluden. Er wäre gern weiter mit diesem Wagen gefahren, wenigstens die kommende Nacht hindurch, aber da war ja immer noch die Mutter, die er suchen musste. Eine zärtliche Stimme ist wohl kein Ersatz, nicht wahr? Und – wer weiß – vielleicht waren die Leute sogar froh, dass sie sich nicht weiter um ihn zu sorgen brauchten. Sie hatten ihn mitten auf der Nehrung aufgelesen, das war genug, mehr als genug, und er fragte sich, ob die Barackenleute überhaupt dies getan hätten.

Das Haus trug ein kleines weißes Schild mit einem roten Kreuz. Eine kleine Hilfsstation hatte sich hier eingerichtet. Wieder überfiel es Karl siedend heiß, dass er nicht an alles gedacht hätte. Denn hätte er hier nicht gleich nach seiner

Mutter nachfragen müssen, statt hin und her zu laufen? Sicher kannten sie seine Mutter. Oh, und es war gut, dass er endlich wieder hinter die Röcke seiner Mutter kam. Es war gar nicht so leicht, allein durch die Tage zu wandern. Man dachte an so viel, an viel zu viel, aber was wirklich wichtig war, das vergaß man. Die Mutter dachte immer an alles, auch wenn sie nur eine Frau war und er selber beinahe schon ein richtiger Mann, der nicht einmal mehr weinte.

Die Hilfsstation war nichts weiter als ein kahler Raum mit zwei Bettgestellen, von denen nur das eine eine Matratze hatte. Ein Arzt war da, sein Kittel war nicht mehr sauber, die Mutter kannte er nicht.

»War deine Mutter denn krank?«

Karl musste sich erst besinnen. Krank? Er wusste es nicht so recht. Aber dann fiel es ihm langsam, beinahe wie tropfenweise ein, dass es wohl durchaus möglich sein könne. Hatte die Mutter nicht oft über Kopfschmerzen und Schwindelgefühl geklagt? Und richtig, damals, als der Vater zum letzten Mal zu Hause gewesen war, hatte sie sogar im Bett gelegen, und der Vater hatte den Arzt geholt. Ja, die Mutter war krank.

»Vielleicht ist sie dann hier im Lazarett. In den letzten Tagen haben sie auch Zivilisten genommen. Am besten, du fragst gleich mal nach.«

Ja, Karl wird fragen, er wird gleich gehen. Wenn nur seine Beine und sein Kopf gehorchen möchten. Vor seinen Augen dreht sich jetzt das Gesicht des Arztes gerade so wie ein Glücksrad auf dem Jahrmarkt, verschwindet fast, kommt wieder näher und näher, dass es beinahe überdeutlich da ist, und rückt wieder weg …

»Sag mal, hast du Hunger?«

Es ist ein guter Arzt, er hat es ja gewusst. Karl liegt auf der

Matratze, und die Spritze hat überhaupt nicht wehgetan. Jetzt darf er ganz langsam ein Stück Brot kauen und dazu eine Tasse Tee trinken. Kamillentee ist es nicht, den kann wohl nur die Mutter so richtig honigsüß zubereiten, aber es ist etwas Heißes. Das Brot schmeckt wunderbar, obwohl es nicht einmal mit Marmelade bestrichen ist. Er hat wirklich nicht gewusst, dass er Hunger hatte. Wirklich nicht. Aber nun möchte er gern noch so eine Scheibe essen. Der Arzt lächelt ihm zu, er kann es sich denken.

»Du musst mir versprechen, immer ans Essen zu denken. Immer zusehen, wo du etwas zu essen bekommst. Das ist wichtig, hörst du, wichtiger als alles andere.«

Und der Arzt schaut dabei zum Fenster hinaus, wo der helle Schein immer mehr abnimmt, und sein Gesicht sieht plötzlich traurig und sehr müde aus.

»Ich werde es meiner Mutter sagen.«

Der Arzt schaut ihn lange an. Als er mit einem plötzlichen Ruck sich wieder zum Fenster hinwendet, sagt er nur: »Ja, tu das.«

Karl drängt es schon wieder nach draußen. Er muss ja nun noch zum Lazarett, durch seine Dummheit ist schon viel zu viel Zeit verloren gegangen. Die Mutter wird schön schimpfen. Der Arzt möchte ihn noch nicht gehen lassen. Nicht wegen der kleinen Schwäche, sondern weil er selber sich hilflos gegenüber der zerstörenden Macht findet, die über sie alle hinwegrast. Karl lacht. Ob er ihm vielleicht einen Handstand vormachen solle, um ihm seine Kräfte zu beweisen? Nein, man durfte dem Jungen einfach nicht die Hoffnung nehmen, weder die Hoffnung auf seine Mutter noch die Hoffnung auf das Gute. Die Zeit würde leider eines Tages es schon von selber tun, man brauchte sich dessen nicht mitschuldig zu machen, wenigstens hier nicht. Und der Arzt zwang sich nun auch zu einem Lachen. Er selber legte sorgfältig den Schal um den Hals des Jungen, sorgte dafür, dass er die dicken wollenen Handschuhe anzog, und schnallte ihm den Rucksack auf.

»Vergiss nicht, was ich dir vom Essen sagte, und grüß deine Mutter schön von mir. Machs gut, Junge!« Mehr war wohl wirklich nicht zu sagen. Der Arzt brachte ihn nach draußen, als geleite er einen hohen Gast hinaus. Er zeigte Karl den Weg und sah ihm lange nach. Das war wirklich alles, was er hier noch für einen Menschen tun konnte. Er schämte sich, das eingestehen zu müssen.

Das Lazarett war ein ungewöhnlich großer Bau außerhalb des Ortes. Er sieht so trotzig aus, fand Karl, und es verwirrte ihn, dass er sich Lazarette immer ganz anders vorgestellt hatte: mit sonnigen Terrassen, lachenden Schwestern und blütenweißen Häubchen und Schürzen, und Soldaten, die lieber vor Tapferkeit gestorben wären, als dass sie gestöhnt hätten. Aber hier war alles ganz anders. Es waren weder Terrassen noch Schwestern zu sehen. Da waren ein paar Männer, die gerade eine Bahre aus einem Sanitätswagen luden, da war ein bedrückender Gang, auf dem Soldaten hockten oder lagen, und nichts mehr als verkommene Kleiderhaufen zu sein schienen. Und da war ein riesiger Raum voller Menschen. Menschen? Voller stöhnender, fluchender, zu schweigsamer oder sich wild hin und her werfender, winselnder Gestalten.

Darunter konnte die Mutter nicht sein, der Arzt musste sich wohl geirrt haben.

»Geh mal da aus dem Weg, du!« Da brachten sie jemand auf einer Bahre. Man konnte nichts von ihm sehen, sie hatten ihn ganz zugedeckt.

»Ich suche meine Mutter.«

»Hier?«

»Der Arzt sagte …«

Aber da waren die beiden Träger mit ihrer Bahre auch schon weitergegangen und in dem dunklen Gang verschwunden, der nach draußen führte.

»Bist du auch verwundet?«

Der ihn jetzt anredete, war ein Feldwebel mit merkwürdig hellen Augen, die beinahe so wie Bernstein waren. Und sie waren auch genauso warm und fröhlich, man brauchte vor ihnen keine Angst zu haben. Man konnte ihnen alles erzählen. Danach wurden sie nur um ein Weniges dunkler, gerade so, als wenn man ein Stück Bernstein von der Sonne in den Schatten legt.

»Deine Mutter ist nicht bei uns. Ich weiß es genau, wir haben nur wenige Frauen hier.«

Und als die Augen merkten, dass Karl ungläubig zu ihnen aufschaute, schwammen sie plötzlich in einem merkwürdig feuchten Glanz, wie wenn ein Stück Bernstein von einer salzigen Seewelle noch einmal leise überspült wird, ehe ein früher Strandwanderer es findet und aufnimmt.

»Junge, hör zu, es ist besser, wenn du hier nicht lange nach deiner Mutter herumsuchst, sondern jetzt gleich hinunter zum Anlegeplatz gehst. Ich weiß, dass ein kleines Schiff geschickt wird, um Verwundete abzuholen. Vielleicht in ein oder zwei Stunden. Sorge, dass du auf dieses Schiff kommst. Es hat keinen Zweck, hier zu warten. Bring dich in Sicherheit. In der Sicherheit wirst du auch deine Mutter wiederfinden.«

Das war eine lange Rede, dennoch konnte sich Karl nicht entschließen, diesen Mann so schnell wieder aufzugeben. Er sehnte sich nach Geborgenheit.

»Hier, steck das ein«, sagte der Feldwebel leise und gab ihm hastig etwas in die Manteltasche, während er ihn schon vor sich her durch den dunklen Gang abschob. Es war eine runde Schachtel mit Schokolade. Karl hatte einmal eine ähnliche von seinem Vater bekommen. Schokolade! Das war ein Freudentag gewesen, denn es gab sonst nie Schokolade. Aber diese Schachtel hätte er am liebsten gleich wieder zurückgegeben, nur, um nicht wieder in die Ungewissheit abgeschoben zu werden.

»Hier gehst du runter. Du wirst den Landesteg schon finden. Sieh zu, dass du wegkommst!«

Er hat sicher Recht, dachte Karl, als der Landesteg schon in seinem Blickfeld lag. Und dann fiel ihm wohl auch ein, dass Feldwebel immer Recht haben, jedenfalls hatte er das einmal die Mutter zu seinem Vater sagen hören. Er erinnerte sich noch genau, wie das geklungen hatte, hart und endgültig und mit einem kleinen resignierenden Achselzucken darin.

Er lehnte seinen Kopf an die Geländerstange des kleinen Seesteges. Er war 12 Jahre alt, doch jetzt hätte er gerne geweint. Aber die Nacht war voller Unruhe, er hatte Angst, sie könne ihm das Weinen ablauschen. Das wollte er nicht. Denn Männer weinen nicht. Er hatte nun sogar einen Befehl von einem Feldwebel erhalten, er war ein Mann!

Kapitel 3

Karl bleibt nicht lange allein an dem nachtdunklen Seesteg. Auch die guten Gerüchte verbreiten sich schnell auf unerforschten Kanälen und finden alle die, die noch nicht aufgegeben haben, zu hoffen, die sich noch gegen das ihnen aufgezwungene Unbill wehren wollen, die noch nicht resigniert haben, die sich noch nicht in die Daseinslosigkeit abschieben lassen wollen, wie der Wehrmachtsbericht es befiehlt.

Karl gehört eigentlich nicht zu ihnen, er weiß dazu noch zu wenig von den Dingen, wie sie wirklich sind. Aber er behauptet seinen Platz in der ersten Reihe vor dem Seesteg, weil er den Feldwebel mit den Bernsteinaugen nicht enttäuschen will. Er ist ja nun ein Mann, und es ist der erste Befehl, den er auszuführen hat. Im Grunde ist er doch wohl stolz auf diese Ehre.

Der Krieg scheint etwas zu sein, was alles merkwürdig plötzlich geschehen lässt. Wie herausgespuckt aus der Dunkelheit sind plötzlich Soldaten da, die in der angewachsenen Menschenmenge für ihre Verwundeten Platz schaffen. Es gibt nicht ein einziges Murren in der Masse, auch das scheint zum Krieg zu gehören. Sie hätten mal so ein Abschieben bei seiner Klasse versuchen sollen, denkt Karl. Hier sind wir, hätten sie gesagt, und wenn ihr etwas von uns wollt, dann müsst ihr schon um uns herumgehen und sehen, wie ihr Platz bekommt. Aber dann taucht ein kleines Schiff aus der Dunkelheit vor dem Landesteg auf und schneidet alle Gedanken ab, die hier ohnehin keine Gültigkeit haben.

Es fällt nur wenig verdecktes Licht vom Schiff her auf den

Steg, als Bahre auf Bahre mit den Verwundeten über ihn getragen wird. Manche Soldaten humpeln auch zu Fuß von den fast lautlosen Sanitätsautos her und stützen sich gegenseitig. Manchmal ist es so, als möchte jemand lachend in die wartende Menge hineinwinken wie bei einem großen Umzug und verdrängt seinen glücklichen Wunsch nur mühsam hinter einem Lächeln, das so schockierend in den schmutzigen, bartstoppeligen Gesichtern steht. Karl begreift das Lachen, es hängt mit dem Schiff zusammen, das das Tor zu einem einzig möglichen Ausweg aus diesem Teufelskreis ist. Er beginnt, in den Gesichtern nach diesem Lachen zu suchen.

Nicht immer ist es leicht, die Gesichter zu erkennen, denn es gibt auch manche, die sich so verstecken, als schämten sie sich. Und auf die Bahren fällt der Schatten der Träger. Aber Karl lässt nicht nach, zu forschen. Die auf den Bahren liegen, haben fast alle die Augen geschlossen. Vielleicht sind sie so sehr müde, dass es ihnen gleichgültig ist, was mit ihnen geschieht, vielleicht wollen sie aber auch nichts mehr sehen.

Aber einer hat die Augen auf. Er interessiert sich nicht für die Menschen, an denen er gleichmäßigen Schrittes vorbeigetragen wird, er starrt in den Himmel, als müsse er dort einen Stern finden, an den er sich klammern kann. Der Blick dieser dunklen Augen trifft Karl wie ein Schlag. Das sind doch Vaters Augen. Das musste der Vater sein.

Ehe Karl noch einmal vergewissernd zur Bahre schauen kann, ehe er vielleicht rufen könnte, ist sie schon an ihm vorüber. Ich muss es genau wissen, denkt er, ich muss zu ihm. Und er nimmt sich keine Zeit, seinen nächsten Schritt zu überlegen. »Ich muss raus!«, sagt er nur und schiebt sich zur Seite hin durch, um das absperrende Geländer zu umgehen und noch einmal an die Bahre heranzukommen. Die Lücke, die er vielleicht in der ersten Reihe hinterlassen haben könnte, ist von den Nachdrängenden geschlossen, noch ehe sie überhaupt entstanden ist.

Karl versucht, auf den Steg zu gelangen, aber er muss bald einsehen, dass es einfach unmöglich ist. Überall Menschen, denen der geduldige und bedingungslose Glaube auf Rettung in den Gesichtern geschrieben steht. An ihnen kommt er nicht vorbei, um die Bahre zu erreichen, auf der vielleicht sein Vater gewesen ist. Die Gesicher zwingen ihn, kampflos aufzugeben. Was würde seine Klasse dazu sagen? Aber er redet sich ein, dass hier niemand ein Vorrecht haben dürfe außer den Soldaten. Für einen, der seinen Vater glaubt gesehen zu haben und seine Mutter sucht, gilt kein Vorrecht. Aus zorniger Verzweiflung über sein Abseitsstehen bildet er sich ein, dass es so sein müsse.

Über sich selbst verwirrt, taumelt er ein paar Schritte zurück und lehnt sich irgendwo in dumpfer Mutlosigkeit an einen Pfahl. Was würde der Feldwebel sagen, dass er seinen Befehl nicht ausführt, nein – doch wohl nicht ausführen kann. Ja, wenn der Vater bei ihm wäre, dann würden sie schon gegen alle Schwierigkeiten auf das Schiff kommen. Aber er allein? Vater kann alles. Wenn er da wäre – – Der Mann da auf der Bahre, der genügt hier nicht.

War es denn überhaupt wirklich der Vater? Oder waren es nur die Augen, diese dunklen Augen, die ihn an seinen Vater erinnert hatten?

Karl versuchte es plötzlich krampfhaft, sich seinen Vater vorzustellen, versuchte, ihn wie ein Foto in sich heraufzubeschwören, aber es war nie ein ganzes Bild, das in seine Sinne trat. Wie – um des Himmels willen! – wie hatte denn Vaters Mund ausgesehen, seine Haare, seine Wimpern, seine Ohren, seine – o seine Hände! Wie! Wie kam es, dass er sich seinen Vater nicht mehr vorstellen konnte? Eine bodenlose Angst überfiel Karl, und es schien ihm ungeheuer wichtig, zu wissen, wie sein Vater aussah, wie sein Vater war. Nichts war mehr wichtig als allein nur das.

Wenn du etwas nicht mehr genau weißt, dann musst du ganz, ganz ruhig bleiben.

Ja, das waren Vaters Worte gewesen. Damals war er vielleicht drei oder vier Jahre alt und hatte für einen Augenblick nur seine Eltern beim abendlichen Schaufensterbummel durch die Straßen der Stadt aus den Augen verloren. Damals hatte er fürchterlich gebrüllt. Sein Vater hatte zuerst gelacht und dann ebenso ernst mit ihm gesprochen.

Du musst ganz, ganz ruhig bleiben. Du musst dir nacheinander alles vorstellen, wie es vom Anfang her war. Und dann wirst du wohl auch wieder alles wissen, was du wissen willst und wie es weitergehen soll. Du musst dich zwingen, ganz ruhig zu bleiben.

Karl zwang sich, um seines Vaters willen.

Der Anfang? Wo war bei dieser Flucht der Anfang? Das war wohl das Zuhause. Das war dann wohl die kleine sandige Straße in der Innenstadt, die nur einen Bürgersteig hatte, auf der Seite nämlich, wo auch ihr Miethaus stand.

Er musste wohl mit dem Miethaus in der kleinen Straße beginnen. Nein, er musste mit der Straße beginnen, denn war sie für ihn und Vater nicht viel wichtiger gewesen als die Wohnung? Hatten sie in ihr nicht zusammen gelernt, mit einem Fahrrad umzugehen, und hatten sie nicht gemeinsam in der Straße so lange den selbst gebastelten Drachen steigen lassen, bis sich sein Schwanz um die Gaslaterne gewickelt hatte und er bruchlandete?

Und die Gaslaterne! Diese Stunden, wenn ihr leicht bläulicher Schein flimmernd durch die Scheiben auf den großen Kachelofen im Wohnzimmer fiel und der Vater seine Schattenfiguren auf die warme Fläche zaubern konnte. Häschen, Katzen und bellende Hunde. Und manchmal hatte dann wirklich Senta von gegenüber aus der Gänsemästerei gebellt, und Vater hatte steif und fest behauptet, dass es sein Schattenhund gewesen wäre.

Ob sich Vater auch noch daran erinnerte, wie Senta einmal über den hohen Zaun gesprungen, der die Gänsemästerei auf der anderen Straßenseite begrenzte, wo es keinen Bürgersteig gab? Ja, Senta war ein schöner Schäferhund gewesen, der allerschönste, den Karl jemals gesehen hatte. Aber man musste sich auch ein wenig vor ihm in Acht nehmen. Wie wütend konnte er bellen, nur weil ihm das Ballspielen der Kinder an der Holzwand absolut nicht gefallen wollte.

Aber es gab doch gar nichts Schöneres, als im Schutze dieser dunkel geteerten hohen Bretterwand zu spielen. Hier konnte man sich immer neue Wohnungen mit dicken Stockstrichen in den schwarzen, festen Sandgrund zeichnen. Man konnte von Wohnung zu Wohnung Besuchemachen spielen und sogar die Erwachsenen daran teilnehmen lassen, besonders den Vater, der sich so gut auf das Zeichnen der nötigen Möbel verstand. Er hatte ihm auch einmal buntgesprenkelte Bohnen und graue Erbsen aus Mutters Vorratstüten geholt, damit Karl mit seinen Freunden vor dem Zaun einen schönen Garten anlegen konnte. Dass die Rupffrauen der Mästerei Wohnungen, Gärten und Bohnen im Straßenstaub ihrer musterfegenden Besen verschwinden ließen, jeden Sonnabend pünktlich um fünf Uhr verschwinden ließen, das konnte er ihnen nie vergessen. Die Besen waren wohl das Einzige, an denen Vaters Macht und Künste versagten.

Oder wirkte der Vater nur jetzt so voller Kraft und Können, weil er schon so lange fort war? Die Gaslaterne hatte ja schon lange nicht mehr brennen dürfen, Gänse und Enten hatte die Mästerei seit dem Kriege nur noch selten zu zeigen gehabt, und auch Senta, die schöne stattliche Senta war schon vor ein paar Jahren erschossen worden. Man musste nun wohl die Straße hinauf- und hinabgehen, andere Straßen finden und viele Wege kreuzen, um Vater weiter zu begegnen.

Vielleicht sollte man mit Vater noch einmal einen Spaziergang durch die schattigen Parkanlagen rund um den Mühlenteich machen, über die Holzbrücke, über die Pfennigbrücke. Oder nein, er würde seinen Vater so lange drängen, bis sie wieder einmal zum Engelsberg an den Strom gehen würden, oder besser noch, gleich bis zum Schlossberg. Was machte es schon, dass man sich immer ein wenig davor fürchtete, dem uralten Schlosskastelan zu begegnen, von dem die Sage erzählte, dass er mitsamt dem Schloss versunken sei und im Berg wohne, um dann und wann spukend und Verwirrung stiftend zu erscheinen, vorwitzige Hirtenjungen zu belohnen, zu bestrafen oder gar für alle Zeiten mit hinunter in den Berg zu nehmen. Aber man konnte ja immer noch Schutz heischend Vaters Hand nehmen, wenn das Buschwerk so dicht zusammentrat, dass man wie in einem engen grünen Höhlengang hinkroch.

Und dann waren da natürlich die hundert und aberhundert tanzenden Mücken, die schon daran erinnerten, dass man noch sehr lebendig war und absolut nicht in einer Sage lebte. Von unten her grüßte der Strom durch Baum- und Buschwerk hindurch und zwang einen, sich in langen Sprüngen vom Gipfel des Schlossberges ihm jauchzend entgegenzustürzen.

Die See und das Haff, nun ja, sie waren sehr schön, aber was waren sie eigentlich schon gegen den Strom. Hätte der Vater vielleicht auf ihnen durch das machtvoll strömende Wasser an das andere Ufer schwimmen können – wie ein winziger Punkt von Welle zu Welle weitergegeben und abgetrieben, obwohl er mit jedem Stoß gegen den Strom anschwamm – während man selber ängstlich und stolz zugleich am Ufer auf ihn wartete. Ein kleiner Mensch winkte nach endlos langer Zeit mit einem silbrig aufblitzenden Weidenzweig von drüben. Das war der Vater, und man glaubte, ihn über das ganze weite Wasser hin lachen zu hören. Dann ging er ein Stück am anderen Ufer stromauf, um dann wieder seinen Kampf mit dem reißenden Element aufzunehmen.

Ja, der Strom! Manche Schwimmer ließen sich auch ganz einfach von irgendwoher stromabwärts nach irgendwohin tragen. Vater hatte das nie getan. Aber mit den Flößen wäre er wohl auch gerne mitgetreidelt, mit den Flößen, die von Russland her kamen, wie man sagte. Einmal hatten sie noch abends spät am weiten Sandstrand gesessen und auf die fremden Lieder gelauscht, die von den Flößen herüberdrangen. Da hatte Vater es ihm gesagt.

Ob sie in den ratternden, Tod streuenden Flugzeugen jetzt wohl auch ihre schwermütigen Lieder sangen, wie sie es auf den Flößen getan hatten? Wenn Vater wieder mit ihm in dem weißen, rieselnden Sand am Ufer säße, könnte er es ihm wohl sagen. Und sie würden dabei den Sand sich über die Füße scharren, bis sie ganz eingebettet wären in Wärme und Schutz, und sie hätten keine Angst vor der Nacht, die über das Wasser heraufzieht.

Und während die Mutter zum Aufbruch drängt, weil das Kind schon so müde Augen hat – aber er ist bestimmt noch nicht müde, denn wie kann man müde sein, wenn der Vater seine Geschichten erzählt und mit der Stille spielt – da hat er noch viele Fragen.

Nun schlaf, Junge, morgen kannst du weiterfragen.

Er hätte es gerne getan. Aber nun war der Vater dort, wo

es kein Erreichen gab, und es gab darum auch kein morgen mehr.

Wenn du jetzt gleich schläfst, dann gehen wir morgen vielleicht nach Kulins hinaus. Wenn der Vater das doch noch einmal sagen möchte!

Sie nahmen immer den Weg über den Exerzierplatz. Der war wie der Sandspielkasten von Riesenkindern. Selbst die Mutter zog ihre Schuhe und Strümpfe aus, weil der Heidesand auch ohnehin die nackte Haut erreicht hätte.

Jetzt spielen wir Indianer und Bleichgesicht! Die Mutter musste sich an den Abhang eines Sandeinbruchs setzen. Sie war die weiße Prinzessin und hatte nichts zu sagen. Es war auch besser, man hielt sie ein wenig abseits gefangen, wo sie einen nicht sehen konnte, wie man bäuchlings durch den Sand hinrobbte, um das Bleichgesicht in seinem Hinterhalt aufzuspüren und es zum Zweikampf zu fordern. Das Bleichgesicht kannte so viele Kniffe, sich zu verstecken. Manchmal lag es nur ganz einfach auf dem Rücken mitten im würzigen Heidekraut und schlief. Ein merkwürdiges Bleichgesicht, der Vater! Es konnte zu einem sagen: He, nicht so laut, roter Adler, sonst verscheuchst du den Specht. Und es hatte ihn einfach zwischen seine Knie genommen und ein neues Wunder gezeigt.

Ein merkwürdiges Bleichgesicht, das eigentlich niemals ein richtiger Feind sein konnte. Es war leise und zärtlich. Nicht einmal einen Ameisenhaufen konnte man mit ihm im Sturm erobern. Schau mal, jetzt tragen sie die Puppen in die Sonne, konnte es dann sagen. Und es konnte einen zwingen, stundenlang in der unbequemsten Stellung irgendwo zu hocken und zu schauen und zu lauschen, und man spürte es nicht einmal, dass es unbequem war.

Und das Bleichgesicht konnte den roten Adler in den

angrenzenden Wald locken, nur um eine Oase mit Blaubeeren oder Preißelbeeren zu zeigen. Und es konnte mitten im
wildesten Kampfgetümmel plötzlich stillestehen, während
noch die Boxhiebe des roten Adlers es trafen, konnte lachend
in der Luft schnuppern und glauben, dass es hier nach Gelb-
öhrchen, nach den gelblappigen Pilzen röche. Und es roch
nach ihnen. Und sie brauchten sich nur verständnisinnig zuzu-
plinkern, Vaters großes Taschentuch zu nehmen, das nie
anders als sauber zusammengefältelt in der Innentasche
seiner Jacke steckte, als warte es nur auf diese eine einzige
Gelegenheit seines Zweckes, sie brauchten nur durch das
spinnwebbehangene Unterholz zu kriechen und die unter
Tannennadelspreu und in Moosgeflecht geduckten Pfiffer-
linge einzusammeln. Und die weiße Prinzessin lobte Bleichgesicht und roten Adler, lieh sich Vaters Taschenmesser und
machte die Pilze an Ort und Stelle sauber. Morgen würde es
sie zu Mittag geben.

Immer wieder nur morgen. Und jetzt muss er Mutter und
Vater suchen. Du musst ganz ruhig bleiben und dir alles vom
Anfang her vorstellen!

Karl denkt und denkt. Und er denkt auch, dass er den Vater
als Soldaten gesehen hat, aber bei der Arbeit hat er ihn nie
gesehen. Da ist plötzlich in der Erinnerung ein gähnendes
Loch, das vielleicht nie mehr ausgefüllt werden kann. Man
kann nur ein wenig drum herumgehen, um von außen in eine
geheimnisvolle Atmosphäre aus Holzgeruch, Maschinen-
kraft, dunklen Rauch aus langen Schornsteinen und riesen-
haften Werkbauten hineinzustaunen.

Wenn ich groß bin, gehe ich auch in die Fabrik.

Der Vater hatte dazu geschwiegen. Vielleicht wusste er
damals schon das, was heute ist. Vielleicht.

Alles ist kaputt, Vater. Ausgebombt. Ob der Vater es wusste? Möglich, dass die Mutter es ihm noch geschrieben hatte, irgendwohin, wo es auf der Landkarte keine eingezeichneten Eisenbahnwege und Landstraßen mehr gab. Und wer weiß, ob der Vater die Briefe überhaupt bekommen hatte. Sie selber hatten immer lange warten müssen, ehe ein Gruß kam, so lange warten müssen, dass er seinen Vater überhaupt nicht mehr erkennen konnte.

Ob der Mann da auf der Bahre wirklich der Vater gewesen?

Die Kälte kroch an Karl hoch. Gegen sie würden nicht einmal Pelzstiefel und so ein Pelzmantel nützen, wie ihn Onkel Peter trug, wenn er im Winter mit dem Schlitten über Land fuhr.

Gehen wir heute Rodeln? Die Stufen in den Anlagen sind schon ganz voller Schnee, Vater. Man kann schon ganz prima hinunterrodeln.

Lass doch. Vater ist bestimmt zu müde.

Doch so recht glaubte die Mutter wohl selber nicht an ihre Worte, obwohl der Vater Nachtschicht gehabt hatte. Vater war nie müde, wenn sie rodeln gehen konnten. Sie nahmen jede kleine Erhebung mit, die sich ihnen bot, in den Mühlenteichanlagen, in Jakobsruh und in der Putschine. Die Anlagen waren voller Kinder. Nicht alle hatten einen so schönen Rodelschlitten aus Holz wie Karl. Sein Schlitten hatte sogar stählerne Kufen und vorne an der Querstange eine schöne große Glocke, die jeden Lauf und jede Abfahrt laut und volltönend meldete. Die Glocke stammte von einer Reise, die die Großmutter in ihren Mädchenjahren einmal gemacht hatte. Es muss eine schöne Reise gewesen sein, wenn sie so wie die Glocke war.

Manche Schlitten waren aus Eisen. Die waren schon sehr alt, aber darauf kam es nicht an. Es kam überhaupt nur darauf an, in sausender Fahrt sich hinunterzustürzen, den Schwung so auszukosten, dass man weit in die ebene Strecke hineinfuhr, und natürlich darauf, den letzten Sieger der weitesten Bahn noch um ein paar Zentimeter zu schlagen. Und wer dazu keinen Schlitten hatte, der holte sich vom Kaufmann an der Ecke ein Stück Pappe, das er sich hintenherum auf seiner Sitzfläche festband. Man musste nur alle Schliche und Kniffe kennen. Vater wusste genau, wie weit man sich nach vorn oder nach hinten zu biegen hatte, und er verteilte freigiebig seine Ratschläge, wie man die Kurve zu nehmen hatte, ohne zu kratzen, und wie man das Letzte aus seinem gleitenden Untersatz herausholen konnte.

»Onkel, meine Lehne geht immer ab!«

»Komm her, Junge, gib sie mir mal, fahr du nur ohne.«

Und der Vater hatte die hölzerne Lehne in Verwahrung genommen und hatte mit ihr – Bahn frei! – die Treppenschanze wie ein Rennfahrer genommen. Danach wollten sie alle nur noch mit der Lehne den Abhang hinuntergondeln. Es hätte beinahe noch Streit darum gegeben. Das alles konnte Vater machen.

Das Schönste aber war doch damals die Schlittenfahrt durch den schneebezuckerten Märchenwald gewesen. Vater und er hatten mit dem Schlitten in einer langen Kette anderer Schlitten gesessen, die ein schellenbehangenes Pferd zog. »Hü, Lotte, hü!« Und Lotte, die seidenglänzend gestriegelte braune Stute mit der bändergeflochtenen Mähne und dem langen Schweif, Lotte war nicht müde geworden, durch den glitzernden Waldpalast zu traben. Nur ein einziges Mal hatte sie in einer scharfen Kurve im Trab alle Schlitten umgekippt, dass die schalvermummten Gesichter prustend und kreischend im Schnee gelegen haben. Aber daran war nicht Lotte schuld gewesen, sondern der Kutscher. Und der hatte das wohl gerade so gewollt. Er lachte am meisten von allen.

Wenn sie sich müde getobt und bedächtig wieder nach Hause schlichen, wo die Mutter bestimmt schon mit dem Rücken am warmen Kachelofen auf sie wartete und die Hausschuhe im Spalt zwischen dem bis zur Decke reichenden Ofen und der Wand vorgewärmt wurden – – wenn sie so nach Hause treidelten, machten sie manchmal noch einen kleinen Umweg über die schneeknirschende Fläche des Mühlenteiches. Vater konnte nicht Eislaufen. Aber sie beide konnten stundenlang am Zaun des Eislaufklubs stehen und schauen, wie sich die anderen nach der Musik wiegten, wie sie zu zweien und dreien Bogen schnitten, wie sie kühne Flieger machten und dabei manchmal auch recht unsanft bauchlandeten, aber was machte das schon, es war ja alles nur zum Vergnügen.

Ich wünsche mir auch Schlittschuhe.

Und Weihnachten waren tatsächlich die Schlittschuhe da gewesen. Das hatte Vater wohl gemacht, weil es das letzte Weihnachtsfest für sie alle zusammen war. Die Schlittschuhe waren die schönsten in der ganzen Nachbarschaft, sie waren mit einem gezackten Bogen versehen, und das war beinahe so, als wäre man schon Kunstläufer.

Die Nacht war bitterkalt. Und was jetzt zu hören war, das war nicht das heitere Geklingel und Geläute der Schlittenglocken daheim, wenn die Pferde mit ihrem winterlichen Schellengeschirr durch die Straßen trabten und die Glocken der kleinen Rodelschlitten sich dazwischenmengten und das Gejauchze der Kinder das alles erst zu einer Symphonie der Fröhlichkeit machte. Was jetzt vom Wasser herüberklang, war das Gestampfe der Schiffsmaschinen, das Knirschen von Ketten und das gedämpfte Rufen und Fragen vieler Menschen. Irgendwo in der Ferne ratterte schon wieder ein Flugzeug.

Das rettende Schiff legte ab, und er hatte die Zeit verträumt. Und doch war es schön gewesen, wieder mit dem Vater zusammen gewesen zu sein. Ob der Feldwebel ihn verstände? Oder ob seine Bernsteinaugen darüber so dunkel würden wie der helle Sandstreifen im Knick des Bürgersteiges vor ihrem Haus, wenn der Regen darüberwusch?

Viele tasteten sich im Dunkeln nun wieder an ihm vorbei, gepäckbeladenes Elend, auch sie waren nicht mitgekommen. Es kommt in dieser Nacht kein Schiff mehr. Die jetzt noch am Landesteg ausharren, warten, hoffen schon auf den nächsten Tag.

Karl fürchtet sich, den Feldwebel zu enttäuschen, wenn er sich wieder bei ihm sehen lässt. Aber er ist für ihn ja wohl der Einzige, zu dem er in dieser Nacht zurückfinden kann.

Kapitel 4

Es ist beinahe so, als habe der Feldwebel mit den hellen Bernsteinaugen auf ihn gewartet, als habe er geahnt, dass es für Karl in dieser Nacht kein Fortkommen geben würde. Er sagt nichts als: »Da bist du ja«, und das bedeutet auch nichts. Doch Karl spürt, dass man keine Erklärungen von ihm verlangt, darüber ist er froh.

»Du kommst in das Zimmer zu den Frauen.«

Vielleicht ist Mutter doch da, schießt es Karl sofort durch die müden Gedanken. Er lässt sich die Hoffnung nicht anmerken. Vielleicht hatte es einen Sinn, dass er nicht mehr auf den Landesteg gelangte und zu dem Mann auf der Bahre, der vielleicht sein Vater gewesen war.

»Betten sind keine mehr frei. In einem liegt eine Mutter mit ihrem neugeborenen Kind, in dem anderen eine Frau mit einer Schussverletzung. Du wirst dich schon irgendwie behelfen. Es sind auch noch andere Frauen im Raum, es wird schon gehen.«

Und damit schiebt der Feldwebel ihn in ein kleines helles Zimmerchen, das wirklich nicht größer ist, als dass gerade eben zwei Betten in ihm Platz haben. Aber das Zimmerchen ist hell erleuchtet und scheint so zu strahlen, dass man verwirrt und überrascht die Augen schließen muss. Karl stolpert über die Füße einer Gestalt, die am Boden liegt. Es liegen noch zwei oder drei so.

»Entschuldigung.«

Der Feldwebel hat ihn schon allein gelassen. Die Gestalt auf dem Boden rührt sich nicht, wahrscheinlich schläft sie.

Nur die Frau mit dem Säugling richtet sich ein wenig auf, um nach dem neuen Gast zu sehen, dann lächelt sie sogar.

»Zwei Tage erst alt, und Sie sagen das so, als wäre es nichts!«

Die da so jammert, sitzt auf dem Fußboden vor dem Bett. Die beiden Frauen haben wohl gerade über den Säugling und die junge Mutter gesprochen.

»Ich habe noch drei andere Kinder, die sind mit den Großeltern weitergefahren. In Danzig wollen wir uns wieder treffen. Setz dich, Junge. Ein Bett ist nicht mehr frei. Zieh deinen Mantel aus und lege dich darauf. Du wirst auch so schlafen.«

Sie sagte das alles so selbstverständlich, als wäre sie noch immer in ihrem schönen Zuhause, als wären nur ein paar Wände durchsichtig geworden, als wäre alles nicht jene Wichtigkeit und Selbstverständlichkeit wie ein neues Leben. Der Säugling liegt neben ihr und schläft, er wird gewiss nie so schreien müssen wie der Säugling in jener Nacht bei den Soldaten, und er wird auch nicht so still sein müssen wie jener in dem Bündel auf den Armen seiner Mutter vor der Baracke.

Und ehe sich Karl in seinem Winkel ganz in sein eigenes Herz abschließt, denkt er noch, dass sein Vater auch so sein könne, wie diese Frau mit dem Säugling.

Am nächsten Morgen müssen sie sich beeilen, es heißt, dass nun wieder ein Schiff komme, um Verwundete zu holen. Man wird die Frauen in einem Sanitätswagen an den Strand bringen.

»Sie können doch gar nicht aufstehen!«

Aber die junge Frau lächelt nur wieder und hat ihren schlafenden Säugling schon eingewickelt.

Auch Karl macht sich fertig, er will in der Nähe dieser Frau bleiben. Es ist wohl gut, wenn man hin und wieder jemand hat, der einem vertraut erscheint. Und einen winzigen Augenblick lang fallen ihm alle ein, denen er auf seinem kurzen Weg nun schon begegnet ist. Das ist wie ein Blitzstrahl Freude, der aufzuckt und im tiefen Erdreich der Seele sich zu vielerlei Kräften versammelt.

An diesem Morgen bricht sich Karl zum ersten Mal ein Stück von dem Brot ab, das ihm und der Mutter gemeinsam gehört. Er wird bestimmt nur seinen Teil nehmen. Die Mutter wird das schon verstehen, dass er nun nicht mehr darauf warten kann, bis sie das Brot einteilt.

Der Sanitätswagen hat sie an den Landesteg gebracht. Es muss der gleiche sein, an dem Karl schon in der Nacht war, aber im sonnigen Licht dieses Tages sieht er viel weniger schwermütig und schroff aus. Man hat die Mutter mit dem Säugling, Karl, und noch eine Frau mit ihrer erwachsenen Tochter hierher gebracht, aber man hat ihnen nicht gesagt, was sie tun sollen. Sie sind die Ersten hier und etwas ratlos. Es ist noch kein Schiff da.

Nur ein paar Schritte abseits von diesem Steg steht geduldig ein Häuflein Wartender. Sie haben wohl erfahren, dass ein Schiff kommen soll. Vielleicht aber sind ihre Füße auch nur zu müde geworden, um weiterzugehen, und sie warten nun auf ein Wunder. Noch nie hat man Menschen stiller und geduldiger glauben gesehen als in dieser Zeit.

Obwohl es Karl nicht recht ist, den Steg zu verlassen, folgt er doch den Frauen zu den andern Wartenden. Sie stehen herum oder sitzen auf kleinen Schlitten oder auf einem hölzernen Koffer, von dem sie sich noch nicht getrennt haben. Sie fragen weder nach der Zeit noch denken sie an die Kälte. Beides und vieles andere noch heißt hier: werden wir mitkommen?

Die Menge wächst langsam, aber stetig an. Sogar von den Wagen, die hier vorbeikommen und landwärts weiterrollen, steigt mancher herunter, um mit einem Schiff schneller und hoffentlich auch sicherer an ein vorläufiges Ziel zu kommen. Dass es nicht endgültig sei, dafür sorgt die Hoffnung auf Rückkehr, an die sie alle glauben, alle glauben müssen, damit sie nicht in der Verzweiflung ertrinken wie in dem unendlichen Meer des Vergessens.

Dieser Tag ist wieder merkwürdig schön für die Jahreszeit. Es ist, als wolle wenigstens einer Mitleid mit diesen aus Feuer und stürzenden Steinen Ausgespienen haben. Aber sie achten kaum darauf. Sie sehen nur nach dem Landesteg hin, und die meisten versinken in die Apathie eines Herdendaseins.

Die junge Frau mit dem Säugling hat auf einem Schlitten Platz gefunden. Sie hat wohl alles auf dem Wagen gelassen, der mit ihren drei Kindern weitergefahren ist, denn sie hat keinen Rucksack und keine Tasche bei sich. Dennoch scheinen die Sorgen sie nicht zu erreichen. Sie hat das kleine Wesen, das wohl noch keinen Namen trägt, in ein großes, wollenes Tuch eingewickelt. Manchmal macht sie dieses kleine Paket einen Spalt weit auf und schaut auf das schlafende Leben. Vielleicht hat sie selber dieses Tuch an vielen Abenden im Garten um die Schultern gelegt getragen, vielleicht schon ihre Mutter im Winter auf dem Schoß, oder eine alte Tante über den kalten Füßen. Diese Tücher gehören zum Familienbesitz, und sie gehören allen Generationen, die sich darum scharen.

Wie viel Stunden mögen schon vergangen sein? Es geschieht nichts. Überhaupt nichts. Es ist, als schiebe man pausenlos eine gleiche Kulisse über eine Bühne, auf der ein Knäuel Menschen tatenlos und wissenslos hockt, und vielleicht sind sogar die Gedanken dieser Menschen in ein und der gleichen Formel eingefroren. Da steht die junge Frau auf.

»Willst du es einmal halten und dich hinsetzen? Ich muss ein wenig auf und ab gehen.«

Den Säugling halten? Man könnte Karl gleicherweise auch sagen, dass eine Fee ihm ein Märchenschloss schenke. Es käme in ihm das gleiche Gefühl der Unmöglichkeit, des Nicht-fassen-Könnens auf. Aber dies hier ist Wirklichkeit. Er muss sich auf den Schlitten setzen und darf das Kind wie ein Erwachsener halten.

»Hast du dir auch die Hände gewaschen?«

»Ich tus bestimmt gleich, Tante Frieda.«

»Karl, Karl, lass die Tinka liegen, du lässt sie bestimmt noch fallen.«

»Ja, Tante Friedchen.«

»Junge, pass auf, dass du das Kind nicht herauskippst.«

Ja, herauskippst aus der schönen geschnitzten Wiege in dem kleinen Haus am Damm beim Onkel Fritz. Was hat die Zeit aus den Dingen gemacht! Und warum durfte er heute etwas tun, was man ihm vor wenig Zeit noch verboten hatte? Karl muss verwundert lachen, und um es besser begreifen zu können, heißt für ihn dieses kleine Bündel Leben in seinen Armen nun Tinka.

Das war in den ersten Schulferien gewesen, als er mit der Mutter nach Schneiderende gefahren ist. Onkel Fritz hatte sein kleines Häuschen gleich hinter dem Damm, der beinahe so hoch wie das strohgedeckte Dach war. Und hier lebte auch Tante Friedchen mit ihren Kindern. Tinka war eins von ihnen, trug eigentlich den schönen Namen Katharina, lag in der alten geschnitzten Wiege unter den rot karierten Kissen, und man durfte sich nur selten dazusetzen und die Wiege mit sanften Fußtritten in Bewegung halten.

»Pass auf, dass du das Kind nicht herauskippst.«

Da war es wohl schon besser, wenn man Lusche suchen ging, die eigentlich Lucie hieß und zweieinhalb Jahre alt war. Lusche war immer mit ihrer Fußbank und mit ihrer Milchflasche irgendwohin unterwegs. Die Fußbank hielt sie fest in beiden Händen, während sie die Flasche mit ihren kleinen Zähnen am Sauger festgebissen trug. Karl konnte sich kaum mehr erinnern, Lusche auch einmal anders gesehen zu haben.

Spielen konnte man mit Lusche nicht richtig, aber man konnte hinter ihr drein den schmalen Fußweg über den Damm gehen und sich wundern, dass ein Land so grenzenlos weit und groß sein konnte, wie es sich von hier aus sehen ließ. Man konnte auch Lusche mitten in des Nachbarn Erbsenfeld entdecken, sich zu ihr setzen, und sich wie im Schlaraffenland die süßen grünen Schoten samt den noch süßeren Erbsen mit den Zähnen direkt vom Strauch abreißen. Nur ein einziges Mal hatte der Nachbar sie beide erwischt und wortlos wieder auf dem Damm abgestellt, nicht ohne ihnen beiden einen kräftigen Klaps auf den Hintern zu geben. Lusche hatte nur ihr kurzes Hemdchen angehabt, nichts weiter, und sie hatte sich davongetrollt, als wäre sie überhaupt nicht gemeint gewesen. Da durfte man sich vor ihr nichts anmerken lassen, dass man so etwas auch in bekleidetem Zustand nicht gewohnt war, und ebenfalls keinen Laut von sich geben.

Zwischen Damm und Haus war ein kleines Gartenstück voller Blumen und Kräutern eingequetscht. Tausendschön gab es hier, Stiefmütterchen, Reseda, Marienblatt – die Mutter hatte sich nachher eine ganze Menge davon mitgenommen, um es in den Schrank zwischen die Wäsche zu legen. O, wie das duftete! – und Primel. Rosen und andere kostbare Blumen gab es hier nicht, sie hätten gar nicht hierher gepasst.

Einmal hatte Onkel Fritz von irgendwoher neue Blumenstauden gebracht. Vergissmeinnicht. Am Abend, als die Sonne sich schon hinter dem Haus versteckte und die Erde nicht mehr so heiß war, pflanzte Onkel Fritzens Frau sie ein. Karl und seine Mutter durften das blaue Bündel in kleine Bündel teilen und ihr zureichen, es musste für die ganze Beetumrandung reichen. Ein wenig später würde es von selber zu einer einzigen himmelblauen Verschwendung werden.

Dann mussten die Neulinge angegossen werden. Karl sah sich hilfsbeflissen umsonst nach einer Gießkanne um. Da kam Onkel Fritzens Frau mit einem Marmeladeneimer voller Wasser. Er tropfte aus einem kleinen Loch und Karl imponierte es hundertmal mehr, wie sich über seinen Rand durch Tantes Geschicklichkeit ein dünner Regenstrahl auf die jungen Pflanzen ergoss, als hätte sie die schönste, glänzendste Gießkanne der Welt in ihren Händen gehalten. Und in seinen Träumen bastelte er in der Nacht das kleine Rostloch des Eimers größer und goss aus ihm und goss und goss und der Eimer wurde nicht leer.

»Ich auch gießen, Ochen.«

»Du darfst auch gießen, Lusche, ja, ja.«

Und Lusche holte sich den verbeulten Aluminiumtopf aus der Küche und ihren kleinen Blechlöffel, mit dem sie manchmal im Damm Löcher grub, die sie dann wieder zuscharren konnte, und ließ sich das Wasser aus der Regentonne schöpfen.

»Aber schön gießen, Lusche.«

Lusche nickte ernsthaft. Zwei Löffelchen Wasser hierhin und zwei Löffelchen Wasser dorthin. Und dazwischen immer wieder auch einen Löffel voll in den eigenen Mund. Sie goss die Blumen, als füttere sie ihre Puppe mit dem schon reichlich abgeküssten Blechkopf.

»Du musst so gießen!« hatte er ihr gezeigt und den Aluminiumtopf mit einem Schwapp über der nächsten Staude geleert, dass gleich ein kleiner Bach vom Beet her über den

Weg floss. Aber Lusche ließ sich nicht bekehren. Er hatte sogar Mühe gehabt, sie mit neuem Wasser zu versorgen, damit sie nicht losbrüllte. Sie konnte sehr energisch sein. Sie fütterte weiter die Blumen wie Puppen und vergaß sich nicht dabei. Vielleicht hätte sie den Blumen sogar Namen gegeben, wenn sie schon so viel hätte sprechen können. Ach ja, all die Blumen!

Weit vor dem Damm, zwischen den großen Weiden, wo die schwarzweiß gefleckten Kühe weideten, hatte Onkel Willem sein Häuschen. Mitten in dem buntesten Blumengarten stand es, den man sich überhaupt nur denken konnte. Jeden Morgen, wenn es eben anfing dämmrig zu werden, fuhr Onkel Willem mit seinem Kahn auf den Strom hinaus, um zu fischen. Jeden Tag und jeden Tag nahm sich Karl vor, ebenso früh aufzustehen wie der Onkel, aber immer wieder wachte er erst dann auf, wenn die Sonne schon längst sein Bett traf. Und dann war der Onkel Willem manchmal sogar schon wieder von seinem Fischfang zurückgekommen. Einmal, einmal hätte es Karl beinahe geschafft. Lange hatte er überlegt, wie er sich wohl wach halten könne, um erst gar nicht in Gefahr zu kommen, Onkel Willems Aufstehzeit zu verschlafen. Er hatte sich zwei alte Krusten Brot mit ins Bett genommen und sogar eine alte Speckschwarte, die noch in der Kammer beim Geräucherten lag. Und immer dann, wenn ihm die Augen zufallen wollten, hatte er einen neuen Happen gemummelt – denn die Krusten waren mindestens schon ebenso hart wie die kleine Räucherschwarte – und lange, endlos lange darauf herumgekaut, bis er ihn unterschluckte. Es wäre ihm damit beinahe, beinahe gelungen, wach zu bleiben. Schon hatte er gehört, wie Onkel Fritz ins Bett stieg, wie nach einer ganzen Weile Tante Friedchen und schließlich auch Ochen folgten. Aber dann war er doch mitten im Abbeißen eingeschlafen. Mitten im Abbeißen, und doch war es nicht recht gewesen, dass sie ihn alle darüber ausgelacht hatten.

»Hast du denn keine Angst so allein auf dem Strom, Onkel Willem?«

Aber der Onkel hatte nur gutmütig gebrummt und sich über die Fischkästen gebeugt, die er für die Ausbeute der nächsten Nacht richten musste.

»Ist denn noch nie etwas passiert?«, bohrte Karl weiter, denn er wollte doch alles ganz genau wissen.

Passiert? Da hatte der Onkel Willem ihm in seinem schönsten Platt erklärt, dass der Strom und er sozusagen auf Du und Du ständen. Er fordere von dem Strom nichts, was der nicht selber schenke, und er gehöre auch nicht zu jenen, die nie genug bekämen. Auf die sei der Strom tückisch.

Und Karl hatte dem Onkel aufs Wort geglaubt. Man brauchte nur zu sehen, wie er so ruhig und ohne Gehabe manchmal mit seinen schweren, schwieligen Händen über das Boot strich, um das zu glauben, oder wie er ein zappelndes Fischchen, das noch zu klein war, wieder mit hohem Bogen ins Wasser zurückwarf. Man hätte meinen können, der Onkel sei so etwas wie eine Mensch gewordene Welle, die kommt und geht und trägt und nimmt.

»Ist der Strom noch nie zu dir böse gewesen?«

»Kleiner Naseweis, du!«

Das war die ganze Antwort gewesen. Und erst später hatte ihm Onkel Willems Frau von den schweren Überschwemmungen erzählt, die sie jedes Jahr trafen.

»Einmal hatten wir schon das Vieh aus den Ställen genommen und auf den Heuboden gebracht. Man konnte richtig zusehen, wie das Wasser stieg und stieg. Wir hatten auch einen Teil der Möbel aus Küche und Stube auf den Dachboden getragen, und uns hier für längere Zeit eingerichtet. Die Hühner und Gänse hatten wir hinter einem Bretterverschlag bei uns. Beim Großvieh konnten wir sie nicht lassen, sie hätten es uns nur verrückt gemacht.«

»Das Wasser stieg und stieg. Nun war es schon in der Küche und in der Wohnstube. Wir konnten auch schon lange nicht mehr von Haus zu Haus, denn unter der Wasseroberfläche gab es noch die alte dünne Eisschicht, die uns den Kahn zerschnitten hätte, sie war aber auch lange nicht mehr fest genug, dass man auf ihr hätte laufen können. Am schlimmsten aber waren die dicken Schollen, die der Strom hertrieb. Immer wieder mussten wir sie mit langen Stangen von unserm Haus abwehren, damit sie nicht aufprallten und vielleicht Löcher rissen. Der Strom trieb sie vor sich her, als wären sie kleines Spielzeug.«

»Unser Nachbar hat sogar einmal einen Futtertrog von seiner Luke her aufgehalten. Und wie er ihn sich richtig besieht, lag ein kleines Kind darin. Es schlief und hatte nichts gemerkt. Der liebe Gott hat es nicht verderben lassen. Und wie oft hat einer auf den Zweigen irgendeines Baumes gesessen, weil ihn das Wasser überrascht hatte. Und er hat gebetet und gehofft, dass ihn jemand herunterholen möchte.«

»Und wenn nun keiner kam?«

Da hatte die Tante nicht mehr geantwortet, sondern ihn in den Garten gelockt und ihm einen riesengroßen Blumenstrauß für die Mutter mitgegeben. Jetzt hätte Karl nicht mehr zu fragen brauchen, jetzt hatte er schon alles selber mit angesehen, auf dem Weg über das Haffeis mit den Löchern darin und den halb versunkenen Wagen.

Aber der Säugling auf seinem Arm führte ihn noch einmal nach Schneiderende zurück.

Weit landeinwärts hatten sie einmal einen Besuch gemacht. Da war Onkel Heinrich, dessen Haus ein so tiefes Dach hatte, dass sogar die größeren Kinder schon hinauflangen konnten. Die Kinder hatten ihn zu des Nachbarn jungen Hunden geführt, die nicht einmal die Augen aufhatten. Sie waren so tapsig und zärtlich, sie raunzten und fiepten so wärmesüchtig herum, während die Alte ungerührt dalag wie eine erhabene Majestät. Er hätte so gerne wenigstens ein einziges von den Kleinen in seine Hosentasche genommen und hätte liebevoll noch die Hand darauf gelegt, damit dem kleinen Leben ja nichts Böses geschehe. Aber die Kinder warnten ihn davor, auch nur einen einzigen Welpen anzurühren. Die Alte ist scharf, weißt du, und die Jungen sind bei ihr am besten aufgehoben. Da sie es so beteuerten, musste er es wohl glauben, aber es tat ihm sehr Leid, dass er nichts hatte, zu beschützen und zu lieben. Nicht einmal ein Kaninchen, dem man jeden Abend mit der kleinen Sichel Gras vom Grabenrand holen musste.

Es war ein schöner Tag gewesen. Aber um wie viel schöner hatte er dann die Nacht erlebt, als er mit Mutter und Tante den langen Weg zum Damm zurückgegangen war. Er hatte noch nie bemerkt, dass die Nächte so warm sein können. Er hatte auch noch nie erlebt, dass der Himmel so voller Sterne ist, so dicht bei dicht übersät mit großen und kleinen leuchtenden Punkten, dass man wirklich nicht wusste, wo da noch der liebe Gott und die Engel Platz haben sollten.

Karl hatte sich bei seiner Mutter und der Tante eingehakt, schloss hingebungsvoll die Augen und ließ sich führen. Sekundenlang wurde es ihm so merkwürdig leicht und sonderbar, dass er nicht wusste, ob ihn die geigenden Heimchen in den duftenden Kornfeldern einander weiterreichten, ob ihn seine eigenen Schritte trugen, oder ob vielleicht die gefährliche Roggenmuhme ihn mit sich schleppte, wie ihm die Ochen erzählt hatte, oder vielleicht – nun ja – vielleicht ein Engel oder sogar der liebe Gott, der auf der Erde mehr Platz haben musste als in dem sternenübersäten Himmel. Er kostete ein unbeschreiblich beseligendes Gefühl aus und hätte weit, ganz weit sein Herz aufreißen mögen.

Mutter und Tante schwiegen auch. Wer weiß, an was sie dachten. Vielleicht an die jungen Hunde, vielleicht an die schlafende Katinka, die die Ochen bestimmt schon von ihrem Bett aus mit dem Fuß in der alten Wiege sanft schaukelte, vielleicht an den Strom, vielleicht aber fühlten sie auch nur das Gleiche wie er, das ist und nicht ausgesprochen werden kann.

Über einer solchen Nacht waren auch die gelben Margeriten auf dem Damm da, plötzlich und ohne Vorbereitung, wie es ihm schien. Dadurch hatten sie sich zum größten Wunder gemacht, das er bisher gesehen.

Manchmal hatte er geglaubt, dass das Land sänge. Wirklich. Er hoffte, dass der Weg nie zu Ende sein möge. Es war unglaublich schön, sich so führen zu lassen, zu träumen und am Ende über das Wunder der gelben Margeriten zu staunen.

»Na, dann gib es mir nur wieder.«

»Was?«

Ach so, er saß ja immer noch auf dem Schlitten in der Nähe des Landestegs und hatte das Deckenpaket auf seinen Knien. Seine kleine Katinka schrie nun – oder war es überhaupt gar kein Mädchen? Er hätte nun auch das gern genauer gewusst, wagte aber nicht, zu fragen. Und Schneiderende lag weit, ganz weit.

»Hat es dich angestrengt? Du hast ganz rote Backen. Oder ist das vor Angst, du hättest es fallen lassen können?«

Karl schüttelte den Kopf, obwohl er es selber nicht genau wusste, ob es stimmte oder nicht. Die Frau lachte ein wenig und nahm das Kind aus seinen Armen. Karl fühlte sich nun wieder seltsam leer und hilflos. War es nur das Deckenpaket, das ihm fehlte? Die Frau trug es mit ruhigen Schritten auf und ab. Ihn hätte es nicht gewundert, wenn sie dabei gesungen hätte, fröhlich und leichthin, Worte ohne große Bedeutung und doch mit so viel Dasein. Karl musste sich schnell abwenden.

Sein Blick fiel dabei auf den Landesteg, den er über seinen Träumen fast vergessen hätte. Da trugen sie wieder die Verwundeten her, der Steg war voller Soldaten. Und dort war schon das Schiff. In schneller Fahrt kam es auf den Steg zu. Und sie? Was wurde nun aus ihnen?

Auch die andern in der weiter angewachsenen Sammlung Hoffender schienen die Bewegung am Steg lange vor ihm entdeckt zu haben. Eine leichte Unruhe war unter ihnen, aber nur so viel wie nötig ist, um etwas mit allen Fasern des Seins zu beobachten. Mehr war es nicht. Und es war auch keine Unruhe der Gier und keine Unruhe des Vordrängens oder der Angst dabei. So etwas hätte man sofort gespürt, so etwas hätte sich nicht mehr zügeln und einordnen können. Sie waren still da wie vorher, beobachteten und warteten ab.

Aber sie hatten ja wohl nicht die Nacht an dem Landesteg erlebt. Sie hatten noch Vertrauen, dass man sie hier nicht vergessen würde. Aber er, er wusste es besser. Sollte er es ihnen nicht ins Gesicht schreien? Sollte er sie nicht aufrütteln, zu handeln, sich nicht einfach so gehen zu lassen und nur auf andere zu hoffen?

Aber warum sollte er sie aufwecken? Warum? Nahmen sie ihm nicht vielleicht nur wieder den Platz fort, jenen Platz, den er nötig hatte, um dem Vater nachzufahren und die Mutter zu suchen? Sollten sie nur hier bleiben, sollten sie – – –

Und er stahl sich fort, tat erst so, als bewege er sich nur unbewusst fort, indem er ganz anderes beobachtete, wurde –

unmerklich, wie er hoffte – schneller, und rannte schließlich doch die letzten Schritte dem Steg zu. Folgte ihm jemand? Nein, es war so, als hätten sie nichts bemerkt. Vielleicht taten sie auch nur so. Er drehte sich hastig wieder dem Schiff zu, da sah er wieder die Verwundeten. Er sah sie wie in der Nacht, nur viel, viel deutlicher. Sah die blutverkrusteten Verbände, sah blutige und zerrissene Uniformen, sah bleiche Gesichter und verkrampfte Hände, sah aufgerissene Augen, in denen kein Glanz war – – Plötzlich schämte er sich, dass er auf dieses Schiff mitgewollt hatte, dass er nur an sich gedacht hatte. Er hätte es gern gut gemacht.

Einer war da, der wies das Schiff ein, das nun greifbar dicht am Landesteg lag, und er wies auch die Männer mit den Bahren ein und die Zahllosen, die noch selber sich bewegen konnten. Karl drängte sich zu ihm durch.

»Dort sitzt eine Frau mit einem ganz kleinen Kind. Das ist eben geboren.«

»Was meinst du?«

Karl wiederholte sein Gestammel, und er musste nun wirklich schon all seinen Mut dazu zusammennehmen.

»Wo?«, fragte der Ordner. Und Karl erklärte ihm auch dies. Vielleicht sah der Mann zum ersten Mal die Menge der Zivilisten, die geduldig auf ein Zeichen wartete. Er dachte nach, während seine Augen wie abschätzend zwischen dem Schiff und den Verwundeten hin und her gingen.

»Ich werde sie später holen.«

Er ließ wohl absichtlich offen, ob er nun die junge Frau damit meinte oder alle. Und da wohl auch mehr nicht zu sagen war, rannte Karl wieder zurück, während der Ordner von andern gerufen wurde. Karl brannte darauf zu beweisen, dass er bestimmt nicht allein auf das Schiff hatte gehen wollen, um sich allein zu retten.

»Warum bist du nicht gleich auf das Schiff gegangen?«, fragte die junge Frau, ehe er seine Neuigkeit berichten konnte, und sie lächelte wieder still in sich hinein, sinnend und beinahe wesenlos, als wären sie und das Kind auf einer ganz anderen Ebene, die für niemand erreichbar war.

Weiß Gott, dachte Karl, weiß Gott, sie wäre nicht einmal böse gewesen, wenn ich es getan hätte, sie hätte meine Heimlichkeit noch für ganz selbstverständlich genommen. Das war viel mehr, als er begreifen konnte. Viel zu viel.

Kapitel 5

Und wieder kroch die Zeit dahin, die Menschen am Strand duckten sich vielleicht noch ein wenig enger zusammen und tiefer zur Erde hin wie ein Tier, das im nächsten Augenblick aufspringen will, um irgendwohin zu rasen. Aber es geschah weiter nichts. Vielleicht war es auch nur, dass das Warten die Zeit endlos dehnte. Niemand kam, der Erlösung von diesem Martyrium brachte, das sich die Zeit ausgedacht hatte.

Dafür kam etwas anderes, der Zweifel. Und der Zweifel ist der zweite Grad des Martyriums Zeit.

Muss das kleine Schiff nun nicht schon bis zum Rand voll sein mit all den vielen Verwundeten, die dort hineingetragen werden? Muss es nicht schon maßlos voll gepfercht sein, dass es sinnlos ist, zu hoffen und zu warten? Was hat man mit den Verwundeten vor, dass man sie so zusammenpfercht, dass sie sich nicht mehr umdrehen können, ohne die Füße in ein anderes Gesicht zu treten, ohne mit dem Kopf in eines anderen Magengrube zu stoßen, ohne – – – aber die Fantasie ging mit ihnen durch, denn niemand hatte das Schiff innen gesehen.

In einem richtigen großen Hafen liegen die Schiffe haufenweise. Von da kommt man ganz leicht fort. Ob man nicht doch besser nach Pillau zieht?

Aber das liegt in der entgegengesetzten Richtung. Man müsste die vielen Kilometer wieder zurückgehen, die man mühsam hinter sich gebracht hat. Man müsste die ganze Nehrung entlang und über den Seekanal setzen, um von dieser schmalen Landzunge wieder auf das Festland und nach dem Seehafen zu kommen.

So gehen die Gedanken hin und her und vielfach werden

sie ausgesprochen. Die junge Frau mit dem Säugling sagt nichts zu alledem. Wer weiß, ob sie die nahezu lautlosen Reden überhaupt hört. Aber Karl ist darüber unruhig geworden. Er wandert hin und her, an den vielen Gesichtern der Masse vorbei, ein Stückchen den Strand entlang und dann wieder zurück. Er nimmt sogar wieder den Rucksack auf, den er eben erst vor den Augen der jungen Frau zum sicheren Zeichen seines Dableibens abgenommen hatte. Soll er weiter warten oder wahr machen, wovon die andern im Augenblick nur reden? Er muss doch nicht nur irgendwohin, sondern endlich zu seiner Mutter, die auf ihn wartet. Wie viel Tage sind nun schon ungenutzt vertan!

Ohne es selber zu merken, ist Karl immer weiter am Strand entlanggegangen. Er ist nun ein gutes Stück von der Anlegestelle entfernt. Niemand sieht ihm nach. Als er das bemerkt, ist eine merkwürdige Traurigkeit in ihm, die er bisher nicht gekannt hat. Dann erwacht sein Trotz. Also gut, wenn ihn niemand vermisst, dann kann er sich ebenso gut tatsächlich wieder selbstständig machen. Doch was heißt hier schon selbstständig, in diesem endlosen Zug von Wagen, Tieren, Soldaten.

Karl steht da und beobachtet. Je mehr er es sich überlegt, desto sicherer scheint ihm noch das Weiterziehen mit den Soldaten zu sein. Ein richtiger Soldat – so hatte der Vater gesagt – ein richtiger Soldat findet immer noch einen Ausweg. Zwar, die Mutter hatte dabei plötzlich Tränen in den Augen gehabt, als wolle sie Vaters Worte nicht glauben. Aber Frauen weinen manchmal über die geringste Kleinigkeit. Wer weiß, an was sie damals überhaupt gedacht hatte.

Über den Strand kommt eine kleine Soldatengruppe. Sie fällt Karl deshalb auf, weil sie weniger schweigsam ist als alle anderen, denen er bisher begegnet ist.

»Und ich sage euch, ich kriege meine Einheit doch noch! Ich lasse mich nicht wie irgendwer einfangen und in irgendeinem Haufen verheizen, wo ich nichts zu suchen habe.«

»Mann, wo willst du heute noch suchen! Ist doch alles egal, wenn wir sie nur wieder rausschmeißen!«

»Und dann noch nach Pillau!«

Der das sagt, ist ein ganz junger Kerl, er kann nicht sehr viel älter als Karl sein, jedenfalls sieht er so in seiner Uniform aus, die ihm nirgendwo recht passen will. Er sagt noch mehr zu den andern, aber Karl hat nur das eine ihn interessierende Wort gehört.

»Verzeihen Sie, gehen Sie nach Pillau?«

»Ja, Kerlchen.« Der das antwortet, zögert einen Augenblick lang, ehe er mit den andern weitergeht, die auf Karl überhaupt nicht geachtet haben. Er trägt sein Gewehr wie die Bauern ihre Forken tragen. Das fällt selbst Karl auf, der doch nicht sehr viel von der Landwirtschaft und erst recht nichts von Gewehren versteht.

»Ja, Kerlchen.«

»Ich will auch dahin.«

»Bleib du lieber hier, mein Junge, bei uns hast du nichts zu suchen.«

»Ich suche meine Mutter. Sie ist bestimmt zu einem großen Hafen gegangen und auf ein Schiff. Hier habe ich sie nicht gefunden.«

Da sieht der Bauer – später erfährt Karl, dass er Brandstätter heißt – ihn nur an und sagt nichts mehr. Karl geht neben der Gruppe her, und auch die andern haben nichts dagegen. Vielleicht haben sie ihn auch noch gar nicht bemerkt.

»Ich sage euch, es ist ganz gleichgültig, wo man steht!« Man muss sein Vaterland verteidigen, wo man ist. Ihr sollt mal sehen, wie wir die hier alle rausjagen, dass nur so die Flicker fliegen. Als wir vor Verdun lagen, sagte mein Hauptmann zu mir: ›Groditzki‹, sagte er …«

»Hör doch schon auf!«, fuhr ihn einer der Jüngeren in der Gruppe an. Es war ein Student, wie Karl später hörte. »Wir wissen genau, was bei Verdun war, aber es ist ein Dreck gegen dies hier! Überhaupt, was soll das Gerede. Wir haben doch nichts mehr zu sagen, gar nichts mehr, versteht ihr das denn immer noch nicht?«

»Zu sagen haben wir nichts mehr, stimmt, aber die werden mich nicht daran hindern, was ich tun will.« Das war wieder der junge Kerl, dem die Uniform noch nicht passte, und sie nannten ihn Willi.

Brandstätter, der alte Soldat, der Student und Willi blieben auch später zusammen, als sie auf den kleinen Truppenteil gestoßen waren, zu dem sie nun gehören sollten. Karl blieb bei ihnen, es fiel niemand weiter auf, weil sich überall Soldaten mit Zivilisten mischten. Brandstätter war es, der sich seiner annahm und auch einen Schlag Suppe für ihn bekam. Suppe! Wie lange war es nun schon her, dass Karl nichts Warmes mehr gegessen hatte? Es fiel ihm schwer, die Tage zu zählen. Manchmal schien es Monate her zu sein, dann wieder nur eine einzige Stunde, es vermischte sich alles zu einer einzigen großen Empfindung, die kaum eine Einteilung zuließ. Die Teilung von Tag und Nacht war in dieser Zeit nicht aufrechtzuerhalten, man teilte sein Sein höchstens von Ungeheuerlichkeit zu Ungeheuerlichkeit.

Karl sah das Haff wieder. Nahe am Ufer hob eine Frau jammernd ihre Arme in den Himmel. Es war eine alte Frau. Ein dunkles wollenes Kopftuch überschattete ihr furchiges Gesicht, das der Schmerz bis zur Unkenntlichkeit verzerrt hatte. Zu ihren Füßen lag ein Soldat. Es ist ihr Sohn, flüsterte jemand. Der Zufall hat sie sich hier treffen lassen, sie haben ein paar Worte miteinander gewechselt, und dann ist er plötzlich umgesunken. Bordwaffen.

Das ist wohl die erste Ungeheuerlichkeit für Karl. Diese alte Frau, der nichts mehr geblieben ist, als ihre klagenden Hände zum Himmel aufzurecken und dann über den Toten hinzusinken.

»Spatzchen, mein Spatzchen!«

»Komm«, sagt der Brandstätter und schiebt sich einfach zwischen Karl und das Bild auf dem Eis nahe beim Ufer. Aber er kann dabei den Jungen nicht ansehen, weil er selber was in die Augen bekommen hat, was angeblich bei Männern nicht hineingehört. Dem Karl rinnen die Tränen, ohne dass er es merkt.

Der Brandstätter kann es nicht hindern, dass Karl auch das andere auf dem Eis sieht, was ein wenig weiter entfernt ist. Umgestürzte Leiterwagen in einem Chaos von aufgebrochenen Kisten, verstreuten Heubündeln, Bettzeug und Gerät. Und dann die Leiber erschossener Pferde, noch angeschirrt an den Deichseln. Das Eis scheint übersät zu sein mit diesem Strandgut eines Fluchtweges.

»Spatzchen, mein Spatzchen!«

Ein Hund streunt witternd am Uferstreifen entlang. Manchmal läuft er auf das von schmutzigen Spuren gezeichnete Eis, dann springt er wieder zurück. Seine Spuren sind wohl schon versunken, fortgewischt von tausend anderen Spuren.

»Jungchen, Jungchen, mein kleines Jungchen!«

»Komm«, sagt noch einmal der Brandstätter, nimmt Karl am Arm und schiebt ihn landeinwärts. Aber das nützt nicht viel, dieses Bild zu verwischen.

Am Abend sitzt Karl zwischen den Soldaten und hört ihre

Reden, die er manchmal nicht versteht. Sie liegen auf den nackten Dielen eines Fischerhauses, eingehüllt in ihre Mäntel und Decken. Brandstätter hat Karl einen Matratzenteil aufgestöbert, das ist mehr Luxus, als überhaupt erlaubt ist. Irgendwann in der Nacht wird es vielleicht schon weitergehen, zu Fuß oder auch ein Stück auf irgendeinem Wagen. Als sie ankamen, war der Raum kalt und dunkel. Nun brennt in dem Ofen ein Holzfeuer, es füllt den Raum ebenso mit Wärme wie mit beißendem Rauch. Das Holz ist nass, vielleicht stammt es von einem der Zäune draußen oder von einem Leiterwagen, der im Graben lag. In kleinen Blechnäpfchen schwimmt im geschmolzenen Wachs ein kleiner brennender Docht, das ist die ganze Beleuchtung. Aber es gibt ja auch nichts, was so sehenswert wäre, eine große Festbeleuchtung zu gestatten. Man hört die Stimmen, das genügt, um die Gestalten in sich lebendig werden zu lassen.

»Lange kann das ja nicht mehr gehen«, sagt der Brandstätter.

»Es ist schon viel zu lange gegangen.«

»Wenn es wenigstens noch ein gutes Ende nehmen würde!«

»Die Sladecksche in unserem Dorf hat doch Recht behalten. Als im Frühjahr die Störche kamen, hat sie einen schwarzen Storch gesehen, der nach den andern hackte. Sie bewarf ihn mit Steinen, aber er beantwortete es nicht einmal mit wütendem Geklapper, sondern stolzierte nur weiter wie ein großer Herr. Da kam die Sladecksche ins Dorf gelaufen und kreischte in alle Häuser, dass die Pest kommen würde oder dass wir einen Krieg verlieren würden. Wir lachten sie aus, denn von uns dachte niemand an den Krieg. Er war so weit. Als die Sladecksche mit ihrem Gekreisch nicht aufhörte, nahmen sich ein paar hohe Herren der Sache an. Ein paar

Tage war sie in der Stadt, es hieß, man wolle ihre Gesundheit prüfen. An einem Morgen sah ich sie wieder, mit zerrauften Haaren und langen Kratzern im Gesicht, die Augen verquollen und ein Bein schleppte sie hinter sich her. Ihre langen Röcke schwappten in Fetzen um sie her. Als sie mich sah, floh sie winselnd ins Gebüsch, aber ihre Sprüche kreischte sie auch dabei noch. Am gleichen Nachmittag hat man sie von der Stadt aus wieder eingefangen. Man sagte, dass sie in ein Krankenhaus käme. Aber die Sladecksche hat doch Recht gehabt.«

»Es gibt schon Vorzeichen. Bei uns in der Nachbarschaft …«

Karl starrte in das trübe Dochtlicht, und ihm fiel dabei das Nordlicht ein, das er selber an einem Abend im Sommer gesehen hatte, wie ein fernes Feuerwerk über die Dächer der Stadt hinweg. Die Stadt war am nächsten Tag voll davon gewesen, und die es selber gesehen, konnten sich nicht genug tun, es weiterzuerzählen und auszuschmücken. Und manche hatten bedenkliche Gesichter gezogen und auch von Unglück und Notzeiten gesprochen. Doch der Sommer war so schön gewesen, dass man es bald wieder vergaß.

»Lange kann das ja nicht mehr gehen«, hörte er den Brandstätter wieder, der wohl ganz etwas anderes loswerden wollte. »Die Frau wird doch nicht so mit allem fertig. Wir müssen nun auch endlich den neuen Stall bauen. Für die Pferde nämlich. Mein Junge hat sich schon lange eine eigene kleine Pferdezucht gewünscht. Aber das ist nicht so einfach, nein, so einfach ist das nicht. Man muss etwas davon verstehen, man muss auch den feinen Stall und die Weide dazu haben, und dann das viele Geld für eine eingetragene Zuchtstute. Aber nun ist es wohl so weit. Wenn es nur bald hier Schluss wäre.«

»Ich hoffe für dich, dass deine Frau und deine Tochter auf

und davon sind und sich nicht auf deine Zukunftspläne verlassen haben. Oder glaubst du, dass sie einen Bogen um deinen Hof gemacht haben? Nein, der Hof gehört ja dem Brandstätter, dem tun wir nichts, der hat ja einen Vogel mit seiner Viehzucht!«

Der kleine Willi sagte es so kühl, als rechne er eine Rechenaufgabe aus.

»Ja, sie sind weg«, gab der Brandstätter zu. »Im November schon sind sie getreckt. Sie sitzen in Pommern. Aber das kann nicht ewig gehen. Dann kommen wir wieder zurück. Das Haus könnte auch schon einen Anbau für den Jungen vertragen.«

»Wenn sie dir überhaupt noch einen Stein auf dem andern gelassen haben!«

»Was redest du denn!«

»Ist ja kein Mumm mehr dahinter«, unterbrach der alte Soldat das einseitige Gespräch. »Wenn ich daran denke, wie wir das gemacht haben! Wir haben mitten im fremden Land unter dem Feind gestanden, aber wir haben uns geschlagen, als wenn wir unser eigenes Hab und Gut an Ort und Stelle verteidigt hätten, das sage ich euch! Keinen Fußbreit haben die bekommen, eher hätten wir alles mit unserm Blut fortgeschwemmt. Das sage ich euch! Lieber für die Heimat sterben, als irgendwo anders im Wohlstand leben. Und dann sind wir im Paradeschritt …«

Da sprang plötzlich der Student auf, und sein Gesicht war so wild, dass Karl erschreckt den Atem anhielt. Seine Stimme war so leise und heiser, als schnüre etwas sie mit Gewalt ab.

»Ich pfeife auf all deine großen Worte und auf deinen Paradeschritt, hörst du, ich pfeife darauf! Hast du jemals in deinem Soldatengloria etwas von Kopernikus und Kant gehört?

Der eine hat uns einen neuen Himmel geschenkt, und der andere hat sein moralisches Gewissen im gestirnten Himmel über sich gesehen. Und was ist uns in allem Soldatengloria davon geblieben! Was!«

Niemand schien Atem genug zu haben, ihm zu antworten.

»Bei uns spuckt der Himmel Bomben! Kopernikus und Kant haben sie in Trümmer geworfen, dass ihre Steinmonumente nichts mehr sind als ein Haufen Dreck. Dreck, sage ich dir! Und du kommst noch und willst dein Soldatengloria weiterpredigen? Haben sie dir deine Mutter in Dreck und Asche unter stürzenden Mauern begraben? Aber meine! Weißt du, wo dein Vater beerdigt ist? Warum gehst du dann nicht hin und wirfst dich über sein Grab, damit die Panzer seine Knochen nicht ausbuddeln! Unsere Welt bricht auseinander, wir haben keinen Himmel mehr, aber du kommst und schwingst Reden, wo alles Große schweigt, wo du nur noch schweigen und leiden kannst!«

Dann drang der Student ebenso plötzlich auf den Brandstätter ein.

»Warum schleppst du den Jungen mit uns mit? Warum willst du ihn und uns alle und immer wieder dich selber belügen mit deinem Hurra-Gebaue in deinem Haus, das ausgebrannt ist, auf deinem Boden, der unschuldig von Panzergräben und Bombenkratern zerschlissen ist, eingesät mit vielleicht Hunderten von Leichen. Meinst du, du könntest dir noch den Himmel und dein Land mit dem unschuldigen Bengel da erkaufen? Lügt doch nicht, lügt doch nicht!«

Der Student spuckte aus. Er traf genau vor die Füße des jungen Rechners Willi, und auch das war wohl von Bedeutung. Dann warf er sich hin und rührte sich nicht mehr. Man hätte meinen können, die Qual habe ihm nun vollends den Atem abgewürgt.

Auch die andern rührten sich nicht. Vielleicht hielten sie es nicht für nötig. Wahrscheinlicher aber meinten sie, dass es besser sei, dem Kerl Ruhe zu gönnen. Erst sehr viel später pustete der Bauer Brandstätter das Licht aus. Seine Augen suchten dabei Karl, der noch nicht schlief. Da aber senkte er schnell den Kopf und sagte nichts.

Am nächsten Tag waren sie alle schweigsamer als bisher. Niemand erwähnte auch nur mit dem Zucken seiner Augenbrauen oder mit dem Verziehen der Lippen das nächtliche Erlebnis, und doch war eine merkwürdige Vertrautheit zwischen ihnen. Und es war, als wolle nun jeder sich und den andern beweisen, ohne Worte, dass sein Leben so und nicht anders sein müsse, und dass er Recht hätte. Der Brandstätter brachte irgendwoher ein großes Brot und eine lange Dauerwurst. Er teilte alles genau, und der Student bekam seinen Teil zuerst. Willi hatte für sie alle eine Fahrmöglichkeit ausgerechnet. Zwischen den Munitionskisten saß es sich nicht eben bequem bei den ausgefahrenen Sandwegen, aber es war auch gut, einmal seine Beine zu schonen.

Es ging weiter nordwärts, sie kamen nur langsam zwischen den Flüchtenden vorwärts. Es war kalt, und der graue Himmel sah nach Schnee aus. Karl war unter einen Fetzen Decke gekrochen und hielt die Augen geschlossen. Er fürchtete sich, wieder zu viel sehen zu müssen. Dann fielen die Schüsse.

Wie ein Spuk, so schnell war es vorbei. Karl hatte nicht auf das Rattern des Flugzeuges geachtet. Für ihn begann es mit ein paar hastig geschrienen Worten und mit einem Schütteln des Wagens, als hopse er über dicke Baumstämme und große Steine. Dann peitschten die Schüsse über ihn hinweg. Er hörte ihr Pfeifen und ihren harten Aufschlag gegen die Wagenwand und gegen die Kisten. Irgendjemand fasste ihn und schleuderte ihn samt der Decke auf die Erde. Die Decke löste sich von ihm und seine erschreckten Augen blickten als Erstes auf den Studenten, der ohne Deckung dastand und mit seinen Gedanken völlig abwesend zu sein schien.

»Deckung!«, schrie ihn der Soldat an. Und fast zur gleichen Sekunde schnellte er selber sich unter dem Wagen hervor, so blitzschnell wie man es seinem Alter nie zugetraut hätte, und warf sich auf den Studenten. Noch während sie beide hinfielen, zuckte plötzlich der Körper des Alten zusammen. In der Ferne schon, peitschten die Schüsse weiter, hallten Rufe und Befehle. Ein Pferd schrie und schrie, bis ein einzelner klarer Schuss fiel. Karl hörte das alles überdeutlich, weil um ihn herum die Stille zu einem Lautverstärker erstarrt war.

Als Erster stand der Student wieder aufrecht. Er starrte auf den alten Soldaten, der glatt ausgestreckt auf der Erde lag, die Arme weit von sich gespreizt.

»Das habe ich nicht gewollt«, flüsterte er, und seine Stimme war so heiser wie in der Nacht. »Das habe ich wirklich nicht gewollt. Ich habe ihm ja geglaubt, er hätte mir nichts zu beweisen brauchen.«

Niemand sprach es aus, dass der alte Soldat tot war. Gefallen auf dem Felde der Ehre, für Heimat und Vaterland, wie es im Wehrmachtsbericht heißen würde. Und doch wussten sie alle, dass es nur um des Studenten willen gewesen war, der noch in der Nacht nichts von Heimat und Vaterland hatte wissen wollen. Karl hätte ihn gern gefragt, wie er nun darüber denke, aber er presste die Lippen fest aufeinander, wie er es von den andern sah.

Sie ließen sich Zeit, eine Grube in dem hart gefrorenen Boden mitten unter Bäumen und Gesträuch der Nehrung auszuheben, obwohl sie sich doch hätten beeilen sollen, vorwärts zu kommen. Sie hackten und gruben abwechselnd. Der Alte hätte nur ein kleines Grab gebraucht, aber sie machten es ihm groß und bequem. Sie hackten breit ausladende Äste von den Tannen, an denen Eiskristalle hingen, legten sie zuunterst in die Grube und steckten sie so an die Seiten, dass sie wie eine schützende Wand waren. Sie legten den alten Soldaten in diesen Sarg aus Tannengrün, nachdem sie seine Hände auf der Brust gefaltet hatten, bedeckten ihn mit der zerschlissenen Decke und verwendeten noch einmal sehr viel Tannengrün, ehe sie behutsam die ersten Erdklumpen mit ihren bloßen Händen auf den Körper legten.

Sie machten einen kleinen Hügel. Brandstätter konnte sich nicht genug damit tun, an ihm zu glätten und zu putzen. Es war, als arbeite er in seinem Garten. Auf den Hügel legten sie einen Stahlhelm. Er hatte zwar nicht dem alten Soldaten gehört, denn sie besaßen keine, aber sie fanden alle, dass es sich so für einen alten Soldaten gehöre und dass der Alte seine Freude daran haben würde. An die Erkennungsmarke hatte nur Willi mit seinem rechnenden Verstand gedacht. Er heftete sie an eine Astgabel, die er ans Kopfende des Grabes einpflanzte. Sie hatte die Form eines Kreuzes mit hochgereckten Armen.

Ob Willi das überhaupt gesehen hatte? Er tat, als blättere er in den wenigen Papieren des Toten, während die andern kurz die Hände falteten, und legte sie dann achselzuckend in den Brotbeutel, der dem Alten gehört hatte. Man würde ihn bei Gelegenheit in einer Schreibstube abgeben.

»Das habe ich nicht gewollt«, flüsterte der Student noch einmal.

Sie gingen nun dicht hinter dem Munitionswagen her. Es war wie ein Trauerzug. Plötzlich tat der Willi etwas völlig Verrücktes, wie Karl es fand. Er nahm eine kleine Mundharmonika aus seiner Rocktasche und spielte irgendeine Melodie. Sie war weder traurig noch lustig, es waren einfach nur

Töne und Rhythmus. Karl hätte ihn dafür prügeln mögen. Aber die andern schienen nichts dabei zu finden. In seinem ausweglosen Zorn über diese Unverständlichkeit gab er einer leeren Konservendose, die zufällig gerade in seinem Weg lag, einen heftigen Tritt. Sie kollerte gegen Willis Beine, der sie wie ein geübter Fußballspieler bändigte und nach hinten zurückschoss, wo sie in einem Gebüsch verschwand. Willi spielte noch ein paar Töne weiter, ehe er wie vorübergehend seine Hand sinken ließ:

»Du willst doch weiterleben?«

Obwohl Willi sein Gesicht nicht Karl zuwendete, wusste er, dass nur er allein mit dieser Frage gemeint war, und er wusste auch, dass Willi seine Empörung bemerkt hatte. Er konnte nicht antworten.

»Wenn du weiterleben willst, sieh zu, dass du so schnell wie möglich die Toten vergisst.«

Willi sagte es ohne Spott und ohne seine sonstige Opposition. Dann hob er wieder die Hand mit der Mundharmonika und spielte weiter.

»Wenn man Pferde einreiten will«, sagte der Brandstätter nach einer Weile, und auch er sah niemand an, »wenn man Pferde einreiten will, dann muss man sie erst an eine sehr lange Leine nehmen. Man muss mit ihnen behutsam sein, damit sie nicht für immer verschreckt werden. Über Hürden lässt man sie erst ganz zuletzt springen.« Willi sah ihn nicht an. Aber nach ein paar Takten steckte er die Mundharmonika in die Tasche.

»Wann die mal wieder eine Tabakration verteilen werden?«

»Mit Tabak kommt man viel weiter als mit Zigaretten.«

»Aber sie sollten mal ein bisschen aufpassen, dass die Zigarettenblättchen nicht wieder nass werden und zusammenkleben.«

»Ich habe noch welche, wenn du brauchst.«

Sie waren nun wieder bei den alltäglichen Dingen, es war gleichgültig, ob es regnete oder fror oder irgendwo schoss, sie griffen begierig nach der kleinen Alltäglichkeit. Auch Karl zogen sie in ihre Gespräche ein, er gehörte ja nun zu ihnen. – –

Seit Karl mit den Soldaten mitzog, hatte er aufgehört, auf Ortschaften und Namen zu achten. Er wusste nicht, wie weit sie noch vom Ziel entfernt waren. An diesem Abend fanden sie nur einen Unterschlupf in Panzergrabenlöchern und erdgebauten Unterständen. Brandstätter hatte Karl zu sich genommen. Sie wärmten sich gegenseitig. Trotzdem schliefen sie nicht.

»Kennst du die Sage vom Bauern, der sich sein Land abschreiten durfte?«, fragte der Brandstätter unvermittelt.

»Nein.« Karl kannte sie nicht.

»Soll ich sie dir erzählen?«

»Ja.«

»Zu der Zeit, weißt du, als es überall noch große Wildnis, unbebautes Land und unbeackerte Heide gab, da wählte sich jeder so viel Land, wie er bebauen konnte, kaufte es oder ließ sich damit beleihen oder pachtete es gegen einen geringen Zins. Natürlich, Kerlchen, konnte da der Teufel nicht gut zugucken. Wie ist das so, sagte er zu einem Bauern, ich schenk dir so viel Land, wie du nur an einem Tag abschreiten kannst. Du kannst dir das Schönste und Beste aussuchen, was dir unter die Füße kommt, und dir davon so viel nehmen, wie du nur willst. Nur: am Abend, wenn die Sonne sinkt, musst du wieder an deinem Ausgangspunkt angelangt sein, sonst geht es dir leider schlecht. Dann stirbst du, und ich nehme deine Seele mit.

Der Bauer lässt sich einen so guten Vorschlag nicht zweimal sagen. Er fängt mit einem hübschen Bogen an, der ihm allerhand Land einzubringen verspricht. Den Wald da, denkt er, den könnte ich auch gut gebrauchen, schließlich will ich mir ja Haus und Ställe bauen. Und er beeilt sich, den Wald zu umgehen. Die Sonne steht noch nicht an allerhöchster Stelle des Himmels. Aber eben, als er wieder auf seinem alten Bogen wäre, findet er einen herrlichen klaren Bach. Den muss er natürlich auch haben. Und ihm läuft schon das Wasser im Munde zusammen, als er die herrlichen Fische darin sieht. Und es wäre ja wohl auch schade, wenn er die Weide, die sich daran anschließt, einfach beiseite ließe. Sein Vieh soll das Wasser direkt aus dem Bach haben, die Weide muss mit zu seinem Land. Und so findet er bald dies und bald das, was ihm nützlich scheint, Kerlchen, und er denkt nur daran, wie schön sein Land und sein Besitz sein wird, wie viel Vieh er haben kann, und wie seine Familie sich freuen wird, die er gründen will. Aber dann fällt ihm doch plötzlich auf, dass die Sonne sinkt, und er noch sehr weit von seinem Ausgangspunkt entfernt ist.

Da läuft er über Stock und Stein, Äste reißen seine Mütze ab, er achtet nicht darauf, er stolpert über Wurzeln und verliert seinen Rock, aber er läuft und läuft, und doch hört er schon den Teufel in der Ferne vor Freude über den fast schon gelungenen Streich lachen. Teufel lachen furchtbar, mein Junge, das hört sich so an wie das Heulen und Zischen der Kugeln, das Platzen der Granaten, der Aufschrei der Menschen und das Beben der Erde, alles zusammengenommen. Das hörte der Bauer, und seine Seele zitterte. Er nahm seine letzten Kräfte zusammen, und er erreichte seinen Ausgangspunkt mit dem letzten Atemzug, wirklich noch in dem Augenblick, als die Sonne in der Erde verschwand, um auszuruhen. Langhin fiel der Bauer auf sein erobertes Land, dem Teufel vor die Füße. Der Teufel musste abziehen, aber der Bauer hatte auch nichts gewonnen, er war tot.«

Und nach einer Weile des Schweigens sagte Brandstätter noch leise: »Sie hätten mich auf meinem Hof lassen sollen, wo ich genug für uns alle hatte. Ich muss gehen und gehen und immer mehr Land unter meine Füße nehmen und werde am Ende nichts mehr haben. Ich muss heute immerzu daran denken. Meinst du es nicht auch?«

Aber Karl antwortete nicht mehr. Es war wohl auch besser so, dass er endlich schlief.

Kapitel 6

Der Einsatzbefehl nach Königsberg kam völlig überraschend mitten in der Nacht. Man hatte die vom Feind eingeschlossene Stadt noch einmal aus ihrer Umklammerung gesprengt und den Weg zur See hin freigekämpft. Nun sollten sie hineingezogen werden, um die Stellungen weiter auszubauen.

Willi tobte. Er hatte sich eine Chance ausgerechnet, davonzukommen. Nun sah er sich betrogen. Aber er rechnete in den neuen Dimensionen weiter. Er wollte auf jeden Fall seine Gleichung aufgehen sehen und davonkommen. Nur das. Alles andere schien ihm gleichgültig.

Nach dem Übersetzen von der schmalen Landzunge zwischen Haff und See auf das feste Land, sind sie fast nur noch nachts unterwegs. Tagsüber kampieren sie häufig in den Löchern der Panzergräben, es geht nur sehr vorsichtig vorwärts.

Es wird Karl manchmal schwer, in den Menschen noch Soldaten zu erkennen, die saubere Uniformen und Waffen im Appell vorzeigen müssen. Der Vater hatte es ihm erzählt, und der Vater hatte auch nie so wie diese hier wie Landstreicher ausgesehen. Die Mäntel haben Löcher und abgerissene Säume, die Köpfe sind mit grauen Schals umwickelt, auf denen dreckige Mützen thronen, überall fehlen Knöpfe, das Kochgeschirr baumelt zerbeult irgendwo an Bindfäden, und das Riemenzeug ist stumpf und brüchig. Am meisten achten sie noch auf die Schuhe, und Willi deutete einmal sogar an, dass er sich bei den Toten nach einem neuen Paar umsehen müsse.

Niemals wird Vater so herumlaufen. Sollte Mutter sich denn für ihn schämen?

Karl freute sich auf die Stadt, die ihr Ziel ist. Hier würde die Erinnerung an Vater noch ganz neu sein. Es war ja noch nicht einmal ein ganzes Jahr her, dass die Mutter und er den Vater dort besucht hatten. Vater weilte nur wenige Tage auf der Durchfahrt, aber es waren wundervolle gemeinsame Tage gewesen.

Ja, Karl freute sich auf die Stadt. Als er den andern gegenüber davon schwärmte, sah ihn der Student mit erschrockenen Augen an. Aber ehe Karl fragen kann, was er habe, werden sie durch einen Feuerschein abgelenkt. An den fernen und näheren Kanonendonner, an nächtliche Schießereien und plötzliche Bordwaffengarben hat sich Karl nun schon gewöhnt. Es ist wie ein ferne vorbeiziehendes Gewitter, das man im Sommer ja auch nicht mehr beachtet. Aber den Feuerschein eines brennenden Hofes hat er bisher noch nicht gesehen.

»Könnte deiner sein!«, wagt Willi dem Brandstätter zu sagen. Das ist gemein, aber doch nur allzu wahr. Und darum sagt der Brandstätter auch nichts, sondern begnügt sich mit einem Blick unter seinen buschigen Augenbrauen hervor, der voller Qual und Wildheit ist.

Genau so, ja, ganz genau so war auch Mutters Blick gewesen, als sie im letzten Sommer mit andern zusammen in einem Feldgraben außerhalb der Stadt die ganze Nacht verbracht hatten und zusehen mussten, wie sich der Flammentod immer weiter über ihr Zuhause hin ausbreitete. Und die Christbäume – wie sie die feindlichen Leuchtzeichen nannten – die Christbäume standen an allen Seiten, ein Hohn in diesem grausigen Bild. Er hatte die Mutter schon verstehen können, dass sie zum letzten Weihnachtsfest keinen Weihnachtsbaum mehr hatte haben wollen. Und sie waren ja auch nicht mehr daheim gewesen, sondern in einer anderen Stadt, und Weihnachten feiern kann man doch wohl nur richtig zu Hause.

Der Feuerschein ging allmählich in schwarzen Rauch über, den man bis zu ihnen hin zu schmecken glaubte.

In der Morgenfrühe eines Tages nach einer zerschossenen Nacht – Karl konnte nicht mehr sagen, wie lange er überhaupt schon mit den Soldaten unterwegs war – sah er die Stadt wieder, die die Erinnerungen mit seinem Vater in sich verschlossen trug, sah er das, was nun noch von ihr war: ein unendlicher Trümmerhaufen, aus dem hin und wieder noch ein zerborstener Turm hervorragte oder eine Rauchsäule von einem neuen Brandherd zeugte.

»Warum heulst du?«

Die Tränen machten das Bild der Verwüstung zu einem Tanz aus rußgeschwärzten Steinen, kahlen Ästen, lichten Schneehaubenpunkten und verbogenem Eisengestänge.

»Warum heulst du?«

Was sollte Karl hierauf antworten. Er hatte Tilsit im Bombenhagel untergehen sehen, er hatte den Tod auf dem Haff und auf der Nehrung erlebt, was aber der Krieg war, das wusste er plötzlich zum ersten Mal. Denn der war noch viel mehr als Feuer, stürzende Steine, blutende Menschen und verstreute Gräber, nach denen bald niemand mehr fragen würde, der Krieg war das, was Erinnerung und Sein auszulöschen versuchte, und was den Studenten damals in der Nacht hatte schreien lassen.

Der Student ging neben ihm her und hielt seinen Kopf tief gesenkt, er fragte sich, ob er den Jungen nicht doch hätte vorbereiten sollen. Aber hätte er den Untergang einer Welt begriffen, ohne das Zeugnis gesehen zu haben? –

Vor dem Hauptbahnhof mussten sie sich sammeln. Sie standen in lockeren Gruppen zusammen, kauten an ausgegangenen Pfeifen und trockenem Brot, und manche lachten aus vollem Halse. Karl verstand nichts mehr. Er versuchte immer wieder an etwas zu denken, was nicht mehr da war.

Konnte in diesen Trümmern jemals Leben gewesen sein? Er musste seine eigene Erinnerung wohl geträumt haben.

»Wie heißt du?« Ein Offizier schnarrte ihn an, er trug sogar noch geputzte Stiefel. Karl hatte sie nicht kommen gehört.

»Wohl Sprache verloren, was?« Der Offizier lachte, es war kein gemütliches Lachen.

»Karl Findeiser.«

»Freut mich, dass du mitkämpfen willst, unsere Position zu halten. Haben jeden Mann nötig.«

Karl antwortete nichts, weil er nichts begriff.

»Lass dich einkleiden, verstanden?«

Dann war der Offizier schon weitergegangen. Karl sah ihm nach, wie man vielleicht im Zoo einem davonschreitenden, noch nie gesehenen Tier nachschauen mag, ein wenig ehrfürchtig, ein wenig erleichtert und auch ein wenig belustigt, weil man nichts von ihm gelernt hatte.

»Wenn du jetzt nicht machst, dass du verschwindest, schlage ich dir höchstpersönlich alle Knochen entzwei, ehe sie dir von andern zerschossen werden.« Willi zischte ihn wütend an, und nur an seiner Aufregung spürte man, dass er es gut meinte.

»Du bist mir zu schade zum Flintenjungen, verstehst du? Los, verdufte, und zwar auf der Stelle, noch ehe sie dich unter ihre Abzeichen gesteckt haben! Mach, dass du hier fortkommst!«

Langsam, ganz langsam begriff Karl, was los war. Begriff, dass man ihn zum Soldaten machen wollte, und dass Willi

dagegen war. Aber was sollte er denn nun in dieser zerstörten Stadt anfangen, wenn die Soldaten ihn nicht mehr bei
sich behalten wollten. Hilfe suchend sah er zu Brandstätter
hin.

»Geh, Junge, geh. Es ist wirklich besser, wenn du dich nicht
mehr bei uns sehen lässt.«

Und wie um sich von einer Schuld freizukaufen, nimmt er
seinen Brotbeutel vor und kramt darin herum.

Willi tobt: »Ich habe euch ja gleich gesagt, dass es Scheiße
ist, ihn mit uns zu schleppen! Aber natürlich, die alten Dreck-
köppe wissen alles besser.« Er tobt, weil es ihm in Wahrheit
auch um ihn selber geht. Der Karl ist nur ein kleiner Anlass
dazu.

Diesmal ist es der Student, der vermittelt. Seine Unruhe ist
fort, seit die Trümmer der Stadt vor ihm liegen, so wie ein
Tierbändiger ruhig werden muss, wenn er endlich vor den
wilden Tieren steht.

»Es konnte niemand ahnen, dass wir hier landen würden.
Du hast ja auch auf etwas anderes gehofft und musst nun
sehen, wie du hiermit fertig wirst.«

Da dreht sich der Willi ab, als sei für ihn die ganze Sache
erledigt. Brandstätter aber hat nun endlich gefunden, was er
gesucht hat. Er drückt Karl einen Zipfel harte Wurst in die
Hand, der in Zeitungspapier eingepackt ist. Dann greift er
noch einmal in den Beutel und bringt auch noch einen Kanten Brot zum Vorschein.

»Da nimm, mehr habe ich nicht mehr.«

Vielleicht würden die andern nun auch gern in ihre Beutel
greifen, um noch etwas für Karl herauszufischen, aber ein
scharfer Pfiff bringt schon wieder eine neue Situation. Die
Ersten treten in lockerer Formation zusammen und gehen
dem Offizier nach, die andern folgen.

»Pass jetzt auf!« zischt Willi Karl zu und macht sich dicht an ihn heran, dass er ein wenig von den andern abgedrängt wird. Als sie nach dem freien Platz vor dem Bahnhof die ersten Trümmer erreichen, richtet er es so ein, dass er Karl hinter den ersten besten Haufen Steine schubsen kann. »Hier bleibst du, bis alles still ist!« Dann geht er weiter, als sei nie etwas gewesen, als habe er nie etwas getan, und er dreht sich auch nicht mehr um.

Karl bleibt liegen, wo er nach dem Stoß den Steinhaufen hinabgekollert ist, hört das Knirschen der vorbeiziehenden Schritte, hört, wie sie sich entfernen und verhallen, hört Stimmfetzen von irgendwoher herüberflattern, hört einzelne Schüsse und Einschläge und manchmal auch das Rattern einer Maschinengewehrgarbe, hört den Kanonendonner und hört dazwischen die atemlose Stille der geschändeten Stadt. Wenn er jetzt weinen könnte, er könnte sein Gepäck leichter aufnehmen und weiterziehen, um ein neues Fortkommen zu finden.

Schließlich ist es die Kälte, die ihn wieder hochtreibt; eine unerbittliche Richterin, die in dieser Zeit manchmal über Sein und Nichtsein, über empfindendes Leben und Auslöschen entschieden hat. Es muss doch irgendwo einen Anknüpfungspunkt an die Erinnerung geben, irgendein Haus, das noch steht und nicht nur mehr Fassade ist, eine Bank, einen Ausblick, ein Denkmal …

Das Standbild des Kaisers vor dem Schloss ist unversehrt. Aber sein Schwert in der hoch erhobenen rechten Hand zeigt auf den ausgebrannten Schlossturm und die leeren Fensterhöhlen der ehemaligen Pracht. Aber auch Karls Gehirn ist nach diesem Morgen so grausig leer wie die Fensterhöhlen.

Manchmal steigt Karl über Schuttberge und könnte nicht mehr sagen, ob hier noch Straße oder ehemals ein Hof gewesen ist oder ob er gar schon in der guten Stube einer althergebrachten Wohnung steht. Wo ist denn nun die Gemütlichkeit der alten, ein wenig verräucherten Küchen hin? Wo sind denn nun die Paneelbretter mit Mutters Porzellangefäßen für Salz und Zucker, Mehl, Zimt und Muskat und Kaffee hin, wo aber Vater Nägel und alte Schrauben sammelte? Wo ist hier noch Platz für Tante Augats großen Konzertflügel, auf dessen elfenbeinernen Tasten er nach Herzenslust spielen konnte? Eine Granate hat den Baum zerfetzt, auf dem er die Fütterung der jungen Vögel belauscht hat, und die Katze, die lauernd um den Baum strich, liegt wahrscheinlich zerschlagen in jenem Ruinenschatten. Von diesem rußdurchflockten Schnee auf zerborstenen Simsen und unwegsamen Straßen kann man keinen Schneemann mehr bauen. Man hat seine Kinderspiele zerstört. Aber das ist nun schlimmer als damals bei den fegenden Rupffrauen der Gänsemästerei, denn es ist niemand mehr da, der ein neues Spiel beginnen kann.

Karl läuft durch die Stadt. Hin und wieder glaubt er, etwas zu erkennen. Doch als die Dämmerung hereinbricht, weiß er überhaupt nicht mehr, wo er ist. Weit und breit kein Zivilist zu sehen, nur Soldaten, zu denen er nicht mehr kommen darf.

Mach, dass du hier fortkommst.

Karl hockt in einem Hauseingang, das Erdgeschoss steht noch, aber der Wind heult durch die zersplitterten Fensteröffnungen und Willis Worte wollen und wollen ihm nicht aus dem Kopf. Er beißt in Brandstätters Wurst und abwechselnd auch in den Kanten Brot. Morgen früh wird er nichts anderes mehr haben als jenes trockene Stück Brot, das eigentlich seiner Mutter gehören sollte. Morgen wird er es aufessen. Diese Zeit ist für das Verlieren geboren und nicht für das Aufheben.

Ein Lachen schüttelte ihn unvorbereitet, schüttelte ihn so sehr, dass ihm die Tränen kamen. Jetzt lag sein ganzes heimatliches Besitztum, all sein Erinnern und sein Träumen nur noch in einem kleinen Säckchen voller gläserner Kugeln! Hastig griff er in seine Manteltasche. Ja, sie waren noch da. Er schüttete sie vorsichtig auf die steinernen Fliesen dieses fremden Hausflurs und zählte sie liebevoll eine nach der anderen, während sein Lachen nun endgültig zu einem stillen Weinen geworden war.

»Mutter, Mutter!«

Wer weiß, ob jemals wieder jemand abends mit ihm beten würde.

»Du bist nun schon ein bisschen zu groß dazu, Junge, du musst nun schon alleine beten.«

Aber der Vater war ja im Krieg, und darum war es wohl besser, wenn die Mutter immer noch mit ihm gemeinsam betete.

»Mutter, Mutter!«

Und die Glaskugeln rollten hin und her, entglitten manchmal seinen klammen Fingern, und wenn sie auf die Fliesen aufschlugen, war es so wie das kurze trockene Schießen einer Maschinengewehrgarbe. Zum ersten Mal seit er allein war, übermannte ihn das Bewusstsein des Verlorenseins.

Mach, dass du hier herauskommst!

Aber wie, das hatte auch der kühle Rechner Willi ihm nicht mehr vorgerechnet. Die Kriegsmacht, die seine Spiele zerstört hatte, war auch bei dem stärker gewesen. –

Der nächste Tag unterschied sich um nichts von dem vorangegangenen. Karl irrte durch die zertrümmerte Stadt. Wenn er Soldatengruppen begegnete, drückte er sich beiseite, anfangs jedenfalls. Als er merkte, dass niemand nach ihm hinsah, ließ er es wieder. Von Zeit zu Zeit verstärkte sich der Kanonendonner, mehrmals zogen Flugzeuge ihre Schleifen über der Stadt, Karl gewöhnte sich an beides. Das Stück Brot, das seiner Mutter gehörte, war hart und an einigen Stellen auch schimmlig geworden. Er kaute immer wieder daran, weil er Hunger hatte. Vielmehr war es so, dass er erst auf den Gedanken gekommen war, Hunger zu haben, als er begriff, dass niemand mehr ihm etwas zustecken würde, keine Mutter, keine fremden Frauen und auch keine Soldaten. Erst seit diesem Gedanken hatte er Hunger. Er kaute das verschimmelte Brot, ohne sich zu schütteln. Einmal tauchte in ihm auch die Frage auf, wie lange er wohl mit diesem Brot auskommen müsse. Aber er lenkte selber schnell von diesem Gedanken ab, denn es war besser, nicht zu viel zu denken.

Es kam auch immer häufiger vor, dass Karl sich in den Trümmern verbergen musste, weil Flugzeuge kreisten, oder weil das Schießen so nahe klang, als müsse es gleich in der Nähe einschlagen. Die große blühende Stadt war nun voller Unsicherheit und tödlicher Gefahr. Karl nahm immer öfter seine Glasmurmeln in die Hand, sie waren das Einzige, woran er sich festklammern konnte, und sie waren noch voller Glanz und verlockender Buntheit und ohne Zerstörung.

Das große Bombardement war an einem späten Nachmittag über ihm, als er sich gerade wieder einmal in der Gegend des ausgebrannten Schlosses herumgetrieben hatte. Hier waren die Straßen breit und durchgängig, war der Schutt ein wenig beiseite geschaufelt worden, standen die Fassaden der Häuser noch so, als benötigten sie nur ein klein wenig Füllung, um wieder lebendig wie eh und je zu sein. Hier brauchte man weniger Angst zu haben.

Karl kauerte sich in den Ruinen hin. Der wässrige Schnee, der hier überall lag, würde bald wieder bis auf seine Haut hindurchkriechen und ihn zittern lassen. Ein leichtes Feldgeschütz fuhr holpernd vorbei, aber eine schwere Detonation verschluckte dieses Geräusch. Dann schoss das Geknatter der Bordwaffen die Straße entlang und fuhr klatschend auf Pflaster und Ruinenwände nieder. Bomben, Bordwaffen, Abwehrkaliber, dazwischen das hastige Knallen kleiner Schüsse, einsam und verzweifelt, und Karl dachte an den alten Soldaten, der nicht einmal aufgeschrien hatte. Er, er würde bestimmt schreien, er hätte auch jetzt am liebsten geschrien, weil man diese Musik aus Schlagzeug und Heulorgel nicht mehr ertragen konnte.

Und wenn sie mich nun hier erwischen, mitten in den Trümmern, und wenn ich nun hier verwundet werde und niemand findet mich?

Die Unerträglichkeit wurde so groß, dass Karl es einfach nicht mehr aushielt und im gröbsten Trommelfeuer aus Kugeln, Bomben und berstendem Schrapnell aufsprang und mitten auf die weißnasse Straße hinauslief, rücksichtslos den Elementen ausgeliefert, die der Krieg nur immer ersonnen haben mag. Karl wurde von dem einen einzigen Gedanken getrieben, wieder zu Menschen zu kommen. Gut, mochten sie ihn zu einem Soldaten machen, mochten sie ihm ein Gewehr in die Hand drücken und sagen, dass er nun auf irgendeinen Menschen schießen müsse, er wollte ja alles tun, was man von ihm verlangte, aber es war unerträglich, hier noch länger allein in den Ruinen herumzuirren und keinen Ausweg zu wissen. Er musste wieder zu den Soldaten, die würden wenigstens wissen, was man tun musste, und sie würden auch Brot für ihn haben. Gute Soldaten hatten immer etwas zu essen. Und er musste an den Arzt denken, der ihm befohlen hatte, regelmäßig zu essen. Er wollte sich bemühen, von nun an alle Befehle auszuführen, besser jedenfalls als bisher. Wenn er nur wüsste, wo er Soldaten finden konnte und Feldwebel mit hellen Bernsteinaugen.

Einmal rutschte Karl im steinigen Gelände aus, stolperte und fiel der Länge lang hin, der Rucksack flog in vollem Schwung über seinen Kopf hinweg und streifte hart seine Stirn. Der Schwung riss seine Arme zur Seite, sodass es ihm unmöglich war, sich gleich wieder zu erheben. Vielleicht war es sogar besser, einfach liegen zu bleiben, mitten auf der Straße, mitten im Tack-tack-tack der Maschinengewehre. Da aber riss ihn etwas hoch und warf ihn gleich darauf wieder nieder. Es war, als schlüge etwas Weißes über ihm zusammen.

»Dummer Junge, warum du gerannt mitten auf Straße. Dummer Junge! Leicht können sein kaputt. Viel kaputt, viel kaputt, warum du laufen jetzt und nicht sein schon lange weg.«

Es war eine Litauerin, die ihn von der Straße her geholt hatte, um ihn auf ihr Bettenbündel zu werfen. Er hätte es nicht geglaubt, wenn sie es nicht selber gesagt hätte. Warum war eine Litauerin hier und nicht in ihrem eigenen Land?

»Krieg nix gut. Warum du hier? Warum du nicht weg mit Mama?«

Die Frau sprach ein leidlich gutes Deutsch. Es war eine gute Stimme, und die sagte immer wieder, dass der Krieg nix gut sei, und dass er bestimmt hier herauskäme. Es war gut, wieder jemand um sich zu haben, jemand, auf dessen weichem Bündel man den Kopf legen und die frostfeuchten Augen schließen konnte.

»Nicht schlafen, du jetzt nicht schlafen, hier liegen und frieren.«

»Ja«, sagte Karl, weil er zeigen wollte, wie sehr er ihre gute Stimme achtete, aber vor seinen Augen tanzten Feuerringe und in seinem Kopf platzten unaufhörlich Schrapnellkugeln, als müssten sie unablässig etwas in ihm abtöten. Plötzlich hatte er nicht mehr die Kraft, darüber nachzudenken, was es sein konnte. Die Augen der Frau kamen immer näher auf ihn zu und lächelten unter dem großen Kopftuch. Das war doch die Mutter. Wie hatte er nur vergessen können, dass er mit Mutter zusammen über das schneeige Feld lief.

»Mutter!«

»Komm, Junge!« Und sie fasste seine Hand, warm und weich und zärtlich. Man musste lachen, dass es einen schüttelte.

Kapitel 7

Als Karl wieder denken konnte, spürte er zuerst ein rätselhaftes Räderrollen unter seinem Körper, für das er keine Erklärung wusste. Es war genauso wie das Fahren auf dem Munitionswagen, ein wenig holpernd und schüttelnd, aber es war nicht so unangenehm. Nein, wenn er ehrlich sein wollte, so empfand er es sogar als recht angenehm, in diesem Rollenden ausgestreckt zu liegen und den Blick langsam an die dämmrige Welt zu gewöhnen, die ihn umgab. Es musste ein kleiner Leiterwagen voller Stroh sein, in dem er lag. Nicht allein, übrigens, aber sein Blick reichte noch nicht aus, um mehr zu erfahren. Sein Kopf war schwer – lächerlich schwer, wie er fand –, es war nicht möglich, ihn anzuheben. Er gab seine mühsamen Versuche auf.

Es war schön, so zu fahren. Es roch nach Heu und ein wenig auch nach Holz und nach Wagenschmiere. Seit der Heuernte in Neuteich, als er auf dem hoch beladenen Heuwagen vom Feld bis in die Hofscheune fahren durfte, hatte er es sich gewünscht, immer nur so auf einem Heuwagen fahren zu können, oder auf einem Wagen voller Korngarben, was ja ungefähr dasselbe für ihn war.

»Fall nicht herunter, Junge, und lass dich nicht aus Versehen mit der Forke auf die Lucht heben!«

Opa Neubacher hatte dazu gelacht, die Neubacher-Tante, die Elsbeth und sogar die Eva. Mit der Eva konnte man sich gut vertragen, obwohl sie nur ein Mädchen war und sogar um ein paar Monate jünger als er selber. Nur, wenn es um die Landwirtschaft ging, dann konnte sie ein wenig überheblich tun, so, als wenn er etwas dafür könnte, in der Stadt geboren zu sein. Aber er zeigte ihnen schon, was für Muskeln er hatte. Was schadete es schon, dass er sich am anderen Morgen kaum rühren konnte vor lauter Muskelkater. Nein, nein, nur nichts sagen, die andern stakten schon längst wieder in der Scheune den reichen Segen in das Vorratsfach, und da musste er wieder dabei sein.

Hau ruck, hau ruck! Eine Gabel voll Heu nach der anderen flog hinauf unter das Scheunendach.

»Junge, du kannst der Eva helfen.«

»Ich werde schon alleine fertig, den brauche ich nicht.«

»Wenn ihr beiden Federwische zusammen das Heu festtrampelt, dann wird es vielleicht so fest, wie es richtig sein soll.«

Und Karl kletterte hinauf und bekam die nächste Ladung sozusagen an den Kopf geworfen, dass er sich wie durch eine riesige Duftwolke hindurcharbeiten musste.

»Du musst das Heu richtig schichten, nicht nur so trampeln.«

Und Eva polsterte die Ecken und Kanten auf der Lucht aus, als bestopfe sie ihre Puppen im Puppenwagen mit dem Federkissen.

Es war heiß hier oben, und manchmal waren sie so in dem Heustaub eingehüllt, dass ihnen der Atem stockte. Aber sie hatten immerzu gelacht und sich immer wieder gegenseitig rücklings in den riesigen Heuhaufen hineingeschubst. Wenn sie aber zwischen zwei Wagen warten mussten, dann lagen sie ganz einfach nur still auf dem würzigen Halmenberg, horchten auf das friedliche Gebrumm einiger dicker Fliegen und auf das ferne Geklapper der Maschinen und Wagen.

Schlief Eva? Sie hielt ihre Augen geschlossen und ihre blonden Haare lagen struwwelig auf Stirn und Hals. Wie braun sie war, während seine Arme so rot aussahen wie bei einem Indianer. Er nahm einen Halm, tastete sich mit seiner Hand vorsichtig zu ihr hin, schloss dann ebenfalls seine Augen, dass er nur noch blinzelte, und kitzelte sie an der Nase. Eva schüttelte den Kopf, aber sie öffnete ihre Augen nicht. Er fuhr mit dem Halm schnell einmal über ihre Lippen. Eva pustete nur, ein kleines, fast verächtliches Pfff. Karl ließ nicht locker und versuchte es noch einmal bei der Nase.

»Du bist ein dummer Junge. Meinst du, ich weiß nicht, dass du es bist?«

Und sie hielt es wieder nicht für nötig, die Augen zu öffnen. Schade. Mit Jungens hätte man so leicht eine Balgerei anfangen können. Aber Mädchen tun immer gleich so verständig, auch Eva. Sie ruhte sich aus, wenn es einen Augenblick Ruhe gab, und sie schuftete, wenn es neue Arbeit gab.

Natürlich konnte man zusammen mit Eva auch Spaß haben. Bei den jungen Fröschen zum Beispiel. Denn Eva hatte überhaupt keine Angst vor den kleinen Fröschen wie etwa die Mädchen in der Stadt.

»Kommst du mit zur Insel?«

»Welche Insel denn?«

»Na, auf dem Teich.«

Und Eva war schon langsam die Dorfstraße, mit den kräftigen Birken links und rechts, heruntergezockelt, während er seine Badehose holte, die noch über dem Holzzaun zum Trocknen hing. Er rannte ihr nach, dass der Staub nur so unter seinen nackten Füßen davonstob.

Die Dorfstraße führte am Teich vorbei und ein schmaler Weg drum herum. Da, wo der Teich an die große Straße stieß, war das Ufer kahl und wenig sauber. Hier hockten Enten und Gänse, schnatterten hinter jedem Vorübergehenden drein und führten ein reges dörfliches Sippenleben. Manchmal verirrte sich auch ein Huhn hierher, aber es hatte wenig Chancen, unbelästigt fortzukommen.

Die andere Seite des Teiches gehörte den Menschen, genauer gesagt: den Kindern.

»Habt ihr denn keine Badekabinen?«

Für diese Frage hatte sich Karl gleich am ersten Tag auslachen lassen müssen. Heute ging er wie alle hinter die Schneberensträucher und war sicher, dass das Grün eine ebenso gute Trennwand war wie jede astlöcherige Wand in den städtischen Badeanstalten.

»Bist du fertig? Komm schnell, ehe die andern uns sehen.«

Eva sprang schon ins Wasser hinein, dass es aufspritzte. Man durfte nicht behaupten, dass sie richtig schwamm, aber es war erstaunlich, wie schnell sie mit ihrem Gestrampel der Arme und Beine vorankam. Immerhin aber bewunderte sie Karls stolze Schwimmkunst, und Karl vergaß niemals, alles zu zeigen, was er konnte: auf dem Rücken zu schwimmen, nur mit den Armen zu rudern, oder auch das Gesicht unter dem Wasser zu lassen und nur dann hochzukommen, wenn er unbedingt nach ein paar Stößen wieder neue Luft holen musste.

Die kleine Insel lag fast genau in der Mitte des großen Teiches. Sie war voller grüner Sträucher, Sumpfpflanzen und hohem Gras. Sie war nicht sehr groß, aber doch breit genug, dass man sich voreinander verstecken konnte, wenn es nötig war. Meist war es das allerdings nicht.

»Wollen wir Frösche fangen?«

»Hm.«

Am Rande der Insel war ein schmaler, dunkelsandiger Landstreifen. Hier schaufelten sie mit ihren Händen ein tiefes Loch aus.

»Erst fangen wir mal Frösche. Aber nur junge, ja? Und wenn

wir genug in dem Loch drinhaben, dann lassen wir alle auf einen Schlag hinaus.«

Eva pflückte sogar noch ein paar schöne große Blätter vom Breitwegerich und deckte damit das Loch zu.

»Ich habe schon einen.«

»Zeig.«

»Ganz knallgrün ist er noch.«

Ja, und man hätte meinen können, seine kleinen schwarzknopfigen Augen sähen sie ein wenig melancholisch und listig zugleich an. Es kitzelte, wenn der kleine Frosch mit seinen Beinchen in der hohlen Hand Freiübungen machte, und, wie das kitzelte! Schnell mit ihm unter den grünen Breitwegerich in das große Loch. Und dann wieder auf eine neue Jagd. Hier hopste und wibbelte es ja nur so von lauter kleinen Fröschchen.

»Was meinst du, wie viel wir schon haben?«

»Na, so zehn oder zwölf bestimmt.«

Das war auch Karls ungefähre Rechnung.

»Meinst du, dass es nun genug sind?«

»Gut. Nun pass auf.«

»Du, sollen wir vielleicht noch einen Wassergraben rundherum um das Loch machen, damit sie alle da reinpatschen?«

»Aber wenn sie nun ersaufen?«

»Frösche und ertrinken?«

Aber sie bauten dann doch lieber nicht den Wassergraben, denn die Fröschchen erschienen ihnen viel zu süß, um ersaufen zu sollen, und sicher war sicher.

Bäuchlings lagen sie vor dem Loch. In ihren Augen loderte Abenteuerfreude und Spannung.

»Wenn ich ›drei‹ sage, dann ziehst du an dem Blatt und ich an diesem.«

»Ja.« Karl wagte nur noch zu flüstern.

»Eins, zwei drei!«

Die Drei hatte Eva so geschmettert, dass es beinahe wie ein richtiger Startschuss war. Aber die Frösche dachten gar nicht daran, auf ihn zu hören und herauszuspringen. Na, so etwas! Und Eva und Karl krochen vorsichtig näher und näher an das Loch heran, um die kleinen Frösche nicht etwa zu erschrecken und doch mit einem Blick schnellstens zu erhaschen, was nun los sei. Wie auf einen Schlag hielten sie aber beide in der Bewegung inne und starrten fassungslos in das Loch.

Kein Frosch zu sehen, nicht der allerwinzigste springende Froschschenkel, nicht das kleinste schwarze Knopfauge, einfach nichts! Karl und Eva sahen sich an, bedeppert, erschreckt, und doch zum Lachen bereit.

»Hast du dafür Töne!«

Und dann endlich lachten sie wirklich aus vollem Halse. Lachten, weil die Fröschchen sie bei ihrem so schön ausgetüftelten Vorhaben einfach überlistet hatten und ihrer eigenen Wege gehopst waren.

»Vielleicht haben wir immer dieselben eingefangen und es nur nicht gemerkt.«

»Vielleicht! Sehen ja auch alle gleich aus.«

»Aber wie sie da bloß herausgekommen sind. Einfach unter dem grünen Blatt fort. Kannst du aus einer Tonne unter dem Deckel fortspringen?«

Nein, Karl konnte das auch nicht, und er schüttelte stumm den Kopf. Sie ließen das Loch, wie es war, setzten sich an das Wasser, das ihre braunen Füße beleckte, und dachten lange stumm darüber nach. Es gab doch seltsame Dinge!

Es gab viele Dinge, die man nicht vergessen konnte.

»Komm, wir müssen Eier suchen.«

»Eier suchen? Wir haben doch nicht Ostern.«

Eva trug einen kleinen geflochtenen Weidenkorb am Arm

und war schon auf dem Wege zu einem kleinen Schuppen neben dem Hühnerstall, dessen Tür meist geöffnet war. Man hatte hier immerzu etwas abzustellen oder zu holen und machte es sich darum bequem damit. Eva antwortete Karl nicht, sie nahm es als selbstverständlich an, dass er ihr auf dem Fuße folgte. Erst wollte er es nicht, er malte gerade mit seiner großen Zehe ein Bild in den lockeren Hofsand. Dann war aber die Neugierde größer als der männliche Stolz.

»Seit wann legen die Hühner ihre Eier woanders, als in den Boxen im Hühnerstall? Du hast dich wohl in der Tür geirrt«, brummte Karl ihr nach. Irgendetwas musste er ja dagegen sagen, damit sie sich nicht einbildete, dass er überhaupt nichts von der Landwirtschaft verstünde. Nun, von den Hühnern zumindest schien er wirklich wenig zu verstehen, denn Eva deutete nur stumm auf ein Ei, das sie schon in ihrem Korb hatte.

Als Karl schon eine Weile in verschiedenen Winkeln herumgestöbert hatte, ohne etwas zu entdecken, meinte Eva: »Die Hühner kommen immerzu hierher und verlegen ihre Eier.«

»Ich finde aber nichts.«

»Da oben«, sagte Eva und deutete unter das Dach, wo es von der Schuppenwand her noch einen kleinen Hängeboden gab, der die Decke eines nebenliegenden Räumchens bildete.

»Wir müssen Heini dabeihaben.«

Heini war Evas jüngster Bruder, den man nur beachtete, wenn er einen ärgerte. Er war viel zu klein, um mitspielen zu dürfen. Heini musste sich nun in den Hängeboden hineinquetschen. Er schaffte es noch ganz gut, auf allen Vieren zu kriechen. Im Übrigen war er stolz, mit den Großen mitmachen zu dürfen. Er kroch bäuchlings in Staub, alten Strohwischen und Heubüscheln umher und brachte immer neue

Eier herbei. Das war wirklich beinahe der reinste Ostersegen.

»Ein Nest, ein Nest!«, schrie Heini. Und Eva benutzte schnell Forken und Kisten, um hinaufzuklettern und auf den Hängeboden zu schauen. Es war aber so dämmerdunkel, dass man aus der Helligkeit des übrigen Raumes heraus nichts erkennen konnte.

»Mach schnell.«

Heini hatte ein ganz rotes Gesicht bekommen, vor Aufregung und wahrscheinlich auch vor Anstrengung.

»Hast du alle?«

Heini glaubte es. Da stand ein Huhn in der Schuppentür und gackerte und kalbarschte und kreischte und zeterte, und es hörte sich beinahe so an, als beschwere es sich aufs Höchste über eine unzumutbare Ruhestörung geheiligter Räume.

»Als wenn es ihm ans Leben ginge«, lachte Karl und jagte das Huhn weg, was es sich aber nur widerwillig gefallen ließ, ohne den Schuppen aus den Augen zu lassen und weiter gackernd.

»Würde dir auch nicht gefallen, wenn man dir deine Kinder wegnähme!«

Karl sah Eva an, die er noch nie so zornig gesehen hatte. Er verstand sie nicht.

»Na, aus den Eiern kommen doch Küken heraus. Die wollte bestimmt glucken. Nun hat der Heini ihr das Nest zerstört und alle gesammelten Eier fortgenommen.«

Eva war wütend. Nicht auf ihn, und bestimmt auch nicht auf den Heini, der nun schon breitbeinig und voller Gewichtigkeit über den Hof ging, aber vielleicht auf den Eierkorb, den sie mit solchem Schwung auf den Küchentisch setzte, dass es ein wahres Wunder war, dass sein Inhalt nicht gleich Rührei gab.

»Kannst du nicht aufpassen!«, schimpfte Elsbeth, die Magd, vom Herd her. Eva funkelte sie nur an, ihre Augen waren ganz dunkel vor Zorn und Traurigkeit über die zerstörte Küken-welt.

Ja, so merkwürdig konnte Eva sein. Und es war schön, sie manchmal ein ganz klein wenig zu begreifen.

Beim Abkochen der Schweinekartoffeln durfte er ihr helfen. Sie nahmen es beide sehr wichtig. Er trug ihr den alten Eimer voller kleiner Kartoffeln an den alten Brunnen im Hof. Natürlich hatten sie im Haus eine richtige Wasserleitung in der Küche, sie war neu eingebaut, aber den Brunnen benutzten sie ebenfalls noch. Wenn man den schweren Holzdeckel abnahm, konnte man an den Kettenhaken einen Eimer hängen und ihn in die Tiefe lassen, wo er sich durch eine kleine Schwenkung bald mit Wasser füllte.

»Jetzt dreh!«

Karl musste sich anstrengen, die Kettenkurbel zu drehen, damit sich die Kette über einem dicken Bolzen aufrollte und den Eimer wieder ans Tageslicht brachte. Drei Eimer Wasser mindestens brauchten sie jedes Mal, denn Eva fand die Schweinekartoffeln immer noch nicht sauber genug. Als wenn die Schweine nicht viel lieber im Dreck wühlten, wie man sich erzählte. Aber die Eva wusste auch das wieder anders und wahrscheinlich besser. Evas Schweine wühlten niemals im Dreck. Sie standen in sauberen Koben und scheuerten sich ihre graurosa Schwarte lieber an der zementierten Wand als im Mist.

Der große Kartoffelkocher stand in der Waschküche. Hier musste ihnen Elsbeth behilflich sein, der Kessel war zu schwer. Das Stampfen besorgten sie dann wieder allein mit dem metal-lenen Stampfer. Jeder durfte zehnmal zustoßen, sie zählten gewissenhaft, und überdies durfte Eva dann entscheiden, ob

genug gestampft war oder nicht. Sie wusste es immer so ein-
zurichten, dass Karl die letzten Stöße führte, das war bestimmt
ehrenvoll. Alles andere – das Mengen und Füttern – mussten
sie dann wieder den Erwachsenen überlassen. Aber es hätte
nicht viel gefehlt, man hätte ihre Nasen gleich mit im Futter
gehabt, so dicht waren sie mit ihnen dabei.

Sie waren überall dabei. Sie waren dort, wo sie durften und
auch da, wo sie nicht sein sollten, da vor allen Dingen, versteht sich. Im alten Kirschbaum hatten sie sich ein regelrechtes
Wigwam gebaut, hoch oben zwischen den Ästen. Man musste nur aufpassen, dass einem beim Hinaufklettern niemand
zusah. War man erst oben, war man vor allen neugierigen
Blicken geschützt. Besser gesagt: vor den menschlichen, denn
die Musch streunte hier ebenso herum wie die lungernden
Spatzen. Eva und Karl duldeten sowohl die Spatzen als auch
die Katze. Die Spatzen, weil man sie so gut für alle ver-
schwundenen Kirschen verantwortlich machen konnte – die
sie selber so lange naschten, bis sie Bauchschmerzen hatten,
was aber eine gute Weile dauerte – und die Katze, weil sie so
oft friedlich schnurrend bei ihnen saß, als wolle sie dokumentieren, dass das Bäumeklettern die selbstverständlichste
Sache von der Welt sei.

Der Himmel war blau und glänzend wie ein frisch gestärk-
tes und glatt gebügeltes Tischtuch. Die kleinen Wolken, die
vereinzelt darüberhin zogen, waren wie Seifenschaumflocken,
die man aus dem Wäschebottich stibitzt hatte und über den
Garten pustete. Wenn man es genau nahm, roch es in der
Welt nach frischer Wäsche. Auf solche Gedanken konnte Eva
kommen, wenn sie da oben saßen.

Sie konnte aber auch sagen:

»Wenn ich groß bin, heirate ich auch einen Bauern. Oder
einen Reiter. Kannst du reiten?«

»Klar, kann ich!«

Dabei hatte Karl erst zweimal auf einem Pferd gesessen, von reiten konnte man nicht reden.

»So?«, machte Eva ungläubig. Und nach einer ganzen Weile sagte sie unvermittelt: »Komm!«

»Wohin?«

»Zur Koppel.« Und sie rutschte schon den Stamm hinunter.

»Was willst du da?«

»Reiten.«

»Du darfst ja nicht.«

»Hast du Angst?« fragte Eva nur nach oben und verzog ihre Lippen. Sie drehte sich kurz um und ging. Wenn er nicht als feige gelten wollte, musste er mit. Dabei stimmte es, dass es ihnen verboten war, eines der beiden noch auf dem Hof gebliebenen Pferde zum Reiten zu benutzen. Es war ein Sonntag, und die Pferde sollten auch ihre Ruhe haben, weil sie an den anderen Tagen schon auf den Feldern beansprucht wurden. Zwei Pferde waren zu den Soldaten gezogen worden, wie man die Männer in den Krieg eingezogen hatte. Mit dem restlichen Tiermaterial musste man halt Haus halten und schonend umgehen.

»Wir nehmen keinen Sattel, dann fällt es nicht auf.«

»Einfach so?«

»Bist du bange? Mit dem Sattel zu reiten, das ist kein Kunststück.«

Eva sagte es so, dass nun wirklich kein Zweifel mehr darüber blieb, dass sie ihn prüfen wollte. Und es gab keine Ausflüchte mehr. Sie nahmen das kleine Zaumzeug mit und gingen. Einmal versuchte Karl es unterwegs noch:

»Und wenn man uns sieht?«

Darauf antwortete Eva überhaupt nicht. Sie strich mit ihrer

Hand über das grünsilbern wogende Feld, dessen Ähren sich schon sachte zu neigen begannen. Auf der anderen Seite des schmalen Feldweges blühte das Kartoffelfeld. Dann kam die Weide, und hinter den drei Birken auf dem kleinen Hügel grasten die beiden Stuten. Die Kühe waren auf der anderen Seite angepflockt, wo der kleine Bach als winziges Rinnsal durch die Sand- und Steinfurt hüpfte. Hier lagen die Tiere im kargen Schatten und kauten.

»Wollen wir mal sehen, ob die Eidechse wieder da ist?«

Karl spielte bei dieser Frage auf das Erlebnis vor einigen Tagen an, als sie die Eidechse unter einem Stein gefunden hatten, wo es kühl war. Aber Eva war durch nichts abzulenken. Sie kroch schon unter dem doppelten Balkentor hindurch und rief die Namen der beiden Stuten. Der eine war der Name einer griechischen Göttin, wie Eva versicherte.

»Na, kommst du nicht?«

Karl zog es vor, über die beiden Balken zu klettern. Manchmal erreichte man etwas, wenn man die Zeit ein wenig herauszögerte. Eva hatte der Stute schon den Zaum angelegt.

»Heb mich hoch.«

Karl wollte Eva um die Taille fassen.

»Quatsch! Nicht einmal das weißt du!«

Und Eva zeigte ihm, wie man die Hände zu einem kleinen Trittbrett falten müsse, um die Dame an ihrem Fuß aufs Pferd zu heben. Eva war barfuß. Sie hielt sich an der langen Mähne fest, und beim dritten Versuch klappte es endlich. Eva brauchte keine Sporen und keine Peitsche, die Stute mit dem Götternamen fiel gleich in einen leichten Trab.

Eva war eine gute Reiterin. Sie saß auf dem Pferd wie eine Königin in der Sänfte. Karl fiel dieser Vergleich aus einem alten Geschichtenbuch ein, er hätte viel lieber einen moderneren, der wichtigen Zeit gemäßeren Ausdruck genommen, wenn ihm einer bekannt gewesen wäre. So musste es bei der Königin bleiben. Karl wollte sich Eva erklären, da aber trieb sie schon das Pferd zu ein paar galoppierenden Schritten an, ließ es über das Gatter springen und ein Stück Weges unter die Hufe nehmen. Ehe Karl sich besonnen hatte, war sie schon wieder zurück und lachte.

»Jetzt bist du dran.«

Sie setzte wieder über das Gatter zurück und zügelte die Stute nach einem kleinen Bogen neben ihm. Also gut. Karl hob seinen Fuß, um ihn in ihre muschelgeformten Hände zu stellen und sich hinaufheben zu lassen.

»Quatsch! Ein Herr lässt sich am Knie hochheben.«

Ja, so. Karl stieß sich mit dem andern Bein tüchtig von der Erde ab, um recht hoch hinaufzukommen. Bäuchlings landete er auf dem Pferderücken, aber es gelang ihm, oben zu bleiben und das Bein über den Rücken auf die andere Seite zu schieben. Eva sollte nicht glauben, dass er überhaupt nichts könne, bitte sehr, schon beim allerersten Versuch, wo Eva drei benötigt hatte.

»Nun nimm schon die Zügel. Du reißt ihr ja noch die Mähne aus.«

Frauen schienen überhaupt nie loben zu können. Wenn er sich nur auf dem Pferd halten konnte. Wieder begann es mit einem kleinen Trab rund um die Weide, dicht an den Kühen vorbei, von denen nur eine den Kopf hob und leise muhte, als knurre sie über die Störung der mittäglichen Verdauungszeit.

»Und nun galoppieren.«

Aber wie? Karl war froh genug, dass er sich halten konnte, obwohl seine Beine trotz größter Anstrengung bei jedem Schritt zur Seite flogen und er Angst haben musste, ihnen zu folgen.

»Na los, gib ihr schon die Hacken.«

Die Stute schien aus den Zurufen entnommen zu haben, was man von ihr verlangte, der Ritt wurde schneller und der Rhythmus ein anderer. Karl ergab sich in sein Schicksal. Gut, wenn er hinunterfallen sollte, würde er auf dieser Weide unter den Hufen des wilden Pferdes sterben. Dann sollte Eva nur heulen! Kein Sterbenswörtchen mehr würde er zu ihr sagen, er würde sie nur mit traurigen Blicken anschauen, wie es alle Ritter in den Schlachten machten, die sie um ihre Damen fochten.

»Du sitzt schon ganz gut!« Eva schrie es ihm zu und löste dabei die oberste Stange des Gattertores.

Um Gottes willen, doch nicht auch noch springen! Aber da nahm die Stute schon die Hürdenrichtung auf und fegte so schnell über das niedrige Hindernis, dass Karl in seinem Schrecken auf ihren Hals fiel und ihn umklammerte. Er kam ins Rutschen, es half nichts mehr. Ein paar Schritte noch und die Stute blieb stehen. Eva stand am Gatter und lachte und lachte.

Dumme Gans. Pfff!

»Du kannst es schon ganz schön.«

Sie lief ihm entgegen und befreite gleichermaßen ihn und das Pferd.

»Wirklich, es ging schon ganz gut.« Eva strahlte ihn an und ihre weißen Zähne blitzten.

»Meinst du?«

»Fürs erste Mal bestimmt.«

Eva war doch ein netter Kerl. Karl wurde rot bei dem Gedanken. Und durchschaut hatte sie ihn auch. Er senkte seinen Kopf und tat so, als interessiere ihn ein besonderer Stein auf dem Weg. Dann brachten sie gemeinsam das Pferd auf die Weide zurück. Es war nun ein doppeltes Geheimnis,

was sie beide miteinander verband: das heimlich genomme-
ne Pferd und sein erster Ritt.

Aber dann war noch ein drittes gemeinsames Geheimnis
da, die Sache mit den Störchen.   ·

Auch in jenem Jahr hatte im Frühjahr ein Storchenpaar lange über dem Hof gekreist, hatte kurz auf dem alten Storchennest niedergesessen, das vor Jahren schon hoch oben auf
dem Scheunenfirst durch die Mithilfe der Menschen auf
einem Wagenrad entstanden war, war wieder aufgeflogen und
hatte erst einmal einen Spaziergang am kleinen Bach entlang
gemacht. Aber schon am Abend war es wieder gekommen,
hatte in dem alten Nestzeug übernachtet und am nächsten
Tag mit dem großen Hausputz begonnen, ehe die Neuaus-
stattung des Nestes vorgenommen wurde. Eva hatte behauptet, dass es das Storchenpaar vom Vorjahr sei. Die Mutter
war sich dieser Sache nicht ganz so sicher, sie meinte, dass es
auch schon eins der jungen Paare sein könne, die im letzten
Jahr im Dorf geboren worden waren. Es gab sehr viele Störche im Dorf, der ganze Segen eines Hofes hing sozusagen an
den Storchennestern auf den Scheunendächern.

»In diesem Jahr habe ich den Storch zuerst gesehen«,
behauptete Heini, Evas Bruder.

»Aber stehend! Und ich habe gesehen, wie sie flogen.«
Das war wichtig. Wenn der erste Storch, den man im Jahr
sah, zufällig stand, dann würde man das ganze Jahr über faul
sein. Wenn man aber einen fliegenden Storch erblickte, dann
würde man fleißig sein und ein gutes Jahr haben. Die Kinder glaubten alle daran! Nun hätte man ja – wenn die Tage
der Störche gekommen – den ersten besten fliegenden größeren Vogel zu einem Storch erklären und vor allen Dingen
jeden stehenden zu irgendeinem anderen Vogel degradieren
können, um sich ein gutes Jahresschicksal einzuhandeln, aber

leider glaubt man ja selber nicht an diesen Selbstbetrug. Und so zitterte man in jedem Jahr, wenn die Störche vom Süden her eintrafen, immer ein wenig um sein Schicksal. Wer möchte schließlich schon faul sein. Schon der Freunde wegen durfte man so etwas nicht zugeben.

Mit dem Geheimnis aber war es so: Eines Tages entdeckte Karl, wie Eva an den Schlafzimmerfenstern beschäftigt war, die zum kleinen Blumengarten hinausgingen. Irgendetwas ordnete sie auf der Fensterbank und sang dazu. Neugierig kam er näher. Eva spielte mit Zuckerstücken.

»Storch, Storch, Bester, bring mir eine Schwester. Storch, Storch, Bester …«

»Was machst du da! Mit Essensachen spielt man doch nicht.«

Erschrocken drehte sich Eva um, ihr Gesicht verlor für einen Augenblick die Farbe, um dann puterrot zu werden.

»Geklaut?«, fragte Karl und langte schon nach einem Zuckerstück. Aber da warf sich Eva wie eine Furie zwischen ihn und die Zuckerstücke auf der Fensterbank:

»Die sind für die Störche, damit du es weißt.«

»Für die Störche?«

»Weil ich eine Schwester haben will!«

Karl musste nach Luft jappen. Nur langsam begriff er.

»Und die willst du etwa von den Störchen?«

»Jawohl, von den Störchen.«

»Aber die bringen doch keine kleinen Kinder!« Karl kicherte so in sich hinein, dass ihm die Seiten wehtaten.

»Weiß ich selbst, du!« Evas Augen funkelten zornig. »Aber bei der Hanni hat es auch genützt. Sie hat es mir erzählt.«

Und nach einer Weile fügte sie kleinlaut hinzu: »Wenigstens etwas. Sie wollte auch eine kleine Schwester haben, aber nun ist ein Brüderchen gekommen.«

Lange hatten sie danach unschlüssig geschwiegen.

»Glaubst du, dass es stimmt?«

»Schließlich kann man es ja versuchen. Der Zucker lockt die Störche bestimmt.«

»Und wenn man nun einen Bruder haben will?«

»Willst du einen?« Evas Augen leuchteten auf, und ihr ganzes Gesicht strahlte plötzlich helle Bewunderung und Anteilnahme.

»Vielleicht.«

Dann lauerten sie beide vor dem Küchenfenster, bis Elsbeth einmal die Küche verließ, stibitzten sich eine Hand voll Würfelzucker, von der nur je ein Stückchen in ihren Mündern verschwand, legten sie auf das Fensterbrett aus, wo Karls Mutter schlief, und Karl musste seinen Vers sagen.

»Storch, Storch, Guter, bring mir einen Bruder. Storch, Storch, Guter …«

Am nächsten Morgen waren alle Zuckerstückchen verschwunden. Vor Mutters Fenster ebenso wie vor dem Schlafzimmerfenster. Nur den Bruder hatten die Störche bis jetzt vergessen. Wie es mit Evas Schwester war, das hatte Karl nicht mehr erfahren. Aber es war schön, mit Eva ein Geheimnis zu haben, so ein stilles, lebenswichtiges Geheimnis.

Bei Eva und dem Hof schien überhaupt alles einen lebenswichtigen Sinn zu haben, das Schweinefutter ebenso wie die Eiersuche, die Storchennester oder das Drosselscheuchen. Ach ja, das Drosselscheuchen! Das war eine lustige Geschichte gewesen.

Der Spatzenverzehr an den langsam reifenden Sauerkirschen, das mochte schon deswegen noch angehen, weil man ihn dringend benötigte, um den eigenen Verzehr damit zu tarnen. Aber eines Tages war ein noch nie erlebter großer Schwarm Drosseln in den Garten eingefallen, der sich ausgerechnet auf die drei Kirschbäume niederließ. He, was sollte das heißen! Die wollten doch nicht etwa früher mit dem Pflücken anfangen, als es an der Zeit war. Wartet man nicht sorgsam just den Tag ab, der nun wirklich alle Kirschen beinahe schwarz vor Süße und Reife sein lässt, aber auch keinen Tag länger, um sie in ihrer Prallheit und Saftgeladenheit nicht vor Unmäßigkeit und Überfülle platzen zu lassen? Natürlich wartet man diesen Tag ab, den die Leute einfach so im Blut haben. Selbst die Kinder wachen morgens auf und wissen: heute ist es so weit, heute müssen die Kirschen herunter.

Und nun fielen die Drosseln ein, obwohl in jedem Baum eine flatternde Vogelscheuche hing, die sich mit ihren zerschlissenen Ärmeln und zerfransten Hosenbeinen wand und bog, um ja ihr Möglichstes zu tun, die Diebe fortzuscheuchen. Aber die Drosseln waren viel frecher als die Spatzen. Sie schielten nicht einmal zu den Scheuchen hin, so sehr hatten sie sich über die Leckerbissen hergestürzt.

»Ich glaube, wir müssen die Kirschen vor der Zeit abnehmen. Nun seht euch das bloß an!«

»Vor der Zeit?« Nein, das wäre gegen jede Einkochkunst und gegen jahrzehntealten Brauch gewesen.

»Dann müsst ihr sie scheuchen.«

Und es hilft wohl nur Lärm, weil die uneingeladenen Gäste auf Winken und Tücherschwenken bestenfalls einen Krächzer zur Antwort haben. Also kramt der Heini seine alte Blechtrompete hervor, Eva findet eine Schnarre, die sie sich einmal auf dem Jahrmarkt gewünscht hat, und für Karl ist schließlich noch ein uralter scheppernder Wecker auf der Lucht bereit, dem man immer noch ein Geklingel ablocken kann, wenn man es richtig mit dem Drehen der Schrauben und Räder anfängt. Das ist ein Höllenlärm, der selbst taube Ohren kribbelig machen müsste.

Und ja, das ist auch den Drosseln entschieden zu viel. Mit einem wilden Gekreisch streichen sie zum Nachbarn hinüber, wo mindestens ebenso schöne Kirschbäume stehen. Tief befriedigt sehen Heini, Eva und Karl ihnen nach, legen ihre Instrumente beiseite und sind im Handumdrehen wieder zum Spiel verschwunden.

Aber beim Nachbarn hat man die Invasion ebenfalls schon entdeckt, und sie gehen ihr nicht minder schlau mit einer Kinderrassel und zwei Kochtopfdeckeln zu Leibe. Der Nachbar hat nur zwei Kinder, aber wenn es wie jetzt darauf ankommt, können sie so viel Krach schlagen wie eine ganze Schulklasse. Prrr fahren die Drosseln wieder hoch, kreisen einmal unschlüssig über dem Gelände und lassen sich wieder auf den ersten Kirschbäumen nieder.

Die drei – Heini, Eva und Karl – hat schon der nachbarliche Krach angelockt, sie begegnen also sozusagen sehenden Blickes dem zweiten Einfall der Diebe, stürzen sich auf ihre Instrumente und schlagen wieder Krach. Die Drosseln streichen ab und wieder zum Nachbarn hinüber. Die Kinder wehren sich. Mit Erfolg, die Drosseln geben nach. Diesmal fallen sie bei dem dritten Nachbarn ein. Aber auch dieser Nachbar ist schon aufmerksam geworden. Und da seine vier Kinder wohl zurzeit unauffindbar sind, müssen die Bäuerin und der alte Knecht sehen, wie sie es mit dem Geröhre auf einer alten Gießkanne und den Topfdeckeln schaffen.

Das geht nun so hin und her. Mal sind sie bei dem einen, mal bei dem anderen, und immer wieder bei Karl und Eva und Heini. So viel Frechheit hat man wahrlich noch nie im Dorf erlebt, man kommt kaum zum Mittagbrot, an eine kleine Ruhepause ist erst recht nicht zu denken. Erst gegen Abend erhebt sich der diebische Schwarm endgültig und verschwindet im kleinen Wäldchen. Der nächste Tag findet alle jugendlichen Kämpfer schon früh zum Kampf bereit in den Gärten. Aber nun haben wohl die Drosseln genug von dem Dorf, sie kommen nicht mehr wieder.

Das war die Drosselschlacht zu Neuteich. Bei allem Gelächter — — — die Kinder nahmen sie doch sehr ernst. Oder, so müsste man es wohl sagen: in Neuteich wurden die fröhlichen Dinge ebenso ernsthaft betrieben, wie man die ernsthaften fröhlich unternahm. Hatte das nicht Evas Vater gesagt? Nein, der konnte es nicht gewesen sein, er war ja schon Soldat gewesen, und die Bäuerin war allein mit der schweren Arbeit. Dann war es vielleicht der Lehrer, der eigentlich auch ein richtiger Bauer war und sich nicht nur um die Kinder, sondern um das ganze Dorf bekümmerte, seit viele Männer fort waren.

Als Karl im Herbst nach Neuteich kam, waren die Kinder gerade dabei, Eicheln und Kastanien zu sammeln.

»Wenn im Winter der Schnee ganz hoch liegt, will der Herr Lehrer mit uns eine Futterkrippe für die Hasen und Rehe anlegen.«

Die Kleinen, die zum ersten Mal mitmachten, waren stolz darauf, dass der Herr Lehrer ausgerechnet sie dazu ausgesucht hatte und einmal nicht nur die Großen, die ohnehin immer alles besser wussten. Und die Kleinen kletterten auf die Bäume, hingen sich schaukelnd an die Äste und ließen so die Fülle des Fruchtsegens hinunterprasseln.

»He, das sind meine! Die habe ich alle alleine geschüttelt! Geh da weg, oder …«

Aber im Allgemeinen respektierten sie ihre Machtbereiche, wenn sie nicht sogar im ganzen Rudel gemeinsame Sache machten.

Schön musste es im Winter in Neuteich sein. Der Birkenweg wie ein Zuckerfiligranwerk, und die schweren Schneewolken hängen immer noch so tief, dass sie beinahe die hohe Fahnenstange vor der Post berühren. Auf den Feldern liegt der Schnee so hoch, dass er bis zu den Waden geht. Die Luft riecht nach Schnee, und der Winter treibt den Frost vom Wäldchen her über die niedrigen Häuser, hetzt ihn um die Scheunen und stillen Obstgärten und lässt ihn sich wie ein wildes Tier gebärden. Wie er in die Finger beißt und in die bloßen Backen schneidet!

»Frierst, Babuschchen?«

Diese Stimme. Wenn Karl nur wüsste, wem die Stimme gehört. Sie ist spröde und voller Zärtlichkeit zugleich wie das Heu in Neuteich, sie erinnert an dunkles Wasser und roten Sonnenuntergang, an Vogelschwingen und melancholische Kuhaugen.

»Frierst, Babuschchen? Nimm Decke, zitterst wie kleines Hund, was hat Angst.«

Nun erkannte er die Stimme wieder, es war die Stimme der Litauerin. Neuteich war versunken, und die Gegenwart war wieder erschreckend deutlich, wenn Karl auch nichts Genaues von ihr wusste.

»Wo sind wir?«

»Du lange geschlafen. Sehr lange. Nix gemerkt. Hab ich gesagt zu Soldat, wird er wohl retten kleine deutsche Junge, wenn schon nicht alte Litauerin. Hat er gesagt, er nicht weiß. Hab ich gesagt in Gesicht, er nicht will, er Mörder an kleine Deutsche. Er gesagt, will sehen. Pferdewagen für Verwundete nicht schnell, aber gut. Sehr gut für kleine schwache kranke Junge. Er gesagt, darf fahren mit und kein Gepäck. Ich gesagt, kleine Junge muss haben Mama.«

Und sie legte ihm eine Decke über, die wohl für sie selber gedacht war. Karl kuschelte sich darin, es wurde ihm warm. Unter der zusätzlichen Decke und unter der Stimme. Er war auf der Fahrt hinaus aus der zerstörten Stadt. Es würde alles wieder gut werden.

Die Frau mochte wohl spüren, wie Karl sich in sein neues kleines Glück hineinkuschelte, dessen Fragwürdigkeit er nicht spürte.

»Lieber Gott lebt noch«, sagte sie.

Karl glitt noch einmal in sein Träumen hinein. Der Duft des Heus machte es ihm leicht. Das Träumen hatte die Farben reifender Kornfelder, silberner Pappeln, glitzernden Sonnenschnees, dunkelblauen Abendhimmels und saftgrünen Klees.

Das Kleefeld gehörte nicht zu Evas Hof, aber danach fragten sie nicht, wenn es in ihr Spiel passte. Und es passte nichts besser in alle Spiele als das Kleefeld. Es war hochstängelig und voller Blüten. Wenn man sich flach gegen die Erde drückte, konnte man sich gut darin verstecken. Wenn sie Vater und Mutter spielten, kochte Eva aus roten Blüten, dunkelgrünen Blättern und helleren Stängeln die schönsten Puppengerichte, die sie sich nur ausdenken konnte: Braten, Salate und Suppen. Und wenn sie Schule spielten, was aber nur selten vorkam, weil man in freien Feldern unmöglich an dunkle Klassen denken kann, dann wurde ein Fleckchen Erde zur Tafel, die Blüten zu Schwämmchen, Stiele zu zerbrechlichen Griffeln und die Blätter zum Lorbeer, der an die Fleißigsten verteilt wurde.

Wenn Karl noch einmal Lehrer sein würde, dann bekäme Eva den meisten dreiblättrigen Lorbeer. Den andern würde er schon beweisen, dass allein nur sie ihn verdiene. Und wenn sie nicht mehr mitspielen wollten, in Gottes Namen, sollten sie doch gehen, er und Eva, Eva und er – –

Warum blitzte es plötzlich aus heiterem Himmel? Ein Gewitter? Blitz auf Blitz zuckte durch die Dunkelheit, vom

dumpfen Dröhnen begleitet. Schnauben von Pferden mischte sich darein und das Fluchen von Männerstimmen. Nein,
kein Gewitter über dem Kleefeld in Neuteich, ein Gefecht
auf der Landstraße ins Irgendwohin.

Der Wagen hielt. Aber die Hufe der Pferde trommelten
wild, und dazwischen das Stampfen schwerer Stiefel. Befehle wiederholten sich in vielen Stimmen und eine sagte mehr:

»Sie sperren wieder ab. Wir werden die Letzten sein, die
rauskommen. Wenn uns nicht auch noch etwas erwischt.«

»Schnauze!«

Und ängstliches Geschnaube und Blitz auf Blitz, und das
Verharren unter dem dunklen Wagenplan wird von Sekunde
zu Sekunde furchtbarer. Karl wirft sich hoch. Er will hinaus
in das grelle Bersten, will es wie ein Tier, das sich in die
zuckenden Flammen zurückstürzt, aus denen man es eben
gerettet hat, will es, weil die Unerträglichkeit doch enden
muss.

Aber die Frau hält ihn fest, ringt mit ihm, bis sie seinen
Kopf fest an ihren Leib gepresst hält. Sie flüstert auf ihn ein
in ihrer fremden Sprache, die er nicht versteht, aber nach und
nach wohl aufnimmt.

»Wein, Babuschchen, wein!«

Aber Karl kann nicht weinen. Seine Hände verkrampfen
sich im Heu, dessen Duft der Brandgeruch verschlungen hat.

Kapitel 8

Karl vermag es nicht zu sagen, wie er hierher gekommen ist. Der Beschuss in der Nacht vor der See hat ihn der Erinnerung beraubt. Irgendwann nur – weiß er – haben sie die See erreicht. Irgendwann in den vergangenen Tagen hat ihn die fremde Frau zu vielen Menschen geschleppt, die ihm weiterhelfen konnten und sie mitfahren hießen. Irgendwann kamen sie auf ein größeres Schiff, dessen Namen er nicht weiß, und es war eine Nacht, als es mit ihm durch das ferne Donnern fuhr und nun hier angelegt hat.

Es ist ein frischer Morgen nach einer kalten Nacht, und es ist eine heile Welt, die ihnen hier ein lange nicht mehr gekanntes fröhliches Guten Morgen zuruft.

»Hier Danzig, Babuschchen. Wir aussteigen und suchen Mama.«

Und die Litauerin strahlt ihn mit ihren wachen blauen Augen an und fährt ihm schüchtern schnell und doch mit einer rührenden Zärtlichkeit über Kopf und Rücken. Er spürt es durch seine schwere Kleidung hindurch bis auf seine prickelnde Haut. Wenn er nicht fürchtete, dass Männer so etwas nicht mehr machen, er fiele ihr um den Hals. So schaut er nur auf das schon lebhafte Treiben am Kai, und er könnte nicht anders schauen, wenn er auf einem Vergnügungsdampfer führe.

»Ausgeschlafen?«

Einer mit einer Matrosenmütze steht vor ihm und lacht.

»J-j-ja« stottert Karl, denn er hat ihn nicht kommen gehört, und er weiß auch nicht, warum sich der Mann ausgerechnet nur bei ihm erkundigt.

»Hier« sagt der Matrose zu der Litauerin und steckt ihr einen Zettel zu. »Die Adresse steht drauf. Auch mein Name. Meine Verwandten werden schon weiter wissen mit dem da. Schönen Gruß.« Und er macht eine leichte Kopfbewegung zu Karl hin und lacht wieder sein breites, gemütliches Lachen. »Bleiben Sie noch, bis das Schiff leerer geworden ist. Es ist noch Zeit. Und dann: Tschüss auch.« Er tippt mit der rechten Hand an die Mütze, schlägt im Vorbeigehen Karl leicht auf die Schulter, schüttelt ihn ein wenig und ist ebenso lautlos fort wie er gekommen. Sein »Na, dann machs gut« hängt schon wie im leeren Raum.

Karl schaut verständnislos und fragend zu der Litauerin hinüber und begegnet wieder ihren freundlichen Augen.

»Er dich getragen auf Schiff. Ich nur Gepäck. Nur wenig. Er mich gefragt, warum ich und du. Ich ihm erzählt, du deine Mama muss suchen in Danzig oder wo in Welt. Da er gesagt, Verwandte da. Hier auf Zettel. Wir nicht gehen mit Massen in große Lager, wir allein in friedliche Stadt. Nix Kanonen, nix Bomben, alles gut.«

Dann schwieg sie. Was sie wirklich alles für ihn getan, damit er hier auf dem Schiff neben ihr saß, ahnte er nur dunkel. Vielleicht würde es ihm beim Anblick der anderen deutlicher werden, wie sie müden Schrittes ihr geringes Hab und Gut vom Schiff hinuntertrugen und am Kai stapelten, wie sie ratlos bei ihren Kindern standen, die ergeben und mit willenlosen Augen auf Bündeln und Decken saßen und manchmal auch auf dem frostkalten Stein. Sie alle waren in eine Maschinerie aus Krieg, Versorgung, Massenlager und Nummernlisten hineingeraten, aus der nur neue Schrecken und neue Nummernlisten sie ziehen konnten.

Sie warteten auf dem Schiff, bis der Morgen nicht mehr ganz so früh war. Es war ein sonniger Tag, er roch schon nach

Frühling. Oder machte das alles das duftende frische Brot, das sie in Händen hielten, während sie durch die Straßen zogen? Mochte der Himmel wissen, wo die Frau nun das schon wieder herhatte.

Nun aber war Karl an der Reihe, nach den Wegen zu fragen und Auskünfte einzuholen. Er könne es besser, meinte die Litauerin, denn man möchte hier vielleicht über ihr etwas schwerfälliges, holpriges Deutsch stolpern und es sie und vor allen Dingen ihn entgelten lassen. Hier sei es immerhin noch so friedlich, dass man darüber nicht hinwegsehe, denn solche Dinge lehre nur die Not und die gemeinsame Gefahr. Und obwohl das doch etwas sehr Ernstes, ja Anklagendes war, was sie sagte, ließ sie ihr Lächeln nicht verblassen.

Dass es noch Straßenbahnen gab, die in alle Richtungen hin fuhren, das war für Karl der beste Beweis dafür, dass man hier nichts vom Krieg wisse. Die Läden öffneten ihre Türen zur gewohnten Zeit, und die Hausfrauen gingen mit kleinen Einkaufstaschen spazieren und schleppten sich weder mit Fluchtgepäck noch mit den Kellernotkoffern für den Alarmfall.

Die Stadt war voller Flüchtlinge. Es war nicht schwer, sie zu erkennen, ihre Gesichter waren von Ratlosigkeit, Angst und Erlebnis gezeichnet. Aber Karl wollte das nicht sehen. Karl wollte das an der Stadt sehen, was heil und friedlich war und ihn beruhigte.

Sie fuhren mit der Straßenbahn in den Vorort hinaus. Lange gab eine herrliche Allee der Bahn das Geleit, ehe sie zum Markt kamen, wo sie aussteigen mussten. Die Straße, die wäre in der Siedlung, bedeutete man Karl, und die Leute, die er gefragt hatte, machten kein Hehl aus ihrer Neugierde. In der Siedlung kennt man einander, man braucht den gegenseitigen Rat beim Anlegen der Gärten, beim Pflanzensetzen, beim Zaunstreichen, und nicht zu vergessen bei der Hühnerzucht.

Auch Webers, die sie suchten, haben Hühner, wenigstens treiben sich zwei draußen herum, obwohl im Garten noch ein dünner, schneeiger Film über dem Land liegt. Um diese Jahreszeit sollten sie die Hühner lieber noch eingesperrt halten, denkt Karl, und sie sollten sie mit abgekochten Kartoffeln füttern, wenn sie keine Körner mehr für sie haben. Nun, vielleicht kann er Webers ein wenig von dem sagen, was ihm Eva beigebracht hat.

Aber Webers sind gar nicht mehr da, jedenfalls nicht die, denen sie Grüße bestellen sollen.

»Meine Schwägerin ist vor acht Tagen mit den Kindern fortgefahren. Mein Bruder ist eingezogen. Und ich muss übermorgen fort. Dies hier ist meine Freundin.«

Dem jungen Weber ist es egal, ob sie im Hause bleiben oder vielleicht weiterziehen, ihm ist der Abschied von seiner blonden Freundin wichtiger. Aber nein, vielleicht ist es doch besser, wenn sie hier bleiben und ein wenig nach dem Rechten sehen, solange alle fort sind. Bitte, kommen Sie doch herein. Da ist die Küche, und hier ist das Bad, und hier ist mein Zimmer. Sie können es sich in meinem Zimmer bequem machen. Ich weiß ohnehin nicht, ob ich heute noch hier schlafen kann. Ich muss noch einmal fort. Sie können alles benutzen. Bitte. Auch das Radio.

Der junge Mann zeigt ihnen alles, das blonde Mädchen hat sich ins Wohnzimmer zurückgezogen. Karl freut sich, hier zu sein. Hier wird er bleiben, wird wieder zur Schule gehen und alles vergessen, was sich in ihm aufgespeichert hat. Bis sie alle wieder nach Hause zurückkönnen. Schule? Natürlich nicht gleich, zu Ostern vielleicht. Es wird gut tun, Ferien zu machen und alles Soldatentum zu vergessen. Ferien, Ferien, Ferien.

Schon am nächsten Tag macht er es wie ein junger Hund,

der in der Gegend umherstreunen muss, um sich mit ihr bekannt zu machen. Alles andere überlässt er dem Tag. Er hat gebadet, er hat sich am letzten Abend und auch am heutigen Morgen satt essen können, er hat in einem richtigen Bett geschlafen und sich mit einem fülligen Federbett zugedeckt gehabt, es gibt keine Sorgen mehr. Und dann ist da die Litauerin, die glücklich lächelt, wenn sie ihn sieht, und die im Haus wie eine echte Hausbewahrerin schaltet. Es wird in Zukunft gewiss weder ihnen noch dem Haus etwas mangeln.

Der junge Weber hat sich von ihnen verabschiedet und sie gebeten, den Schlüssel in ein bestimmtes Loch in der Kellerwand zu legen, falls sie fortgehen würden. Und dann – ja, bitte! – dann möchten sie doch vorher auch noch die beiden Hühner schlachten, die eigentlich er hätte schlachten sollen, was er aber nicht fertig gebracht habe, und dann sollten sie gewisse gute Sachen in den Keller sperren, damit kein Unbefugter so leicht an sie herankäme. Dann hat er sich sogar noch dafür bedankt, dass sie bleiben wollen, und ist leichten Herzens gegangen. Seine Freundin war nicht mehr da. Er sagte dazu, dass sie sich genug verabschiedet hätten. Er ging ohne Gepäck und ohne sich noch einmal umzusehen, obwohl er doch hätte wissen müssen, dass Karl an der kleinen Gartenpforte stand und gern gewinkt hätte.

Die Straßenbahn trug Karl wieder der Stadt zu. Er genoss dieses Fahren mit der Straßenbahn wie Kuchen, den es nur sonntags gab, oder wie Marzipan, den seine Mutter nur zu Weihnachten selber machte, oder wie endlich wieder helle Gaslaternen, oder wie das neu geschenkte Leben überhaupt. Und dieses Leben führte ihn hinein in die engen Gassen der alten Stadt mit ihren Patrizierhäusern, barocken Verspieltheiten, prunkhaften Schmiedeeisenwerken, ausladenden Treppen, wuchtigen Türmen und ereignisumwitterten Toren.

Karl läuft durch die Gassen und begegnet immer neuen Dingen, die ihn in Verwunderung setzen. Da sind die Balkone und terrassenförmigen Emporen mit biblischen und sagenhaften Darstellungen geschmückt. Dort sind die Spitzengardinen, deren imposantes Muster einen zusätzlichen Schmuck geben. Hier entdeckt er jahrhundertealte Jahreszahlen und nebenan ein holztürverschlossenes Kellergewölbe, in das man direkt von der Straße her hineingehen kann, und dann wieder eine alte Inschrift, die er leider nicht entziffern kann.

»Junge, wo kommst du denn her!«

Da steht sie wie aus der Erde gewachsen vor ihm: die junge Mutter mit dem Säugling, die er auf der Nehrung auf einem Schlitten sitzen gelassen hatte. Und sie strahlt ihn genau so an, wie sie es dort getan hatte, und es war nicht das leiseste Fünkchen Argwohn oder Vorwurf darin.

»Junge, wo kommst du denn her. Wo bliebst du nur ab? Wir machten uns so viele Sorgen um dich, aber wir konnten ja nun nicht mehr warten, bis du wieder auftauchen würdest. Du hättest mehr Vertrauen haben sollen. Ach, dass du nur da bist. Nein, so etwas!«

Sie lässt den etwas wackligen Kinderwagen los, in dem der Säugling jetzt liegt, und umarmt Karl mitten auf der Straße, und der ist so voller Ungläubigkeit über die unvermutete Begegnung, dass er sich nicht einmal darüber geniert. Mitten auf der geschäftigen Straße stehen sie, und Karl muss von seinen Erlebnissen berichten. Obwohl er nach ein paar Sätzen damit fertig ist, weil er das meiste auslässt, weiß die junge Frau doch wohl genug.

»Junge«, sagt sie nur, »Junge!«

Und diese beiden Worte, die beinahe wie kleine Aufschreie sind, und das Schweigen, das danach folgt, sagen viel mehr als es hundert Worte könnten. Und mitten im Schweigen muss sie Karl noch einmal fest an sich drücken, als müsse sie sich vergewissern, dass er tatsächlich dennoch leibhaft und gesund vor ihr steht.

»Und Sie?«, fragt Karl, nur um das Schweigen endlich zu brechen, das gar zu groß zu werden drohte.

Doch die Frau hat nicht viel zu berichten, es ist alles wunschgemäß und glatt gegangen. Sie ist an jenem Tag wirklich mit vielen andern auf das kleine Schiff gekommen, sie hat bei Freunden die Kinder und die Eltern wiedergetroffen.

»Wann gehst du weiter?«, fragt sie.

»Weiter? Überhaupt nicht. Wir bleiben hier. Ich will Ostern wieder in die Schule.«

»So?«, fragt sie. Sie runzelt die Stirn. Sie möchte wohl mehr sagen und weiß noch nicht wie.

»Wir werden morgen oder übermorgen fahren. Komm mit. Ich fahre mit den Kindern mit dem Schiff. Ich kümmere mich schon um dich. Meine Eltern wollen mit dem Wagen weiter, wir wissen nicht, ob es noch geht, aber sie wollen es versuchen. Komm mit mir mit dem Schiff mit.«

Karl überlegt gar nicht erst:

»Und die Litauerin? Sie will sehen, dass wir meine Mutter hier finden. Sie meint, dass es hier eine Stelle geben muss, wo man nachfragen kann. Aber das geht nicht so schnell. Bis übermorgen bestimmt noch nicht. Nein, es geht nicht. Ich muss doch meine Mutter finden.«

Da sieht ihn die junge Frau nur mit ihren durchdringenden blauen Augen an.

»Mach nicht den gleichen Fehler noch einmal, Junge. Der liebe Gott soll dich behüten.«

Nach diesen Worten könnten sie nun wieder auseinander gehen, jeder seinen Weg. Aber in dieser Zeit hat wohl ein

Sichwiederfinden ein größeres Gewicht als zu allen anderen Zeiten, und so müssen auch die junge Frau und Karl noch eine Weile zusammenbleiben. Sie schlendern die Straße hinunter bis zum Rathaus und wieder zurück.

»Nun ist es für mich Zeit«, sagt die junge Frau unvermittelt in ein neues Schweigen hinein. Sie schaute dabei auf ihren Säugling, der mit ruhigen und klaren Augen dalag.

»Also, du kommst nicht mit?«, fing sie noch einmal an. Karl schüttelte den Kopf. Wirklich, er hätte es gerne getan. Wirklich.

Der Abschied war kurz. Die Frau drückte ihn noch einmal an sich.

»Der liebe Gott sei mit dir, Junge.«

»Ja, und danke schön.«

Als er das sagte, strahlten ihre Augen noch einmal ruhig und zuversichtlich auf. Dann wendete sie sich kurz dem Kinderwagen zu und schob ihn schnell davon. Sie bog um die nächste Ecke, ohne sich noch einmal umzudrehen. Karl hätte auch ihr gern lange nachgesehen, aber vielleicht war es auch besser so.

Für diesen Tag ging Karl schnell in die Siedlung zurück. Er blieb den ganzen Tag über schweigsam, es fiel sogar seiner Betreuerin auf, aber sie fragte ihn nicht. Sie berichtete ihm dagegen in ihrem gebrochenen Deutsch von den kleinen Dingen, die sie im Haus gefunden und getan hatte. Zum Mittag gab es Bratkartoffeln und ein Stück trockenes Brot dazu. Sie fanden beide, dass es außerordentlich gut schmeckte. Der Tisch war weiß gedeckt und sie aßen von kleinen bunten Frühstückstellern. Vielleicht war es das, was ihnen die Mahlzeit köstlich machte.

»Hast du Marken?«

Sie fragte es Karl unvermittelt, und er musste sich einen

Augenblick besinnen, was sie meinte. Ja, so, die Lebensmittelkarten, ohne die man in dieser Zeit nichts kaufen konnte, kein Brot, keine Graupen, kein Fleisch und kein Fett. Er hätte nie daran gedacht. Während der letzten Fluchttage waren diese Dinge so unwichtig geworden.

»Nein, ich habe keine. Die hat Mutter alle bei sich gehabt.«

»Und Geld?«

»Ich weiß es nicht. In den Papieren hat mir Mutter etwas hineingelegt, aber ich weiß nicht wie viel.«

»Es ist nur«, sagte die Frau verlegen, »es ist nur, ich nicht viel deutsches Geld. Wir aber brauchen, bis ich haben Arbeit. Du suchen?«

Selbstverständlich wollte Karl in seinen Sachen nachschauen. Er machte sich gleich daran, in seinen Habseligkeiten zu wühlen. Er hatte den Rucksack auf dem blanken Fußboden ausgeschüttet, ein kleines Häufchen. Zwischen der Unterwäsche lag das in wasserdichtes Tuch eingewickelte Päckchen. Karl machte es auf. Seine Geburtsurkunde, sein Impfschein, ein Zettel mit seinen Daten, ein Zettel mit dem Namen seiner Eltern und ihren Daten. Die Mutter hatte auch hierbei wieder an alles gedacht. Oder vielleicht auch der Vater, der als Soldat wohl mehr Erfahrung mit diesen Dingen hatte. Da war auch das Geld. Ein paar Scheine, zusammen nicht mehr als zweihundert Mark. So viel Geld! Was man damit alles kaufen konnte.

»Hier« sagte er, und er fühlte sich in diesem Augenblick wie der Vater, wenn er der Mutter das Wirtschaftsgeld gegeben hatte.

»Hier.« Er war stolz.

Die Frau nahm das Geld, zog einen Fünfzigmarkschein heraus und reichte ihm das übrige Geld wieder zurück. Sie machte sogar so etwas wie einen Knicks, ehe sie in die Küche hinausging. Sie hatte schon die Tür geschlossen, als Karl auch ein paar Reisemarken für Lebensmittel fand, mit denen man überall einkaufen konnte. Sie stammten wohl noch von Vaters letztem Urlaub. War es nicht zu schade, sie auszugeben? Denn man gibt eine Erinnerung doch nicht so einfach fort. Aber war nicht das Essen wichtiger als alles andere? Karl dachte an den Arzt in Kahlberg. Er würde die Marken also der Frau geben, schweren Herzens, aber er würde es tun.

Der Frau.

Wie viel Tage waren sie nun schon zusammen. Sie sorgte sich um ihn, und er wusste nichts weiter von ihr, als was der Tag gerade brachte. Das war ungerecht. Warum war es ihm nicht schon vorher aufgefallen, dass er nicht einmal ihren Namen wusste? Man konnte doch nun nicht immer sagen: die Frau, oder: die Litauerin. Es war lächerlich und herzlos zugleich. Ein Mensch trägt einen Namen, das ist wichtig. Was ihn darüber hinaus auszeichnet oder abstempelt, beschäftigt oder wirken lässt, das alles steht in jedem Lebenslauf erst unter dem Namen. Noch heute wollte er sie nach ihrem Namen fragen.

Zum ersten Mal packte er seinen Rucksack nach eigenen Gesichtspunkten wieder zusammen. Es machte ihm Freude, jedes Stück anzufassen. Seltsamerweise kam er nicht auf den Gedanken, den Rucksack ausgepackt zu lassen, obwohl er sich hier in der Stadt doch in Sicherheit glaubte. Nein, so weit ging sein Gefühl damit wohl nicht. Sorgfältig legte er Stück für Stück wieder hinein, hüllte auch seine Papiere wieder in das wasserdichte Tuch und gab sogar noch ein Gummiband darum, das er in der fremden Wohnung gefunden hatte. Wer nichts mehr besitzt, weiß, was Besitztum ist. Auch Karl wusste es seit ein paar Tagen. Er schaute sogar wieder nach den Glaskugeln in seiner Manteltasche.

An diesem Abend fragte er die Litauerin nach ihrem Namen. Er machte keine verlegenen Umstände, und sie fand es auch sehr in der Ordnung so. Sie ließen es draußen dunkeln, ohne die Verdunkelungspapiere vor die Fenster und die schweren Vorhänge noch darüber zu ziehen. Sie saßen in den beiden großen Sesseln, ein kleiner runder Tisch zwischen ihnen. Urte Simonaitis hatte eine besonders dunkle und leicht raue Stimme, wenn sie so erzählte, so etwa wie eine Märchenerzählerin.

Sie erzählte von ihrem Jungen, der schon vor einigen Jahren gestorben war, kaum drei Jahre alt. Sie erzählte von ihrem Mann, der irgendwo in den Wäldern sein musste, wenn er überhaupt noch lebte. Sie erzählte von einem winzigen Hof, der gerade groß genug war, ein paar Hühner zu erhalten, Gänse und Schweine. Und sie dachte auch an die Obstbäume hinter dem Haus vor den Wäldern, in denen die Pilze den Boden bedeckten, wie anderswo Ameisen oder noch anderswo Stullenpapier. Sie erzählte von ihrer Tochter, die sich mit einem deutschen Soldaten angefreundet und acht Monate vergeblich auf Nachricht gewartet hatte. Dann war sie in irgendeine Stadt gegangen und hatte sogar schon ein Kind. Wo sie jetzt sein mochte, wusste Urte Simonaitis nicht, sie selber war schon viele Monate unterwegs.

Als Karl an diesem Abend in sein Bett kroch, das eigentlich fremden Leuten gehörte, nannte er sie beim Gutenachtsagen Tante Simonaitis. Später hörte er, wie sie immer wieder heftig in ihr Taschentuch schnaubte, er wunderte sich darüber, weil es ihm nicht aufgefallen war, dass sie Schnupfen hatte. –

Sie waren übereingekommen, dass Karl versuchen sollte, irgendein Amt ausfindig zu machen, das sich mit verloren gegangenen Menschen befasste. Wenn es für verlorene und gefundene Sachen ein Fundbüro gibt, so sagten sie sich, dann müsse es etwas Ähnliches auch für Menschen geben. Karl war es lieb, noch einmal in die Stadt zu kommen, vielleicht hoffte er im Stillen sogar darauf, noch einmal der jungen Frau mit dem Säugling zu begegnen.

Dieser März hatte so schöne Sonnentage gebracht, wie man es selten erlebt hatte. Und wenn Karl sich auch nicht entschließen konnte, schon Vaters Pullover von all dem angezogenen Zeug fortzulassen – nein, lieber selbst ihn im heißesten Sommer tragen, als ihn auch nur einen Augenblick vom Körper zu lassen – so war es doch unvergleichlich, mit geöffnetem Mantel am Wasser zu stehen, in die hellen, glitzernden Wasserspiele zu schauen und die leichte Brise wie einen fernen Gruß zu beantworten.

Es war unmöglich, hier nicht zu träumen, von fernen Meeren, großen und unbekannten Hafenstädten, fremden Sprachen, reichen Männern und armen Halunken, von Kaffee und Brot und Apfelsinen und Bananen und Riesenfischen und Ungeheuern und Erdbeeren mit Schlagsahne.

Warum er ausgerechnet jetzt auf Erdbeeren mit Schlagsahne kam! Aber er hatte nicht nur allein auf Erdbeeren mit Schlagsahne Hunger, an die er sich kaum noch erinnern konnte. Nein, es hätte schon ein Schmalzbrot oder Pellkartoffeln und Hering mit einem anständigen Stich Butter dazu, oder seinetwegen auch Beetensuppe genügt, von der er nicht viel hielt, die die Mutter aber so gern gekocht hatte. Er schlich in die Siedlung zurück, ohne einen Weg gefunden zu haben, der ihn zu seiner Mutter zurückgebracht hätte. Er fühlte sich schuldbewusst, doch wie er fand, lange nicht stark genug, wie es sich gehört hätte. Seine Träume hoben vieles auf, und das empfand er als ein Glück.

Urte Simonaitis empfing ihn erregt und erleichtert.

»Wir hier weg. Sofort. Wir Wohnung kriegen in großes Haus. Ich arbeiten. Kriege Essen und noch mehr. Du nicht hungern, bring jeden Tag feine Essen mit.«

Sie trieb Karl an, seine Sachen zusammenzupacken. Karl tat es Leid, das Haus zu verlassen. Er hatte es sich wie eine Heldentat vorgestellt, dieses Haus eines Tages wie ein Ritter seinen Besitzern mit großer Geste wieder übergeben zu können. Aber er sah ein, dass es richtiger war, wenn er Urte Simonaitis folgte.

Das Packen war schnell erledigt. Bei beiden. Sie gingen gemeinsam von Zimmer zu Zimmer, rückten hier die Stühle zurecht, dort ein Kissen, da ein Figürchen oder eines der zarten Häkeldeckchen. Dann schlossen sie die Zimmer ab, eines nach dem anderen. Sie nahmen Brot und Zigaretten und Schmalz mit, was noch im Kühlschrank war. Zuletzt holten sie noch die restlichen Gläser mit den eingemachten Kirschen aus dem Keller und stellten sie der Reihe nach unter dem Küchenfenster auf. Vielleicht würden sie sogar noch einmal herkommen, um sie zu holen. Es wäre schade, sie ihrem Schicksal zu überlassen, das eigentlich nur das Verderben sein konnte. Wer weiß, wann die Besitzer wiederkämen.

Dann wussten sie nichts mehr zu tun. Sie zogen sich an, stumm, und ohne sich anzusehen, es war ihnen beiden nicht leicht. Zuletzt hinterlegten sie den Hausschlüssel an der verabredeten Stelle. Urte Simonaitis nahm ihren Koffer auf und folgte Karl, der schon auf der Straße stand. Vorsichtig klinkte sie die Gartenpforte zu, als sei im Haus ein Kranker, den man nicht stören darf.

Sie hatten nur einen kurzen Weg bis zur neuen Unterkunft. Sie sprachen nicht miteinander und schauten sich auch nicht um. Aber in ihrer neuen Wohnung lachten sie wieder übermütig und fanden, dass das Schicksal es unendlich gut mit

ihnen meine. Sie feierten an diesem Abend ein richtiges kleines Fest mit Brot und echter Butter darauf, mit Zucker, Bratkartoffeln, Kakao, Grützwurst und einem Glas Marmelade,
das sie in der neuen Wohnung vorfanden. Zuletzt hatten sie
auch noch ein Hustenmittel, das sie wie Bonbons lutschten.
Es war ein wunderbarer Abend.

Kapitel 9

Sie waren nun in einem der großen Stadthäuser untergekommen, die die Stadt vor der Siedlung abschließen. Man hatte sie in einer reizenden kleinen Wohnung eingewiesen, die unter dem tief herabreichenden Schrägdach große eingebaute Schränke hatte, in denen man spazieren gehen konnte, eine niedliche Küche, eine winzige Diele und ein großes Zimmer mit Fenstern nach zwei Himmelsrichtungen.

Auf dem Schreibtisch unter dem kleineren Fenster standen Bleistifte, Aschenbecher, Bücher und eine Arbeitslampe, so, als müsse ihr Eigentümer jeden Augenblick von seiner Arbeit wiederkommen. Im Schuhschrank standen noch die Sommerschuhe einer Frau, und in der Küche hing ihre Schürze. Für Karl war das Telefon der Höhepunkt der kurzen Besichtigung, das seinen Platz auf einer Anrichte aus dunklem Holz hatte. Karl konnte nicht der Versuchung widerstehen, den Hörer abzunehmen und festzustellen, dass es seinen Kontakt mit der Welt noch nicht verloren hatte, obwohl seine Besitzer nicht mehr in der Stadt waren.

Für Karl war das Telefon der Beweis, dass die Welt noch heil sein müsse. An das Feldtelefon in der Nacht auf der Nehrung, das so recht ein Gegenbeweis für seine friedlichen Theorien gewesen wäre, dachte er nicht mehr. Es machte ihn unendlich glücklich, die Nummernscheibe zu drehen und auf das Zeichen im Apparat zu lauschen.

Gleich am nächsten Tag blieb er allein in der Wohnung, Urte Simonaitis war zu ihrer Arbeitsstelle gegangen, von der sie nichts weiter als die Vergünstigungen für sich und ihn aufgezählt hatte. Was sie arbeitete, wusste Karl nicht, sie hatten aber beide lange beraten, ob sie sich vielleicht die Schürze ausleihen dürfe, die in der Küche hing.

Zuerst hatte Karl Sonne, wärmendes Bett, Frühstück und Stille genossen, als zähle er weit mehr als nur zwölf Jahre. Dann aber war die Neugierde wieder stärker, und der Wunsch, sich irgendeinem Menschen mitzuteilen, vielleicht auch nur so viel, eine menschliche Stimme zu hören, wurde übermächtig. Ich hätte nicht versprechen sollen, zu Hause zu bleiben, dachte er. Dann verfiel er wieder auf das Telefon. Er suchte sich eine Nummer aus dem Telefonbuch heraus und wählte sie, aber dann legte er schnell wieder den Hörer auf, sein Herz klopfte ihm bis zum Hals hinauf.

Feigling!

Er machte eine ziellose Wanderung durch die kleine Wohnung, die noch kaum ihre Spuren trug, dann wählte er die gleiche Nummer noch einmal. Er ließ es lange klingeln. Niemand meldete sich. Er versuchte es mit einer neuen Nummer, und als auch hier niemand an den Apparat kam, warf er eine dritte Nummer in die Waagschale des Experimentes. Er wartete voller Erregung, er wartete lange, eine Minute, und noch eine, er schaute auf die Wohnzimmeruhr, die sie am Abend aufgezogen hatten, und ließ ihre Zeiger fünf Minuten weitergehen, ehe er mutlos den Hörer auf die Gabel zurücklegte.

Ob sie wirklich schon alle die Stadt verlassen hatten? Unsinn! Es musste ein dummer Zufall sein, dass er sich ausgerechnet drei Nummern erwählt hatte, die augenblicklich nicht erreichbar waren. Vielleicht mussten die Frauen gerade einkaufen, irgendwo nach Margarine oder Schmalz oder ein paar neuen Bezugscheinen anstehen. Bestimmt war es so, und es war lächerlich, sich selber ins Bockshorn zu jagen. Dennoch wagte er nicht, noch einen Versuch zu machen.

Er freute sich auf den Abend, wenn Urte Simonaitis kommen würde. Vielleicht wusste sie etwas Neues, vielleicht konnte er sie auch überreden, ihn zu ihrer Arbeit mitzunehmen. Als er davon anfing, hörte sie überhaupt nicht zu. Er hatte den Eindruck, dass sie es nur nicht wollte.

Wenn ihn das Alleinsein zu sehr plagte, lief er manchmal einfach nur so durch die Straßen der Vorstadt. Einmal kam er gerade zurecht, wie auf dem Marktplatz eine Apotheke geräumt wurde. Er mischte sich unter die Neugierigen und erfuhr, dass der Apotheker eingezogen worden sei, und man einen Teil seiner Einrichtung und seiner Vorräte nun für eine Bunkerapotheke brauche. Das fand er zwar recht klug, aber es war doch auch wieder schade, die alten Regale von den Wänden zu reißen, die Schubladen mit den Tabletten umzustülpen, sich das Beste herauszusuchen, und alles andere im Durcheinander zurückzulassen, und sogar die herrlich gemalten alten Gefäße zu verschmähen.

»Suchen Sie aus, was Sie brauchen, und fahren Sie dann gleich zum Bunker hin.«

Dies sagte einer der Herren zu einem jungen Mädchen im weißen Kittel unter dem offenen Mantel. Es stand ein wenig ratlos da. Es nickte ein stummes Ja, und der Mann verschwand mit einer anderen Dame, die ebenfalls einen weißen Kittel trug. Zurück blieb ein alter Mann, der wohl beim Verladen helfen sollte, der Chauffeur des Lastwagens und eine ältere Frau. Es musste die Frau des Apothekers sein, sie hatte Tränen in den Augen. Das machte das junge Mädchen noch hilfloser.

Karl bot sich zur Hilfe an, das schien allen nicht nur recht, sondern selbstverständlich zu sein, weil sie kein Wort darüber verloren.

Es war nicht allzu viel aufzuladen: die Waage, ein paar gro-

ße Flaschen, Verbandszeug, einen Karton mit kleinen Flaschen, Regale, Kartons mit Tabletten – es war wohl nicht mehr
viel da.

»Es ist ja nur für den Notfall, wissen Sie«, sagt das junge
Mädchen zur alten Frau.

»Und sie sollen die Bunkerapotheke einrichten?« Die Frau
fragte es so, als hielte sie weder von der Sache noch von dem
Mädchen viel.

»Ja.« Und bald darauf sagte es: Ich glaube, das ist vorläufig
alles. Wenn ich noch etwas brauche, komme ich noch einmal
wieder.«

Während der alte Mann zurückblieb, schwang sich Karl
ungefragt auf den Lastwagen zu den Sachen. Das junge Mädchen setzte sich zu dem Chauffeur. Es war kein weiter Weg
zu dem Bunker, der neu, unfertig, und nur in wenigen Zel-
len benutzbar an einem Krankenhaus klebte. Nur einige Räume hatten schon Licht, überall roch es muffig, und die Fens-
terlosigkeit legte sich angstvoll auf sie.

Der Apothekenraum hatte kein Licht, es dauerte eine Weile, bis irgendjemand mit einer Kerze aushalf. Der Raum war
nahezu kahl, und wieder stand das junge Mädchen hilflos da.
Wahrscheinlich – dachte Karl – hat sie nicht einmal viel
Ahnung von Medizin. Das machte ihn mitleidig, und er
schleppte allein mit ihr die Sachen vom Lastwagen hinauf in
den zugewiesenen Raum. Der Lastwagenfahrer blieb plötzlich unauffindbar.

Als die Regale standen, die Flaschen nach dem Alphabet
geordnet waren, und auch die Waage ihren Platz auf einem
Tisch bekommen hatte, wagte Karl seine erste Frage:

»Werden Sie hier arbeiten?«

»Nein!«

Dieses Nein stand so entsetzt in dem traurigen Raum, als

hätte er gefragt, ob sie morden wolle. Er musste darüber lachen. Da verzog sich auch ihr Gesicht. Es schien plötzlich alles nicht mehr ganz so schwer und hoffnungslos zu sein. Gemeinsam wuchteten sie ein paar Kartons auf den Tisch, die schon im Raum gestanden hatten, und inspizierten sie. Tabletten, leere Flaschen, Salbengefäße, und ein ganzer Kasten voller Traubenzuckerpackungen. So etwas gab es ja gar nicht mehr! Karls Augen mussten wohl sehnsüchtig gewesen sein, das junge Mädchen steckte ihm einfach eine der Packungen in die Manteltasche, wer weiß, ob sie das überhaupt durfte, vielleicht war alles abgezählt, und sie würde eines Tages Schwierigkeiten davon haben. Aber Karl konnte sein Verlangen nicht bändigen und diese Kostbarkeit zurückweisen. Er steckte sie sogar in die andere Manteltasche zu dem Beutel mit den Glasmurmeln, und das bedeutete gleichsam die Beteuerung seines Besitzrechtes.

Bald darauf verließen sie beide erleichtert den Raum. Und während sie durch die dunklen Flure stolperten, hoffte Karl, dass das junge Mädchen wirklich nie hierher müsse, dass überhaupt niemand sich hier verkriechen brauchte. Genau so müsse es in den Grabkammern und in den Katakomben gewesen sein, von denen er sich in der Schule nie eine rechte Vorstellung hatte machen können. Und Grabkammern und Katakomben hatten immer etwas mit Verfolgung und mit Toten zu tun, selten, sehr selten nur auch mit Rettung. Es war grässlich, das plötzlich zu wissen. Unwillkürlich fasste er nach der Hand des jungen Mädchens, das die seine merkwürdig begierig drückte.

Draußen, in der warmen, gleißenden Mittagssonne, ließen sie sich beide verlegen und fast ein wenig erschreckt los. So etwas! Die Leute hätten ja denken können, sie seien beide noch Kinder. Dabei war das junge Mädchen mindestens schon achtzehn, und er -nicht sehr viel kleiner als sie – er hätte jetzt schon bei den Soldaten sein können!

Der Lastwagenfahrer hatte wohl inzwischen zu seinem Wagen zurückgefunden und war mit ihm fortgefahren. Es war ihnen beiden lieb. Sie versicherten sich, dass es viel schöner sei, durch die Sonne spazieren zu gehen, als per Auto an die nächste Arbeit zu rasen. Sie schlenderten langsam zu der Apotheke zurück, in der das Mädchen arbeitete, und zumindest Karl war überzeugt, einen angenehmen Vormittag verbracht zu haben. Abends erzählte er Urte Simonaitis davon und gab ihr auch die Traubenzuckerpackung.

Urte Simonaitis freute sich über seine einträgliche Verweilung, bat ihn aber doch, solche unbekannten Wege nicht mehr zu machen. Anfangs wollte sie nicht recht bekennen, warum sie darauf drang, dann aber meinte sie, dass sie vielleicht doch eines Tages ganz plötzlich wieder weiter fortmüssten und dann wüsste sie nicht, wo sie ihn zu suchen hätte. Karl sah es ein, dennoch glaubte er ihr nicht. Wieder weiter? Lächerlich. Hier gab es keine Schießereien und keine Angriffe. Er wollte sich seine neue Welt nicht gefährden lassen, nur weil es ein paar Menschen gab, die Bunkerapotheken für Notfälle einrichteten, Panzersperren in den Straßen bauten, oder an ein Weiterfliehen dachten.

Das mit den Panzersperren hatte er auch an diesem Tage gesehen. Wahllos hatten Männer in einer Straße Baumstämme ineinander verschachtelt und die halbe Fahrbahn damit verstellt. Im Augenblick konnte immer gerade noch ein Wagen hindurch, später sollte dann wohl die Sperre ganz geschlossen werden. Als ob nicht jeder Junge über solche Barrikaden hinüberklettern könnte! Er fand dieses Beginnen genauso albern wie die Anweisung, bei Brandbomben mit den kleinen Feuerpatschen herumzufuchteln. Sogar Mutter hatte damals unter Tränen gelacht, als sie sich den Einsatz der Feuerpatschen bei dem Feuersturm daheim vorzustellen versuchten.

Ganz bestimmt würde Mutter jetzt auch wieder etwas zu lachen finden. O Gott, wie viele Wochen gab es sie jetzt schon nicht mehr? Karl schluckte und schluckte, aber in seinem Hals saß plötzlich ein Kloß, der immer nur noch größer wurde und sich nicht hinunterschlucken ließ. Wenn Mutter jetzt da wäre, gäbe es vielleicht wirklich etwas zu lachen. Bestimmt aber könnte sie wieder aus Grieß und Traubenzucker falschen Marzipan machen, wie sie es zum letzten Weihnachtsfest daheim gezaubert hatte. Und der Kloß in seinem Hals schwoll so an, dass sein Gesicht puterrot wurde.

»Was du hast?«

Wenn das so einfach zu sagen gewesen wäre.

»Können wir nicht wenigstens Marzipan machen?«

Urte Simonaitis begriff ihn so wenig, dass er es ihr erst groß und breit erklären musste. Sie war gerade dabei, die Suppe warm zu machen, die sie für sich und ihn wieder mitbekommen hatte. Kartoffelsuppe. Sogar kleine Wurststückchen schwammen darin herum, wenn man sie auch bequem zählen konnte. Als Karl auf seine Mutter zu sprechen kam, schaute sie flüchtig auf. Da wusste sie mehr, als Karl hatte sagen wollen.

»Gut, wir machen Marzipan. Wenn nix gut, du essen alles allein.«

Sie zwinkerte ihm zu. Während sie gemeinsam in den Schränken und Schubladen nach etwas Grieß suchten, wurde der weinerliche Kloß in Karls Hals wieder kleiner. Es war gut, jemand zu haben, der so war wie Urte Simonaitis.

Natürlich wurde es mit dem falschen Marzipan nichts Genaues. Nachdem sie endlich doch noch recht grobkörnigen Grieß in einer versteckten Tüte gefunden, ihn mit einem Teil Traubenzucker und tröpfchenweise Wasser vermengt hatten, gaben sie sich daran, die Masse zu kleinen Bällchen zu formen. Der große Küchentisch klebte, die Hände klebten, unmöglich, aus dem Klebzeug auch nur ein winziges Kügelchen zu drehen. Karl war der Erste, den es zum unbändigen Lachen reizte, während Urte Simonaitis es noch eine Weile hausfrauenpflichtig nahm, ehe auch sie lachte. Sie leckten ihre Finger ab, hakten mit den Fingern neu in den tiefen Anrührteller, um sie wieder abzulecken, sie hatten noch nie so viel Spaß zusammen gehabt, und es hatte ihnen lange nichts so gut geschmeckt.

Als Karl rund und satt in seinem Bettzeug lag, das ein wenig nach Holz und Moderhauch roch, weil es tagsüber in den Dachschränken lag, war er wieder mit seiner Welt ausgesöhnt. Mitten in der Nacht war es ihm einmal, als höre er das Bummern der Schiffskanonen von der See her, aber es störte ihn nicht. Die Welt schmeckte wenigstens wieder nach falschem Marzipan.

Dennoch ließ es sich nicht verheimlichen, dass die Unruhe nach der Stadt gegriffen hatte. Die Tage gingen darüber hin und Karl gewöhnte sich auch daran wieder. Wie versprochen, machte er nun keine großen Wege mehr. Er ging zum Bäcker und zum Lebensmittelladen ein paar Ecken weiter, wenn es nötig war, die meiste Zeit aber schaute er zum Fenster hinaus. Natürlich war es auf die Dauer langweilig, und natürlich halfen auch die wenigen Bücher nicht, die er in der Wohnung gefunden hatte, weil er nur wenig von ihnen verstand. Nur um die Langeweile zu töten, war er sogar darauf verfallen, sich Rechenaufgaben auszudenken, Nummern aus dem Telefonbuch, die er zusammenzählte oder durch die Hausnummern teilte.

Manchmal spielte er auch mit den Glaskugeln. Mitten auf dem Teppich in der fremden Wohnung. Er machte mit ihnen Aufmarschkolonnen, Laufen und Fangen oder einfach nur so bunte Wuselei. Manchmal aber übte er Schießen. Mit einem Gummiband als Katapult schoss er seine gläserne Welt gegen die vollständig gepackten Rucksäcke, die er an die Wand gestellt hatte. Urte Simonaitis besaß nun auch einen Rucksack. Sie hatte ihn sich aus einem alten Sack genäht. Er fasste wohl nicht den ganzen Kofferinhalt, dennoch war sie mit ihrem Werk sehr zufrieden. Der Koffer stand schon im Keller, wenn man Glück hatte, konnte man ihn sich vielleicht später schicken lassen oder ihn holen oder ihn eben auch noch verloren geben, wie so vieles andere schon. Es war Karl eine bittere Genugtuung, wenn er die Rucksäcke mitten in ihre Prallheit traf. Es gelang ihm immer öfter.

In die Tage der Unruhe mischten sich Alarme und fernes Schießen. Es war ein Sonntag, wie er schöner nicht hätte sein können. Die Sonne war weich und warm. An einem solchen Tag hätte man die Allee zur Stadt hinunterpilgern müssen, um nachzuschauen, wie weit die Knospen an den Bäumen und Büschen sich schon geöffnet hatten. Stattdessen hatte es am Vormittag wieder Alarm gegeben, und Karl war mit beiden Rucksäcken in den Keller gegangen. Urte Simonaitis musste auch am Sonntag arbeiten. Er saß mit einer fremden Frau vor der Kellertür. Er hatte sie schon manchmal im Hausflur getroffen. Als die sonntägliche Stille nur ganz in der Ferne durch ein paar Geschosse unterbrochen wurde, wagten sie sich sogar nach draußen.

Die Frau fing ein Gespräch mit ein paar Soldaten an, einer war von der Feldgendarmerie. Sie hatten das kleine Munitionsdepot unter einem Erdwall geöffnet, der in der Nähe des Hauses war. Karl war manchmal an seinen Schrägen hinaufgeklettert und kunstvoll hinuntergerutscht. Wer sollte ahnen, dass er so gefährliche Dinge verborgen hatte. Nun warteten die Soldaten auf die Lastwagen, die vereinzelt kamen, um Kisten zu holen.

Die Frau beklagte sich. Über Nacht war ihre Herrschaft im Dienstauto davongefahren und hatte sie schlafen gelassen. Dabei hatte sie ihnen aus lauter Gutmütigkeit bei der Schreibarbeit geholfen, sie hätte schon längst fort sein können. Und nun das! Einfach schlafen gelassen, als ob es eine große Mühe gewesen wäre, ein paar Stufen hinauf zu ihrem Zimmer zu steigen!

»Vielleicht kommen sie doch noch«, meinte einer der Soldaten gutmütig.

»Die? Glauben Sie vielleicht, die haben einen Wochenendausflug nach Zoppot oder nach Oliva gemacht? Ich sage Ihnen, die sind getürmt. Und mit seinem Dienstauto!«

Dann aber lud sie unvermittelt alle Soldaten zum Mittagessen ein. Schließlich könne niemand verlangen, dass sie das gestern geschmorte Stück Fleisch noch für wer-weiß-wielange aufhebe. Den Soldaten war es nur recht. Es machte ihnen auch nichts aus, wenn sie für ein anständiges Mittagessen ihren eintönigen Posten verließen. Seit einer halben Stunde ungefähr hatte sich kein Auto mehr sehen lassen, das zu beladen war. Über das Schießen, das in präziser Regelmäßigkeit irgendwoher aus der Umgebung kam, äußerten sie sich nicht. Sie machten so, als ginge es sie nichts an. Wenn es aber die Soldaten schon nichts anging, wen sollte es dann beunruhigen. Karl nahm seinen Teller mit Kartoffeln, Bohnengemüse und einem richtigen großen Stück Fleisch in Empfang und setzte sich draußen auf die Steinstufen. Die Soldaten waren mit der Frau in die Wohnung gegangen, man hörte sie hinter der verschlossenen Tür lachen.

Das Schießen war merkwürdig. Da es immer noch keine Entwarnung gegeben hatte, glaubte Karl, es müsse sich irgendwo noch ein fremdes Flugzeug herumtreiben, das man mit Flakgeschossen zu vertreiben suche. Nur irritierte es ihn, dass er immer nur einen dumpfen Knall, nie aber eine Explosion hörte. So viele Blindgänger konnte es doch gar nicht geben! Nun, seine Sorge sollte es nicht sein. Der Sonnentag war herrlich, und so gut gegessen hatte er schon lange, lange nicht. Tante Simonaitis würde sich freuen, dass er ihre schmalen Rationen so sparen half. Wenn man es recht bedachte, war es doch vergnüglich zu leben und sich den Frühling einmal ein bisschen anders um die Nase wehen zu lassen.

Er wollte wieder in die sonnendurchflutete Wohnung an seinen Fensterplatz gehen. Da hörte er Urte Simonaitis von unten her schreien. Wie, sie war heute schon zu Hause? Fröhlich sprang er ihr entgegen.

»Du dich nicht totschießen lassen!«

Wie eine Furie hetzte sie die Stufen hinauf, stieß ihn beiseite, packte beide Rucksäcke und warf sie den Treppenschacht hinunter. Karl lachte aus vollem Halse. Tante Simonaitis tat ja gerade so, als wenn sie beide am Spieß steckten. Nein, nein, da musste sie sich schon etwas anderes ausdenken, um ihm ein bisschen Angst zu machen. Na ja, sie konnte ja nicht wissen, dass unter ihnen Soldaten friedlich beim Mittagessen saßen und ihn aller Angst enthoben. Er schüttete sich beinahe aus vor Lachen, als sie Brot und Fett, so wie es war, in ihre Tasche warf, eine Zuckertüte, Brühwürfel, einen Rest Streichkäse folgen ließ, während sie ihn nun selber hastig die Treppe hinunterzog und auf ein Lastauto stieß, dessen Motor lief. Kaum war er mitsamt den kleinen Gepäckstücken und ihr selber oben, als es schon anfuhr. Der Fahrer hatte nicht einmal die Klappe hochgemacht.

»Du dich nicht totschießen lassen!«

Er wollte ihr erklären, dass es selten so friedlich war wie heute, dass sie wohl ein wenig verrückt gemacht worden sein müsse, er wollte immer noch weiter lachen. Da sah er das erste zerschossene Haus, und dann immer neue Trümmer, Häuser, die bestimmt an diesem Morgen noch ohne Schaden dagestanden hatten. Mit einem jähem Schreck wusste er, dass das Schießen, das er für Blindgänger gehalten, Artilleriebeschuss war. Was er für Abschüsse gehalten, waren Einschüsse gewesen. Er hätte es von seinen Erlebnissen her eigentlich wissen müssen. Aber sie hatten in dem Haus wie in einer Oase gesessen und nichts von alledem gespürt. Mit fassungslos aufgerissenen Augen starrte er Urte Simonaitis an, die immer noch nicht zu Atem gekommen war.

»Er nicht wollte fahren. Er gesagt, ganz verrückt und alles kaputt. Ich gebettelt für Herzchen, ich gebettelt und gegeben Zigaretten, was gefunden in Haus in Siedlung. Ich gebettelt, kann haben was will. Da er gefahren, gefahren wie Teufel und ganze Weg geflucht.«

Da dachte Karl mit Entsetzen an die Soldaten und die Frau, die sie zurückgelassen hatten, ohne ihnen etwas von der Gefahr zu sagen.

»Wir hätten die Frau mitnehmen müssen.«

Da hatte sie sich mit ihm unterhalten, einen ganzen Vormittag lang ihm die Zeit vertrieben, da hatte sie ihm das wunderbare Mittagessen geschenkt, wie er es lange nicht gegessen hatte, und nun hatte auch er sie so heimlich im Stich gelassen, wie es ihre Herrschaft getan hatte.

»Wir müssen doch die Frau mitnehmen!«

Aber Urte Simonaitis war wohl zu erschöpft von aller Aufregung, um ihn zu hören. Karl schämte sich, dass er die Frau nun wohl auch enttäuscht hatte, aber er musste zugleich einsehen, dass es keine Möglichkeit mehr gab, das zu ändern.

Sie fuhren in ein abgezäuntes Gebiet ein. Zum ersten Mal erfuhr Karl, dass Urte Simonaitis bei einer Sanitätseinheit gearbeitet hatte, in der Küche und entlang den Fußböden, und noch irgendetwas, dessen Andeutung er nicht begriff. Nun standen sie beide abseits von dem kleinen Haufen aus Soldaten, Offizieren, Ärzten und Schwestern, die noch übrig geblieben waren, um die letzten Verwundeten von hier fortzuschaffen. Sie standen abwartend, denn irgendjemand hatte behauptet, dass man sie nicht mitnehmen könne, die Schwestern nicht und auch sie selbstverständlich nicht, weil das hier eine Feldeinheit sei, in der es keine Schwestern und erst recht keine Zivilisten gäbe. Sie warteten und ließen nicht ab, ihre Augen gierig auf das Haus zu richten, das das Stabsquartier war, auf die Offiziere, die Ärzte, die Schwestern und die Soldaten. Sie warteten ergeben und hoffend; es wurde Abend. Es hieß, dass die Siedlung, in der sie gewohnt hatten, schon vom Feind besetzt sei. Sie schauderten zusammen und warteten.

»Steigt ein!«

Die ersten Wagen fuhren schon ab. Wenn ihnen jemand gesagt hätte, dass es Frieden sei, und dass sie tanzen könnten, sie wären in diesem Augenblick nicht glücklicher gewesen. Es war wohl merkwürdig, wie schnell man wieder lachen konnte, aber hier wäre niemand auf den Gedanken gekommen, dass es wirklich merkwürdig war. Urte Simonaitis drückte in der Finsternis des geschlossenen Sanitätswagens Karl an sich und summte ein Lied, es klang fröhlich. Sie saßen zwischen allerhand Kisten und Gerät, die das einzige Fensterchen verdeckten, sodass man nicht hinausschauen konnte. Urte Simonaitis machte sich bald daran, die Sachen not-

144

dürftig umzustapeln, dass wenigstens ein wenig fahles Licht in den Raum hineinfiel. Sie hätten im Augenblick mit nichts in der Welt tauschen mögen.

Immer wieder hielt der Wagen an. Als sie einmal vorsichtig die Tür öffneten, um nachzuschauen, sahen sie, dass der Weg von Fahrzeugen und Fußtruppen, von Gepäck und Flüchtenden verstopft war. Sie waren nun schon ein wenig außerhalb der Stadt, aber sie hatten nicht die geringste Ahnung, in welcher Richtung sie fuhren, und sie kannten auch das Ziel nicht. Immer häufiger hielten sie an. Aber sie fühlten sich sicher und geborgen und dachten sich immer neue Scherzworte und Albernheiten aus. Es fiel ihnen selber nicht auf, wie hektisch sie sich gaben. Es war, als wollten sie gewaltsam ein Vergnügen auskosten, das die Zeit gar nicht mehr für sie bereithielt.

Wieder musste der Wagen warten, diesmal dauerte es besonders lange. Von den Fußgängern hörten sie, dass sie mit einer Fähre über einen Flussarm setzen müssten. Sie ließen die Wagentür auf. Die letzten Sonnenstrahlen tauchten die kleinen Häuser neben der Straße immer noch in Gold und Rot. Es musste schön sein, vor den Haustüren zu sitzen und sich selbst in die Wärme und die abendlichen Farben zu tauchen.

Warum rannten die Menschen plötzlich wild durcheinander?

Karl sah zuerst die Bomben in langer Kette hinter ihnen wie Regentropfen vom Himmel fallen. Er schrie, sprang aus dem Wagen und rannte einfach los. Verstecken, verstecken, verstecken, das war das einzige Wort, das er überhaupt denken konnte. Als er vor sich einen Erdwall mit einem kleinen viereckigen Loch sah, stürzte er darauf zu, zwängte sich kopfüber hinein und landete bäuchlings im Sand. Er hatte gera-

de noch Zeit, die Beine anzuziehen, als eine Detonations-
welle ihn erfasste. Er glaubte, sie müsse ihn zerreißen, aber
auch das ging vorüber. Er dachte etwas ganz Lächerliches, er
dachte: das also ist ein Splittergraben, ein Stollen; ich dachte, man könne in ihm wenigstens gebückt stehen und gehen,
aber ich habe kaum Platz genug zu kriechen, ich begreife
nicht, wie man so etwas bauen und dann noch behaupten
kann, dass es ein sicherer Schutz ist.

Etwas warf sich auf ihn. Es war ein Soldat. Er war nass und
lachte: Zwei Meter neben mir kams runter, ich direkt ins Wasser!« Er schien das allergrößte Vergnügen dabei zu haben.

Karl robbte zur Seite, um dem Soldaten Platz zu geben. Da
fühlte er um den Sand, auf dem er lag, eine Holzbegrenzung.
Er war auf einer Sandkiste gelandet, die vor dem kleinen Not-
ausstieg des Stollens stand. Jetzt lachte auch er, er lachte leise in sich hinein. Hände halfen ihm, von der Kiste zu steigen. Von der anderen Stollenseite her kam ein dünner fahler
Lichtschimmer bis zu ihm. Der Stollen war wirklich so groß
und geräumig, wie er ihn sich vorher gedacht hatte, links und
rechts standen sogar Bänke. Dicht drängten sich Soldaten,
Frauen und Kinder zusammen. Karl stieg über ihre Füße dem
Lichtschein entgegen, er musste noch immer über seine
Bauchlandung lachen und auch über den nassen Soldaten.
Der Lichtschein kam von dem großen holzabgestemmten
und durch eine Holzbarrikade gesicherten Eingang her, an
dem Soldaten nach draußen lauerten.

»Die Häuser brennen.«

Erst da fiel es Karl ein, dass Urte Simonaitis nicht bei ihm
war. O Gott, wenn sie nur nicht zu den Häusern gelaufen war!

»Wohin willst du, Junge! Nun warte nur noch. Wenn sie
alles abgeworfen haben, drehen sie wieder ab. So lange bleibe nur noch hier.«

Sie ließen ihn nicht hinaus, um Urte Simonaitis zu suchen. Und was hätte er auch tun können. Es war wohl besser, er fand sich gleich damit ab, wieder allein zu sein.

»Na, Frauchen, nun mal langsam!«

Da quetschte sich Urte Simonaitis gerade durch den Soldatenhaufen hindurch. Das Kopftuch war ihr in den Nacken gerutscht, der Mantel war voller Erde und das Gesicht schmutzig.

»Ich suchen kleine Junge. Ist sich kleiner Junge hier?«

Im gleichen Augenblick sah sie Karl. Sie lachten auf. Es war eine Kunst, schnell zu vergessen, alle Ängste und alle Not, sie würden sie mit der Zeit schon noch viel besser erlernen! Genauso wie die Soldaten. Jetzt lachten sie noch mit nassen Augen.

Als sie mit dem Wagen auf der Fähre waren, mitten auf dem Wasser, begann der Angriff von neuem. Würde er wieder vorübergehen, ohne ein Menschenleben zu fordern? Karl dachte an den nassen Soldaten. Er würde auch in das kalte Wasser springen, wenn es nötig sein sollte. Aber die Angriffswelle wurde diesmal in die entgegengesetzte Richtung getragen, sie erreichten das andere Ufer. Der Abend sank nun schnell nieder und machte der Nacht Platz.

Es war eine köstliche Nacht! Eine Nacht voller Duft, voller Zauber und unwahrscheinlicher Wärme für diese Jahreszeit. Sie hatten den Wagen verlassen – weil er nun eingekeilt in dieser Masse aus Rädern, Bussen, Autos und Fußgängern nur noch im Schritttempo vorwärts kam – um sich auf dem Promenadenweg, der neben der großen Straße herführte, ein wenig die Beine zu vertreten.

Welch eine Nacht! Zur Linken hinter den hohen Bäumen musste die See liegen. Man konnte sie nur ahnen, ein unbestimmbares Rauschen lag in der Luft, es hätte ebenso gut von den nachtdunklen Bäumen herkommen können. Zur Rechten stand mitten in der Nacht ein leuchtender Schein, rot und gold und gleißend gelb wie ein fernes Sommerfeuerwerk oder ein fantastisches Nordlicht. Man konnte an magisch-leuchtende Sagenhöhlen denken oder an märchenhaftes Zwergengefunkel, an Feenzauber oder an Drachenblitze. Welch eine fantastische Nacht! Die Stadt brannte, man musste nur das Wirkliche denken.

Die Stille war wie ein Gebet, wie ein sehnsüchtiges Gebet aus gegenwärtigem Nichtbegreifen, vergangenem Wissen und frühlingshaftem Hoffen auf ein Wunder. Alle Schönheit lag darin und alle Trauer, weil es schmerzhaft bewusst wurde, wie sie verging. Alle Liebe wurde mächtig, wurde so übermächtig, dass man hätte stöhnen müssen, weil sie einem das Herz abdrückte. Karl tastete nach der Hand von Urte Simonaitis.

»Nun sie treiben uns aus Paradies. Treiben mit Flammenschwert wie Engel. Aber sind keine Engel, sind Teufel, nein, auch keine Teufel, Menschen, Menschen, einfach Menschen. Und denken, müssen machen das. Und wissen nie, was haben getan. Einfach Menschen, und du und ich auch Menschen, und machen vielleicht auch so, und haben nicht einmal Angst vor große Gott.«

Urte Simonaitis flüsterte so, dass Karl nicht einmal sicher war, ob er alles richtig verstand. Aber er fühlte, dass sie Recht hatte. Danach schwiegen sie wieder wie die andern neben ihnen, und es war nur noch das leise Knirschen ihrer Schritte auf dem festen Sandweg zu hören, das von Stunde zu Stunde müder wurde.

Der erste graue Schleier des nahenden Morgens zerstörte allen Zauber. Urte Simonaitis und Karl verkrochen sich vor dieser fröstelnden Nacktheit des neuen Tages in ihren Wagen, den sie bald wieder fanden. Sie kamen durch einen kleinen Ort, der voller Soldaten lag. Sie waren nun müde und apathisch, Karl konnte kaum noch seine Augen aufhalten.

»Leg dich hin, Babuschchen.«

Jetzt sagt sie wieder Babuschchen, wie sie es in Königsberg zu ihm gesagt hat, als sie Karl fand. Sein Herz schlägt ihm plötzlich bis in den Hals hinauf. Babuschchen, dieses zärtliche, weiche Wort Babuschchen hat sie zu ihm gesagt, als das Grauen um ihnen war. Solange es friedlich war, hat sie es nie gebraucht, und nun ist es wieder da. Babuschchen. Vielleicht sieht sie mehr als er, vielleicht sieht sie das Grauen langsam auf sie zukriechen. Babuschchen. Nein, wenn es so ist, dann will er lieber nicht schlafen, und er presst die Knöchel seiner Faust gegen die Zähne, damit er wach bleibt.

Dann bleiben die Wagen stehen, man weiß noch nicht, ob und wie es weitergehen soll. Irgendjemand müsste einen Befehl geben, aber genau weiß man auch nicht mehr, wer dieser Irgendjemand ist. Man muss wieder warten. Die Häuser sind voller Flüchtlinge und Soldaten. In einem von ihnen findet sich gerade so viel Platz, dass sie sich in dem Flur auf die Dielen legen können. Karl schläft sofort ein. Er merkt es nicht einmal mehr, dass ihm Urte Simonaitis ihre Decke überlegt.

Aber der Schlaf ist unruhig, voller Kinderweinen, Befehle, Hupensignale und aufgeregtem Geflüster. Die Schwestern, die an die Wand gelehnt bei ihren Koffern, Taschen und Rucksäcken hocken, wollen sich nun von der Soldateneinheit trennen und ihre eigenen Wege weitergehen. Sie müssen viel Gepäck zurücklassen, und es fällt ihnen nicht leicht. Sogar ein Bügeleisen haben sie noch, Kochtöpfe und Kleidung für ihre Männer, auf die sie warten werden, wenn alles zu Ende ist. Jetzt wird ihre Kraft gerade noch reichen, ihre eigenen Notwendigkeiten zu schleppen. Draußen ist ein kleiner, offener Schuppen, in dem vielleicht ein Auto oder ein schöner Pferdewagen gestanden. Hier stapeln sie ihre Habseligkeiten auf und verwenden viel Mühe damit. Es ist ein wenig unwirklich, wie sie mit ihren Sachen umgehen, als wären sie im sterilen Operationssaal oder daheim in der guten Stube, wo die schönsten Sachen nur zum Anschauen in Glasschränken stehen. Genauso setzen sie hier Koffer auf Koffer und Bündel auf Bündel und hoffen, dass sie es genauso wiederfinden mögen. Nur die Tür des Schuppens lassen sie geöffnet, wahrscheinlich glauben sie also selber nicht mehr an ein Wiederfinden.

Urte Simonaitis hat Karl wieder geweckt. Dann werden also auch sie weitergehen.

Der Weg ist sandig und schwer bis zum Wald. Man müsste ihn mit leichten Sandalen oder barfuß gehen. Man müsste seine Zehen in ihm baden können und abends über seine rosigen, glatten Fußsohlen staunen dürfen. Aber so kommt man nur mühselig vorwärts. Sie müssen sich auch immer wieder umschauen, so als warteten sie nur darauf, dass sie jemand zurückriefe. Einmal setzen sie sich sogar hin und lassen die Beine einen kleinen Abhang hinunterbaumeln. Es wäre vielleicht alles weniger schwer, wenn der Tag nicht wieder seinen vollen Glanz über die Wege streute und diese Welt in ein Leuchten aus Bernstein, Smaragden und Rubinen verwandelte. Man kann sich nicht davon trennen.

Mitten im Wald möchten sie gern in ein Haus hinein und um einen Schluck Gerstenkaffee oder auch nur um Wasser bitten. Soldaten stehen davor und ein Mädchen mit knallroten Lippen. Nein, dieses Haus sei besetzt und außerdem dürfe niemand hinein. Das Mädchen mit den roten Lippen lächelt dazu und lässt sich Feuer zu einer Zigarette geben. Sie hat es gut, denkt Karl, denn bestimmt gehört sie in dieses Haus, und der Wald ist eine nimmermüde Tarnkappe, die alles Böse abhalten wird.

Immer öfter denkt Karl, dass es nun nicht mehr lange so weitergehen könne. Am liebsten möchte er seinen Rucksack von den Schultern werfen zu all den Gepäckstücken, die den Weg säumen, aber was soll Urte Simonaitis von ihm denken, die so große Stücke von ihm hält. Und wie soll er seiner Mutter gegenübertreten, die ihm voller Vertrauen Vaters Sachen eingepackt hat. Und wie soll er seinen Vater empfangen, wenn er nichts mehr in Händen hat. Und so schleppt er sich weiter und hofft auf den Abend und auf die Nacht.

Aber für diese Nacht wird es keine Ruhe geben. Unterwegs holt sie das Gerücht ein, dass jenes Haus, in das man sie nicht auf einen Schluck Wasser hineinließ, in Flammen stehe. Es sind Bomben gefallen, heißt es. Und auch in den Bunker können sie nicht hinein, der kurz vor dem Ausgang des Waldes halb in die Erde hineingegraben ist. Er sieht wie ein Hügel aus und ist schon von Soldaten und Flüchtlingen überfüllt. Sie hocken sich vor die Tür und erwarten schweigend die hereinbrechende Nacht. Immer noch mehr Menschen kommen, Soldaten und Zivilisten, Frauen und Kinder, Gesunde und Hinkende, hier staut sich alles wie an dem Landesteg vor Kahlberg, nur gibt es hier keine andere Lösung als das Wasser. Und es ist kein Schiff zu sehen.

Dann schlägt das Inferno über ihnen zusammen. Bomben und Bordwaffen und ein bellendes Geschütz irgendwo. Der Wald steht in Flammen.

»Komm!«

Urte Simonaitis zerrt Karl fort. Sie steigen über menschliche Leiber, die sich in den Waldboden eingegraben haben oder einfach so am Wegrand liegen, sie stolpern über Gepäck und reglose Gestalten, sie springen über Schatten und verfluchen den Mond, der vor ihnen das nackte Landstück vor dem Wasser in gleißendes Licht setzt. Über dem Wasser rattert ein einzelnes Flugzeug, setzt einen Christbaum, der das gegenüberliegende Ufer in heißes Licht taucht, und kommt auf sie zu. Deckung. Aber hier ist nichts mehr, was Deckung geben kann. Hinter ihnen der Wald wie ein Flammenfanal, vor ihnen das signalerleuchtete Wasser, über ihnen der Mond und das Flugzeug, dessen Tack-tack-tack die letzten scheuen Reste der Nacht zerfetzt.

Sie sind dicht am Wasser, da wirft sich Urte Simonaitis über Karl, reißt ihn zu Boden und bleibt auf ihm liegen, er kann sich nicht gegen ihren Körper wehren, der immer schwerer zu werden scheint. Einmal glaubt Karl, dass sie aufstöhne, aber als er dann lauscht, hört er nur durch das ihn bedeckende Tuch hindurch das Tack-tack-tack des Flugzeugs, das sich entfernt.

Urte Simonaitis liegt wie ein Stein auf ihm, der ihm die Rippen zusammenpresst, er muss schreien, damit er überhaupt Luft bekommt. Irgendjemand zerrt ihn hervor, Urte Simonaitis' Körper rutscht schwer zur Seite und bleibt liegen, stumm und leblos. In ihrem Kopftuch ist ein großer, runder Fleck. Karl sieht ihn und begreift doch nichts. Ein schwerfällig hinkender Soldat schleift ihn mehr als dass er geht einen seitlich gelegenen Abhang zum Wasser hinunter. Hier liegt ein flacher Prahm. Er muss eben angelegt haben, er ist noch leer.

»Tante Simonaitis, Tante Simonaitis!«

Der Soldat streicht dem Stöhnenden über den Kopf.

»Lass ihr die Ruhe, Junge! Die braucht uns nicht mehr.«

Kapitel 10

Karl weiß nicht, wie er mitten auf See von dem Prahm auf ein größeres Schiff gekommen ist. Man muss ihn hinaufgeschleppt haben. Die See ist wie ein großes nasses Nebelfeld. Karl liegt mitten auf dem Deck, seinen Kopf an einen Aufbau gepresst, und spürt die Nässe nicht einmal, die sich in seine Kleider zieht.

Urte Simonaitis ist also tot. Es geht Karl nicht aus den Gedanken, dass sie genau so gestorben ist wie der Soldat auf der Nehrung. Aber was hatte Urte Simonaitis mit Soldaten zu tun. Soldaten trugen eine Uniform und Gewehre, sie wussten, dass man auf sie schießen konnte, und dass es darauf ankam, sich zu wehren, wenn es sein musste, zuerst zu schießen, wenn es die Not diktierte oder der Menschenverstand. Urte Simonaitis aber hatte keine Uniform getragen. Sie hatte bestimmt niemand etwas Böses getan, sie war still und liebenswürdig gewesen. Es war kein Grund, sie zu töten.

Karl warf sich herum und starrte nun mit offenen Augen in das graue Nieseln hinein, er konnte die Gedanken nicht mehr ertragen. Unter ihm stampfte und schlingerte das Schiff. Es kam ihm vor wie ein Gespensterschiff, das mit einer Fracht hilfloser Erschöpfter durch Nacht und Nebel geistert, ohne zu wissen, ob es wirklich jemals ein Ziel erreicht.

Doch der Morgen kümmerte sich um all das nicht. Unaufhaltsam kam ein neuer Tag herauf, die Nebel schwanden und sie erreichten die Halbinsel Hela.

Karl hat den Soldaten aus den Augen verloren, der ihn von Urte Simonaitis fortgezogen hat. Da er aber nicht weiß, was er tun soll und doch etwas tun muss, folgt er einigen Schwestern, die er beim Aussteigen bemerkt. Wenn jemand in dieser Hölle noch ein Ziel hat, dann sind es Soldaten oder Schwestern. Er lässt einen großen Abstand zwischen sich und ihnen, als sie nun seitwärts einen schmalen Weg zu einigen Baracken einschlagen. Es soll nicht so aussehen, als hänge er sich ihnen an. Jeder muss sehen, wie er allein fertig wird. Wer weiß, ob er nicht sogar Urte Simonaitis Unglück gebracht hat, weil sie auf ihn aufpassen musste … immer wieder kommen seine quälenden Gedanken darauf zurück.

Schlafen, schlafen, nur schlafen! Schlafen und alles vergessen. Er sinkt im langen Gang der Baracke zusammen.

Er weiß nicht, wie spät es ist, und er weiß nicht, wie lange er geschlafen hat, als er von aufgeregten Rufen und hastigen Schritten in die Wirklichkeit emporgerissen wird.

»Weg sind sie, sage ich euch, einfach weg, und haben uns hier zurückgelassen.«

»Unsinn. Vielleicht sind sie nur gegangen, um Essen zu holen …«

»Alle? Mit Sack und Pack? Sogar die Fenstervorhänge haben sie von unserm Raum mitgenommen.«

»Aber sie hatten uns doch versprochen, uns zu wecken. Wir gehören doch nun zu ihrer Einheit.«

»Nirgendwohin gehören wir, verstehst du! Wahrscheinlich haben sie schon morgens, als wir ankamen, gewusst, dass sie in zwei Stunden fortziehen würden. Meinst du vielleicht, sie hätten uns sonst so willig ihre Betten überlassen?«

»Meine wollte sich aus dem Zimmer schleichen. Ich frage sie noch, ob es losgeht. Nein, sagt sie, nein. Lügt mir glatt ins Gesicht.«

»Es hat eben jeder Angst, der andere könne ihm den Platz auf dem Schiff wegnehmen!«

»Und was nun?«

Diese kühle Stimme ließ die Aufgeregten jäh verstummen.

»Mit Reden ist nichts mehr zu machen. Hilf dir selbst, dann helfen dir die andern. Wir werden packen und zum Hafen hinuntergehen. Man wird uns schon auf einem Verwundetentransporter gebrauchen. Wenn wir keinen neuen Einsatzbefehl bekommen, machen wir uns selber einen. In zehn Minuten gehen wir.«

»Und essen?«

»Wenn dir das wichtiger ist, kannst du ja bleiben.«

Die Schwester mit der kühlen Stimme drehte sich um und ging in einen der Räume, die von dem lang gestreckten Flur aus zu erreichen waren. Auch die andern verschwanden schnell hier und da hin, ihre Stimmen waren nun gedämpft wie das Arbeitsgesumme von Bienen. Karl taumelte, als er aufstand. Einen Augenblick lang war er versucht, sich wieder hinzulegen, aber er zwang sich, aufrecht zu bleiben. Erst als er draußen in der nun wieder sonnendurchfluteten Frische des Tages stand, wurde es ihm ein wenig besser.

Ich werde den Weg langsam zurückschlendern. Ich werde immer wieder stehen bleiben und so tun, als müsse ich auf etwas warten. Ich werde die Schwestern an mir vorbeigehen lassen und dann wieder hinter ihnen hergehen. Sie werden nicht merken, dass ich ihnen nachlaufe.

Karl dachte es sich so und verteidigte sich gleicherweise gegen sich selbst. Ich mache es ja nur, weil ich die Wege nicht kenne. Bestimmt mache ich es nicht aus Feigheit oder weil ich nicht allein fertig werden kann. Ich kann sehr gut alleine sein. Ich kann sogar Kartoffeln abkochen und mein Hemd waschen. Ich habe gelernt, meine Schuhe mit Spucke blank zu reiben und aus Wachsresten und einem Baumwollfaden eine Kerze zu drehen. Ich kann mir eine Höhle bauen und alte Konservendosen zu Kochgeschirren machen. Ich könnte mir ganz alleine Geld verdienen, und ich könnte auch schießen.

Am Hafen verlor er die Schwestern bald aus den Augen. Karl hatte noch nie so große Schiffe gesehen, wie sie hier ein Stück vom Ufer entfernt lagen. Wenn er nicht so hätte staunen müssen, dann hätte er gewusst, zu welchem Landesteg sie gegangen waren. Überall umstanden Menschen die Stege, von denen aus sie mit kleineren Booten zu den Schiffen hinausgebracht wurden. Mit diesen Schiffen musste er mit, gleichgültig nun wie und mit welchem.

Aber es ist so, dass schon vorher bestimmt worden ist, wer auf die einzelnen Schiffe darf. Dies ist ein Lazarettschiff nur für Verwundete, mit jenem dort müssen Soldaten transportiert werden. Und jenes Schiff ist auch wieder mit dem Roten Kreuz gekennzeichnet.

Plötzlich sitzt Karl in einem der Boote. Es war ein Matrose, der ihn mit starken Armen einfach aufhob und ins Boot setzte. Er griff einfach nur immer so in die Menge hinein, hob jemand hoch und setzte ihn ab, hob und setzte ab, hob und setzte ab, pausenlos, bis das Boot voll war und ablegen musste. Er arbeitete beinahe wie eine Maschine im Akkordeinsatz. Er wird so lange hier stehen und helfen, bis er einfach nicht mehr kann, bis er vielleicht genau so daliegt wie jener Soldat, an dem Karl eben noch vorbeigegangen ist, verständnislos, weil jener wie ein achtlos fortgeworfenes Stück Papier am Rande der Straße lag, unfähig, auf Zurufe, Kanonendonner oder Flakgeschosse zu reagieren. Wahrscheinlich hatte er auch Tag und Nacht gestanden und geholfen, gepeitscht von dem eigenen Gewissen, den Menschen fortzuhelfen, solange es noch eben ging, gepeitscht von der Sorge um Flugzeuge, Minen, U-Boote und Artillerie, gepeitscht im Opfergang von Mensch zu Mensch.

Aber so sind sie alle hier, und das hat ihnen niemand befohlen.

»Danke«, sagt Karl, als ihm wieder einer hilft, das große Schiff über eine Strickleiter zu erklimmen, und vielleicht merkt sein Helfer nicht einmal, dass er darin seine ganze Bewunderung legen möchte.

Obwohl Karl zu den Ersten gehört, die auf dieses Schiff kommen, füllt es sich schnell mit Flüchtlingen und Leichtverletzten. Karl hockt sich in eine der oberen Ladeluken, in die man vom Deck aus hineingehen kann wie in einen größeren dunklen Raum. Er möchte nicht in die anderen Verladeluken hinuntersteigen, die sich im Schiffsbauch befinden. Er möchte Licht und Luft haben und vielleicht sogar etwas sehen können. Es wird die erste große Schiffsreise sein, die er unternimmt, die erste Seereise. Wenn Vater das wüsste! Freilich, sie haben sich beide diese erste Reise immer etwas anders vorgestellt, gemeinsam, mit hellen Kabinen, großen Essräumen, weiß gekleideten Matrosen, flatternden Wimpeln, einer Musikkapelle, die »Muss i denn zum Städtele hinaus« spielt, mit einem Kapitän, der selbstverständlich Goldschnüre trägt und für jeden Passagier ein Lächeln hat, und vielleicht sogar mit Frühstück ans Bett.

Besonders mit Frühstück. Karl denkt, dass er es sich sogar aus der Schiffsküche holen würde, wenn es so sein müsste, aber es wäre doch wenigstens etwas zu essen. Auf dem Waldweg hat ihm Urte Simonaitis das letzte Brot gestrichen. Seitdem hat er nichts gegessen. Wie viel Tage ist das her. Wirklich erst einen? Nur einen einzigen, der bis zum Bersten mit Dingen angefüllt ist, die für Monate gereicht hätten, und auch dann noch zu viel gewesen wären. Diese Tage haben mehr als nur 24 Stunden.

Hier auf dem Schiff kriechen die Stunden langsam dahin.

Und wenn auch zügig Boot um Boot anlegt und immer neue Menschen bringt, so heißt es doch geduldig warten. Es soll ein Geleitzug zusammengestellt werden, heißt es. Karl hört mal hier ein Wort und mal da einen Gesprächsfetzen von den Soldaten. Meist versteht er nicht viel davon, aber wo es ihn an die Gespräche mit seinem Vater erinnert, ist er glücklich. Der Geleitzug soll nach Dänemark gehen, in Dänemark sind schon viele Flüchtlinge, vielleicht ist Mutter auch dahin gegangen. Es wäre wohl eine Möglichkeit und vielleicht ein tröstendes Ziel.

Es war gegen Abend, als die Schiffsmaschinen zu arbeiten begannen. Das leise Zittern und Summen war deutlich durch den Boden zu spüren, auf dem Karl jetzt eingezwängt zwischen Verwundeten und ein paar Frauen lag. Ein Funken Freude sprang in alle Gesichter, die Gespräche wurden plötzlich von Gelächter begleitet, einige Soldaten wagten, warme Blicke zu den Frauen hinüberzuschicken, das wenige Licht, das in die Verladeluke flutete, schien heller zu werden, es war, als verteilten die Schiffsmaschinen den Menschen neues Leben.

Plötzlich gab es einen Ruck und bald darauf standen die Maschinen still. Das Schiff wäre auf eine Sandbank gelaufen, hieß es. Enttäuschung verzerrte die Gesichter der vielen, die an der Reeling standen und den anderen Schiffen nachschauten, die unter dem bewaffneten Schutz der Geleitboote bald am Horizont untertauchten.

»Verdammte Scheiße!«

Wenn sie nicht geflucht hätten, sie hätten wohl weinen müssen. Die meisten versanken nun wieder in ihre Apathie zurück, sie waren gewohnt, dass immerzu etwas mit ihnen geschah ohne ihren Willen, es würde irgendwann schon wieder etwas geschehen, es lebte sich leichter, wenn man es auf sich zukommen ließ, statt den eigenen Wünschen nachzulaufen, ohne sie zu erreichen.

Karl träumte in dieser Nacht von Beetensuppe, die er noch nie gemocht hatte und nun mit Leidenschaft aß, aber sein Teller mit der roten Flüssigkeit wurde größer und größer, schwappte über und ergoss sich über ihn, das Rote kroch in ihn hinein, sein Magen krampfte sich zusammen, ihm war entsetzlich übel. Aufwachend spürte er den Hunger in seinen Gedärmen wühlen, es war ihm davon sterbenselend. Er sah, dass auch andere nicht schlafen konnten. Einige standen an der Luke und rauchten. Sie rauchten ihre Kippen so weit auf, dass sie sich beinahe Finger und Lippen verbrannten. Den Rest steckten sie dann noch in ihre Taschen. Es war eine Kunst, so zu rauchen. Die mit diesem Leben fertig werden wollten, mussten solche Künste beherrschen.

Ein wenig später holte einer der Soldaten in Karls Nähe ein Knäuel Zeitungspapier aus seiner leinernen Handtasche heraus, die mit einem Riemen fest zusammengeschnürt war. Andächtig wickelte er das Knäuel auf und förderte eine halbe Klappstulle zu Tage. Er sah sie lange an, als überlege er ein schweres Problem. Dann biss er doch hinein. Mitten im Kauen hielt er plötzlich inne, brach die Hälfte von seinem Brot ab und schob sie seinem Nachbarn vor sich in den Mund. Der lag seit gestern ohne sich zu bewegen da, Karl hatte schon oft nach ihm hinblicken müssen. Auch jetzt blieb er reglos liegen, kaute an dem Brot, ohne sich dafür zu bedanken. Er drehte sich nicht einmal nach dem anderen um. Die Selbstverständlichkeit des Gebens und Nehmens imponierte Karl. Bitte und danke, ja, das gehörte sich selbstverständlich so, aber hier lag das Bitte und das Danke im stummen Geben und im vorbehaltlosen Nehmen, man brauchte nichts mehr auszusprechen, um sich zu verstehen. Das war es. Dies Gefühl der bedingungslosen Zusammengehörigkeit ließ Karl den Tag leichter annehmen.

Am Vormittag waren die ersten Flugzeuge über ihnen. Die Luken wurden verschlossen, die Dunkelheit war unangenehm, aber es war die einzige Möglichkeit der Sicherheit vor den Bordwaffen. Sie kamen den ganzen Tag über in unregelmäßigen Abständen. Zuletzt entwickelte sich so eine Art Sport daraus, was schneller sein würde, die ersten Einschläge oder das Schließen der Luken. Wenn es auch nicht alle belustigen konnte, so gab es doch genug junge Kerle, die darüber lachten.

Dann schoss die Artillerie. So dicht waren sie ihnen also schon auf den Fersen, dass sie es versuchten, wenn sie auch um wenige Meter vor dem Ziel blieben. Und das Schiff lag fest, und niemand konnte sagen, wann es freikommen würde. Es kommt eine Zeit, wo das Maß der Gefahr so groß ist, dass sie einem nicht mehr wirklich erscheint. Wenn Karl es gedurft hätte, er wäre mitten im Bordwaffenbeschuss auf Deck gegangen, er hörte in ihm nur seine bunten Glaskugeln auf bunte Steinfliesen hüpfen. Sie tanzten vor seinen Augen und hinterließen leuchtende Regenbogenspuren. Nur der Hunger störte noch manchmal die Kreise.

Gegen Abend ging wieder ein Zittern durch den Schiffsleib. »Wir fahren. Wir fahren!«

Es war wahr. Diesmal ging auch Karl an die Reeling. Dicht gedrängt standen die Menschen hier, um noch einen Blick auf das entschwindende Land zu werfen. Aber einige standen auch auf der anderen Seite und schauten über die Weite der See, die sie wenigstens noch mitnehmen konnten, wenn das Land schon lange den Blicken entschwunden war. Auch Karl stand hier, aber bei ihm war es keine Absicht wie bei den andern.

Die Nacht kam, eine ruhige Nacht, wenn man das schwere Atmen auf dem bis zur äußersten Grenze belasteten Schiff nicht rechnete, und ein neuer Morgen. Das Schiff fuhr im küstennahen Gewässer. Die Gefahr der Minenexplosion war groß, aber auf offener See kreuzten die U-Boote und waren eine noch weit größere Gefahr für die Schiffe. Die Soldaten kannten sich aus und sprachen offen darüber. Solange es nicht knallte, schien sie weder das eine noch das andere zu stören.

Karl schleppte sich zwischen seinem Platz in der Verladeluke und dem Deck hin. Er konnte niemand den Mund in zufälliger oder notwendiger Kaubewegung rühren sehen, ohne dass es ihm schlecht wurde. Er floh darum von einem Platz zum andern. Wenn er vielleicht gesagt hätte: ich habe Hunger, oder: hast du was für mich, sie hätten ihn bestimmt nicht fortgeschickt. Aber er sprach es zu niemandem aus. Manchmal dachte er sogar, dass ihm ganz recht geschehe, weil er das Brot aufgegessen habe, das seiner Mutter Anteil gewesen war. Und dann dachte er an den Arzt, dem er versprochen hatte, auf das Essen zu achten. Und dann wieder tanzten sie alle zusammen um ihn herum, der Feldwebel mit den Bernsteinaugen, der Arzt, der Student, seine Mutter, der Brandstätter, das junge Mädchen aus der Apotheke und sogar der Matrose, der sie in die Siedlung geschickt hatte, und Karl hatte Mühe, aufrecht stehen zu bleiben bei diesem Tanz.

»Hilfst du mir?«

Eine Frau stand vor ihm, sie trug eine Armbinde über dem Mantel.

»Es gibt jetzt mittags eine Suppe. Ich brauche jemand, der mir den Kessel tragen hilft. Einen starken Mann. Die meisten sind ja verwundet.«

Suppe! Hatte die Frau wirklich »Suppe« gesagt? Er fragte sie. Sie nickte und sah nicht aus, als ob sie nur spaßen würde. Es war also noch lange hin mit dem Verhungern! Karl lachte in sich hinein. Man musste noch viel geduldiger sein.

»Kommst du?«

Natürlich wollte er kommen. Und er würde schon aufpassen, dass aus dem Kessel nichts verschwappte und nichts übrig blieb. Vielleicht durfte er für die Hilfe zweimal essen. Er ging gleich mit der Frau mit, obwohl es noch eine Weile bis zur Verteilung dauerte.

Sie schleppten den ersten kleinen Kessel gleich in die Verladeluke, in der auch sein Platz war. Jeder bekam etwas, wenn auch nicht mehr als eine kleine Kelle voll Wassersuppe in Becher, Kochgeschirrdeckel oder Konservendosen. Wer aber kein Geschirr mehr bei sich hatte – aber zumindest die Soldaten hatten alle etwas bei sich, sie wussten ja, was außer Zigaretten das Unentbehrlichste war, unentbehrlicher als Gewehr und Munition oder gar Papiere – wer keine Konservendose hatte, der wartete darauf, bis sein Nachbar die seine ausgeschlürft und ausgeleckt hatte, um sie dann seinerseits zu benutzen. Alle waren hungrig, aber es gab kein Gedränge und kein Übervorteilen.

»Und was für einen Pudding gibt's heute?«

Das sollte ein Scherz sein. Und die meisten gröhlten denn auch dazu, als hätten sie nie einen besseren Witz gehört.

Sie holten den zweiten Kessel und stiegen mit ihm vorsichtig in eine der unteren Verladeluken ein. Gott, welche Dunkelheit hier! Es dauerte lange, bis Karl sich so weit daran gewöhnt hatte, dass er wenigstens ein paar schemenhafte Körper unterscheiden konnte, die unmittelbar vor ihm standen. Zögernd folgte er notgedrungen der Frau, die ihn mitsamt dem Kessel tiefer in den Raum hineinzog. Soweit er erkennen konnte, waren hier nur Flüchtlinge. Nur schwerfällig reagierten sie auf den Zuruf, dass es Suppe gäbe. Und dann müssen sie erst in ihren Taschen und Beuteln kramen, ob sie irgendwo einen Becher oder einen Topf haben. Sie sind keine Soldaten und haben an so etwas nie gedacht, nicht einmal die alten Hausfrauen. Sie haben ihr Fluchtgepäck voller Wollsachen und Fotografien und manchmal sogar noch Bestecke aus reinem Silber und eine abgeküsste Kinderpuppe, aber einen primitiven Becher für eine nackte Wassersuppe haben sie nicht.

Und dann zerreißt eine schreiende Frauenstimme den verschwommenen Zustand. Sie kommt aus einer Ecke her. »Karl!« schreit sie, immer nur »Karl«. Die sich überschlagende Stimme nimmt Schattenfigur an, die sich nur nach der Kesselgruppe richtet und über die am Boden Kauernden hinwegstolpert, bis sie Karl an sich reißt.

»Junge, Junge! Junge, mein Junge!«

»Muttchen!«

Sie klammern sich aneinander, weinen einer in des anderen Kleider hinein und spüren es nicht einmal vor lauter Glückseligkeit.

»Jungchen, mein Jungchen!«

»Mutter, Mutter, Mutter.«

Irgendjemand schubst sie zärtlich derb in die Ecke zurück, wo sie lange Zeit haben, alle ungeweinten Tränen nachzuholen, alle Zärtlichkeit, alles Flüstern und alles heiße Schweigen.

»Karl, mein Karl.«

Und viel später noch sagt sie: »Hast du Hunger?«

So sind die Mütter! Es gibt so viel anderes, aber sie fragen: Hast du Hunger. Und es ist richtig, dass sie es tun.

Hunger? Nein. Karl schüttelt den Kopf. Er hatte wirklich keinen Hunger mehr. Flüchtig fällt ihm die Frau mit dem Kessel voller Wassersuppe wieder ein. Sie ist nicht mehr in dem Raum, wahrscheinlich hat sie eine andere Hilfe gefunden. Niemand schlürft auch mehr aus seinem Becher oder seiner Konservendose, es ist lange vorbei, sie beide haben nur nichts davon gemerkt. Sie haben keine Suppe bekommen und nichts vermisst.

Aber die Mutter schiebt ihm eine Stulle in die Hand. Eine Wurststulle mit jener würzigen festen Wurst, die sie immer so sparsam dünn wie ein Fibelblatt zu schneiden versteht. Karl muss erst daran riechen, muss den Duft tief in sich hineinsaugen, ehe er in die Köstlichkeit beißt. Und die Tränen sind schon wieder da.

Später muss die Mutter mit Karl zu seinem Platz. Sie soll sehen, wie gut er es verstanden hat, mit allem fertig zu werden. Noch haben sie über die vergangenen Tage nicht gesprochen, mit keiner inneren Andeutung und mit keinem äußeren Zeichen. Sie haben einfach da wieder angeknüpft, wo sie sich verloren haben. Später, gewiss viel später, werden sie die Kluft zwischen dem Haff und dem Schiff nach und nach ausfüllen.

»Setz dich nur, hier ist es viel schöner als unten im Dunkeln.«

»Hier hast du das Schießen bestimmt besser gehört.«

»Bah, es ging ja immer vorbei!«

»Auf was liegst du denn?«

»Auf einer Schwimmweste. Hast du keine?«

»Nein.«

»Hier haben sie auch nicht alle eine, aber ich war zuerst da und habe mir gleich eine nehmen können.«

»Glaubst du, dass wir sie brauchen?«

»Bestimmt nicht. Wo denkst du hin. Aber man liegt fein weich.«

So reden sie. Nebensächliches und Gegenwärtiges, und denken ganz was anderes, denken, dass sie sich endlich, endlich wiederhaben und dass die Zeit sie verändert hat.

Gegen Abend steht Karl noch einmal allein an der Reeling. Der Wind, der von Westen her kommt, ist scharf und frisch. Es wird alles gut werden, denkt Karl. Vielleicht – vielleicht ist auch der Vater bald wieder bei ihnen. Der Wind fährt ihm in die Augen, dass sie feucht werden.

Vielleicht – denkt er – vielleicht hilft es, wenn ich etwas opfere, was ich sehr gern habe, wenn ich etwas mit dem Wind in das weite Wasser werfe, was ich von zu Hause gerettet habe.

Mit heißen Händen umklammert er seine bunt geflammten Glaskugeln und kämpft einen einsamen Kampf mit sich selber. Und wenn es nun doch nichts nützt? Wenn er sie nun verliert und doch nichts damit gewinnt? Aber dann hat er wenigstens alles getan, was er glaubte tun zu können, um den Vater zurückzuerhalten, wirklich alles, auch eben dieses letzte große Opfer noch, das er sich vom Herzen reißt.

Da hebt er seine Hand und lässt ein gläsernes Glück nach dem anderen wie schwere Tropfen langsam ins Wasser fallen. Diese bunte Kinderzeit ist für ihn vorbei. Was jetzt kommt, ist etwas Neues und braucht mehr als wohl behütetes buntes Glaswerk.

Karl steht an der Reeling des großen Kohlenfrachters, der seinen Kurs zu irgendeinem Hafen sucht, wo man noch Flüchtlinge aufnehmen wird, der Wind peitscht die Gischtspritzer hoch, dass das Gesicht nass wird. Karl aber wird seinem Vater schwören, dass er nicht geweint hat, als er seine Glaskugeln für ihn ins Wasser warf.

Letzter Sommer
in Ostpreußen

Wir sind gegangen ...
Die Ströme haben deswegen ihren Lauf
Nicht unterbrochen –
Auch die Ufer sind geblieben ... dort.
Mit den Blumen und den Blättern der Bäume
Spielt noch immer der Wind ...
Nur in meinem alten Kahn
Schaukelt sich jetzt
Ein anderes, ein fremdes –
Und ich wünschte
Auch wie einst –
Ein fröhliches Kind.

An meine Leser

ein paar Worte zu diesem Buch

Oft, sehr oft bin ich gefragt worden, wie es denn möglich sei, so viel, so ausgiebig und genau über eine Landschaft zu schreiben, in die man nicht hineingeboren wurde, in der man nicht aufwuchs. Wie kann man über Land und Menschen so viel erzählen, wenn man nur eine relativ kurze Zeitspanne (kaum drei Jahre) dort zu Hause war und mit ihnen gelebt hat? Es ist das dort erlebte Glück, es ist das einst durchlittene Leid, was mich immer wieder zu Feder und Papier greifen lässt, es ist der Wunsch, meine Erinnerungen mit denen zu teilen, die das Land genauso geliebt haben wie ich.

Der ostpreußische Dichter Fritz Kudnig hat auf eine ähnliche Frage eine auch für mich sehr zutreffende Antwort gewusst: Wir werden vom Schicksal immer gerade dahin gestellt, wo wir etwas unserem Wesen Entsprechendes zu erfüllen haben.

Und der große ostpreußische Schriftsteller Ernst Wiechert sagt in »Jahre und Zeiten« von sich selbst:

»… jedes reiche Leben ruht wohl zuletzt nicht auf der Fülle der Erlebnisse, sondern auf der Inbrunst, mit der man sich ihnen geöffnet hat, sodass sie tief auf den Grund des Herzens fallen können, wo sie dann unverlierbar ruhen … ruhen wie die Steine, die in einen Brunnen gefallen sind …« Auch ich habe solch einen Brunnen. Wir alle haben ihn. Und wenn so ein »Stein der Erinnerung« aufleuchtet, wenn er strahlend sichtbar wird, dann ist es wohl das Schönste für jeden von uns: sich an seinem Glanz zu freuen, zu erwärmen.

Grete Fischer

171

Letzter Sommer

Begonnen hatte es wie immer – so, wie all die Jahre zuvor. Mit aufbrechenden Knospen hatten Birken und Weiden an die Fensterscheiben gepocht, zaghaft erst – wie Kinder, die zu lange ausgeblieben und nun nicht sicher waren, ob es Strafe geben würde oder ob man froh war, dass sie nun endlich da waren.

Dann plötzlich, über Nacht, hatte der Wind einen grasgrünen Teppich über die Deiche und Dämme geweht; dem Sommer war es vorbehalten, sein Blumenmuster hineinzustreuen – und den Frauen und Mägden, ihre Wäsche darauf zu bleichen. Früh, wenn der Nebel noch über dem Fluss dampfte, rumpelten ihre Karren mit den schweren Körben dem Bleichplatz zu. In gemäßem Abstand watschelten die Gänsefamilien hinterdrein, sie hielten großes Geschnatter über ihre gerade ausgeschlüpfte Brut, die natürlich auch schon mit von der Partie war.

Mamache saß im Gärtchen vor dem Haus, neben sich ein dickes Knäuel ungebleichter Schafwolle. Nicht schwer zu erraten, was sie gerade strickte – Strümpfe, Pulswärmer!

»Aber Mamache, jetzt mitten im Sommer?«

Sie hatte viele Söhne zu bestricken, man sah es nicht nur an den klappernden Nadeln in ihren gichtigen Händen. Ab und an ruhten die gefaltet im Schoß, wie eben jetzt, oder sie blätterten behutsam in einem schon arg zerlesenen Brief. Man hätte den Krieg verleugnen können – die Welt rundherum war des Blühens voll –, wenn nicht die Briefe in den Händen der Alten gewesen wären. Sie las diese wohl, der immer schlechter werdenden Augen wegen, mehrmals am Tag.

Der alte Skroblies nebenan ging, sein Pfeifchen schmauchend, an stillen Abenden zwischen seinen Bienenkörben umher. »Gutes Jahr, Mamache, ich denk, wir werden massig Honig haben.«

»Na ja, is man gut so.«

Sie liebten das Plachandern über den Gartenzaun hinweg.

Von Atmath drüben konnte man oft das Rollen von Kutschen, das ungeduldige Trappeln der Pferde herannahen hören. Man nutzte die Sommertage, genoss diese warmen, friedvollen Stunden, ließ sich zerzausen vom Wind, der duftend und etwas salzig zugleich über das sommerliche Land wehte.

Die alte Fähre brachte Gespanne und lachende Menschen über den Fluss nach Elchwinkel, Stunde um Stunde. Dann ging es weiter nach Skirwieth, die Pferde liefen im fröhlichen Trab. Die gefräßige Vogelschar wartete und kadreierte in den Baumkronen, ob da unten wohl noch etwas zu holen sei.

Man schaffte schwer in den Felder, doch verstand man es, wie nirgendwo sonst, auch Feste zu feiern. Dieser Sommer forderte dazu heraus mit seinem Glühen und Blühen. Es war wie ein Taumel in Lust. Bei Buttkereit oder Petruweit aßen die Gäste gefüllten Hecht, man trank selbst gebrauten Obstwein dazu, hin und wieder ein Gläschen Bärenfang. Es war des Lachens, Lebens und Lärmens kein Ende.

In den kleinen Katen duftete aus großen, irdenen Schüsseln manch köstliche Buttermilchsuppe, und man brach dunkles, schweres Brot dazu, grad so aus dem alten Backofen. An Sonntagen zumal traf sich Groß und Klein, und es gab nicht selten Sauerampfer mit Klunkern. Zum guten Schluss, ehe die Teller gefüllt, schöpfte die Hausfrau süßen Schmant darüberhin.

In den Gärten wurden Himbeeren gepflückt, und roter Rips

hing in schweren Trauben an riesigen Büschen. Schnitter auf den Feldern winkten mit großen rotweißen Schnupftüchern, ehe sie sich den Schweiß von der Stirn wischten. Man trug die Kornblumen in dicken Sträußen heimwärts auf den Tisch mit altem, handgewebtem Leinen darauf. Es sollte noch – später am Nachmittag – Beestwaffeln geben.

Die alte Liese hatte gekalbt, auch ein Grund zum Feiern, und ein Tutche Kaffee fand man noch immer in irgendeinem Eckchen. Auf der Memel schwammen kleine Ruder- und Paddelboote vergnüglich dahin. Dort, wo der Fluss sich teilt, glitten sie in den kleineren Flussbetten unter tief hängenden Weiden hinweg, weiter bis an das Haff. Dort, bei den Fischern, gab's dann frische gebratene oder geräucherte Aale und Makrelen. Erdmute holte danach aus dem Brunnen die gekühlte Milch und schöpfte die Becher voll, dass es schäumte. Vor der Kate sitzend winkten sie dann dem Kahn, der langsam durch das Haff von Nidden herüberkam, einen herzlichen »Guten Abend« zu. Und der Glanz eines Sommertages verglühte langsam in den Gesichtern der Heimkehrenden. Zwei junge Leute hatten Räder dabei. Die waren schon von größerer Fahrt gekommen, von Memel vielleicht über Sandkrug, Schwarzort, Perwelk, Preil, Nidden – immer auf der alten Poststraße entlang dem Meer.

Auf Wiedersehen im nächsten Jahr! und sie winkten mit Taschentüchern. Von Heydekrug ging es dann weiter mit dem D-Zug zurück »ins Reich«.

Sie werden den Sommer nie vergessen, diese Ferientage am Meer, diese Stunden, wenn die Fischerkähne über das Haff heimwärts zogen. Sie wussten es schon, als der Zug sich in Bewegung setzte, viel zu schnell das Land, die blumigen Wiesen, Ährenfelder und Birkenwäldchen durchfuhr.

Die Sonne brannte heiß in diesem letzten Sommer, glühte in den Herzen der Menschen, als müsse sie eine Flamme darinnen entzünden, ein Feuer entfachen, daran sie sich wohl erwärmen konnten – später, in eisig kalten Winternächten.

Wo Milch und Honig fließen

Nein, es war nicht immer eitel Honigschlecken, das Leben einer Fürsorgerin im Osten, weit hinten an den Ufern des Memelstromes. Fürsorge – oh, sie nahm es wörtlich, dieses – Für-andere-Sorgen! Niemand machte es ihr leicht. Zumal in den ersten Monaten war es oft ein schwieriges Unterfangen, den misstrauischen Leuten in den kleinen Dörfern der Niederung von sozialer Fürsorge zu sprechen – oder gar, sie an ihnen zu erfüllen! Sie hegten so mancherlei Zweifel gegen »solch junges Ding« aus dem Altreich. Und sagten es auch.

»Wo denkst mir hin, Schwesterchen, jeh, jeh, wir haben all immer so gelebt, was willst wissen? De Kinderchens sind glatt wie de Appelchens, na – und was mein Maanche is, unser Papache, dem hab ich man bloß erst neulich soon biestiges Jeschwür mit 'nem Pams von Roggenmehl und Honig aufgebracht. Nei, nei, Marjellchen, hier gibt's nix zu bekieken.« Das war gelinde, sie konnten ihr Missfallen auch deftiger ausdrücken, die Leutchen weit draußen zwischen Sand und Moor.

Die Schwester mochte sie trotzdem alle gern, ob borstig oder zugänglich. Sie gab nicht auf, radelte von Kate zu Kate, bemühte sich eifrig, mit ihnen zu plachandern, wie sie es gewohnt waren. Es gab bannig zu tun.

Dabei waren die Wege zu ihren kleinen Höfen oft eine Tagesreise, eine wirkliche Strapaze, durch Regen und Sturm, knietiefen Schnee oder glühenden Sand. Gerade denen, deren windschiefe Katen so weit verstreut lagen, fehlte oftmals das Nötigste fürs Kind oder für einen Kranken. Ein Arzt!

»Aber wo werd ich denn, er wird sich all wieder erkuwern.« Damit hatte es sich dann.

Es war so ein richtig glimsriger Hochsommertag, als die derart Geplagte schweißtriefend ihr Stahlross durch den heißen Sand schob, einer strohbedeckten Kate zu, froh, bald da zu sein. Neulich, als sie vorbeischauen wollte, war das Jungchen gerade geboren worden, und die dicke, betagte Griebschmutter hatte sich im Stübchen derart ausgebreitet, dass für noch mehr Fürsorge unmöglich Platz war. Die Alte füllte mit ihrer Behäbigkeit und kräftigen Stimme das Häuschen ganz und bedeutete der Schwester, in zwei Wochen wiederzukommen.

Da war sie nun. Die junge Mutter werkelte hinter dem Haus auf dem Feld. Bei der Gluthitze. Ein ebenso junger Vater kam aus dem Haus.

»Scheren Se sich man bloß vom Hof ... oder ich mach dem Hund los ... was wollnse eijentlich? Das Jungche da, unser Schiepelchen, – ich hab's jemacht, dasses bloß wissen, und ich werd ihm auch großbringen, dem Hanske. Ohne ihrem janzen Krätsch, dem Neumodschen. Und nu aber raus – sag ich – raus.« Und er wies auf den Hund. »Übrigens, ich bin Sanitäter und hab grad mal Urlaub«, das schrie er der zu Tode erschrockenen Schwester noch nach.

Sitst, sitst, doa häst! – Das war deutlich und der Rückmarsch von drei Stunden noch beschwerlicher, denn nun taten nicht nur die Füße weh ... und was dauernd über die hochroten Wangen in den weiß gestärkten Kragen rann, waren nicht bloß Schweißtropfen.

Damit war es allerdings nicht getan, denn ... zwei Wochen später verlangte man dringend nach der Schwester, nu aber »aufem Plutz«. Um ein ganz starkes Geschütz in Stellung zu bringen gegen den Sanitäter aus Leidenschaft, fuhr auf der

Schwester Bitte der Doktor mit. Schade, der Sanitäter war schon wieder abgereist – aber leider erst, nachdem er Schaden genug angerichtet hatte.

Eine alte Holzwiege, mit zwei Stricken unter der schwarz verräucherten Decke befestigt, barg unser Jungchen. Das stöhnte, fieberte und hatte offensichtlich heftige Schmerzen; außerdem lief aus seinem kleinen Mund bei jeder schaukelnden Bewegung, die das strickende Ohmchen mit andauerndem Stoßen verursachte, etwas geronnene Flüssigkeit, die der Arzt dann als Magenblut konstatierte. Die Mutter wischte mit einem nicht ganz sauberen »Kodderche« abwechselnd dem Kind über die Lippen und sich über die schweißfeuchte Stirn. Ein verzweifelter Blick zum Doktor, den nächsten zur Schwester, die sich anschickte, den Kleinen auszuwindeln. Die Sonne, die heiß und grell über dem Land hing und trotzdem den dumpfen Raum der Kate nur mäßig erhellte, brachte es an den Tag – und des Doktors strenges Verhör dazu: der dreimalgescheite Sanitäter und Vater hatte dem Neugeborenen schiere Kuhmilch verordnet – statt des natürlichen Quells – und da hinein Honig anstelle von Zucker gegeben. Das hatte das Maß voll und Jungchen krank gemacht. Dabei konnte das weiße Leinen der jungen Mutter Bluse die also missachtete Nahrungsquelle kaum halten, es riss überall in den Nähten.

Der Doktor schwang drohend seinen Rezeptblock, die junge Mutter schaute ganz belämmert drein, er befahl ihr strengen Tones, die Bluse aufzuknöpfen und der Schwester, das Kind an die Stelle zu bringen, wohin es gehört. Als gleich darauf ein behagliches Schmatzen im Raum hörbar wurde, Ohmchen nickte und die Mutter ein schüchternes Lächeln wagte, da war die Behandlung beendet. Die Schwester rückte zufrieden ihre Haube gerade. Es hatte sich doch wieder einmal gelohnt.

Schlaraffenland

Es ging auf Martini zu. Man erkannte es am Laub der Birken, das sich golden färbte, an den Spinnenschleiern, die der Altweibersommer zur Zierde über die Puschinen gewebt hatte. Die Deiche leuchteten weithin. Grün und saftig. Stattliche Hühnervölker stolzierten mit fröhlichem Gegacker, lange Reihen dickbäuchiger Gänse watschelten gefräßig am Memelufer entlang. Ein blauer, wolkenloser Himmel spiegelte sich im Wasser des Stromes. Stand man auf der Luisenbrücke, spürte man schon den rauen Herbstwind und bekam das Schubbern.

Doch der Anblick schneeweißen, gut gemästeten Federviehes machte einem das Blut warm. Sehnsüchtige Blicke! Die Geschmacksnerven vibrierten. Dort über dem Strom … lag das Schlaraffenland! So wahr!

Zwar liefen dort keine gebratenen Gänse – das Tranchierbesteck im Rücken – zum Greifen auf dem Markt herum, keine gebackenen Tauben flogen in geöffnete Mäuler und die Straßen waren nicht mit Brot gepflastert, wie auch die Ziegel auf den Dächern nicht aus Kuchen geformt waren. Und doch und doch! In Übermemel konnten die Schlemmer sich ein lukullisches Stelldichein geben. Der Duft von Gebratenem und Gesottenem wehte mit einer starken Brise über die Memel nach Tilsit und ein Ahnen von süßem Schmant und nestfrischen Eiern lag in der Luft.

Und all die Herrlichkeiten für ein paar Dittchen man bloß. Aber … aber …!

Man schreibt das Jahr 1938. Hier, das heißt in Tilsit, werfen schon große Ereignisse ihre Schatten voraus – in Form eines Rationalisierungssystem, während drüben, im noch immer litauisch verwalteten Memelgebiet, ein Überfluss landwirtschaftlicher Erzeugnisse auf seine Konsumenten wartet.

Und der kleine Grenzverkehr macht's möglich! Über die Luisenbrücke geht eine junge stämmige Frau. Die Zollkontrolle diesseits der Memel hat sie passiert. Nun schreitet sie zügig und resolut dem verlockenden Ziel entgegen. Markttasche und Netz schwenkt sie vergnügt. Noch vergnügter und etwas verschmitzt lacht sie in sich hinein, fühlt mit der linken Hand die Körperseite ab, dort – wo bei den Männern die Brieftasche steckt; ein paar Kleiderlagen tiefer, hinter Spitzen und den Blicken der Zöllner wohl verborgen, ruhen warm und weich, wie in einem Nest, ein paar harte Dreireichsmarkstücke.

Schneller geht sie, als sei man ihr auf den Fersen. Überlegt, was sie drüben erstehen will, wie sie es verbergen und durch die Zollkontrolle schmuggeln wird. Für 3 Reichsmark darf sie offiziell einkaufen und nach Tilsit zurückbringen. Doch zuerst wird sie ins Gasthaus gehen, Gänsebraten will sie essen, Glumskuchen danach, mit einem Berg Sahne drauf. Ihr läuft das Wasser schon unter der Zunge zusammen. Und sie rechnet: Butter 1 Lit und 50 Cent, mehr wird's nicht bringen. Na, und die Eier? 10–15 Cent das Stück wird's sein.

Trautstes Leben – das wird ein Fest! Und sie hüpft drei vergnügte Polkaschritte … luchtern wie eine junge forsche Marjell. Sie greift sich schnell ans Herz, wo ihr Geheimnis ruht wie in einem Safe.

Also nochmal – 3 Reichsmark pro Person pro Tag, und 1 Mark ist gleich 1 Lit 50 Cent. Für Speck, Eier, Butter und – na, mal sehn. Gänsegeschnatter scheucht sie aus ihren Gedanken hoch, sie kneift die Augen zusammen. Martinigänse – was 'ne Pracht!

Wieder fühlt sie, ob an ihrem »Geheimtresor« der Verschluss auch hält.

Bald hat sie den Marktplatz von Übermemel erreicht. Die Tore zum Schlaraffenland haben sich in Form von Wirtshaustüren vor ihren begehrlichen Augen aufgetan. Wer da wohl stören wollte!

Rosig rund und prall steht die Sonne über Tilsit, ein bisschen müde schon, bereit – ins Wolkenbett zu sinken. Ähnlich anzusehen, die Füße schwer und staubig, von wohligem Müdesein leicht schwankend, so betritt eine junge Frau an diesem Abend die Zollkontrolle in Tilsit. Tasche und Einkaufsnetz prall gefüllt. Der Zollbeamte blickt auf, stutzt und denkt: wie kann man bloß solche hochschwangere Frau so schwer tragen lassen. Wohlmeinend spricht er sie an: »Na, Frauchen, dann wolln wir's man kurz machen.« Die so Angesprochene nickt bloß und lächelt etwas gequält: »Hm … bin aasig verschwitzt von dem janzen Trubel.«

»Das sollen Sie wohl, zumal in ihrem Zustand, is doch än Weilchen zu laufen bis drüben.« Komisch, denkt er, dieses Gesicht hast heut all gesehn, dass das Mensch guter Hoffnung ist, hast nie nich bemerkt, oller Dammelskopp. Und noch einmal freundlich nickend blickt er der jungen Frau ins Gesicht. Das verändert sich plötzlich wie ein Sommerhimmel bei Gewitter. Gott verdammich, denkt er, sie wird doch wohl nich …! Schon umfasst die Frau mit beiden Händen ihren »gesegneten Umstand« und wehklagt zum Steinerweichen … ogoll, ogoll … was – was fiere Not … die sonst rosigen prallen Wangen sehen aus wie zwei Klumpen drei Tag alter Glumse. Über die Lippen kommt nur noch ein Wimmern, leise, verzweifelt.

Andere Leute im Raum werden aufmerksam. Einige bemühen sich um die Bedauernswerte. Die jedoch wehrt den hilfreichen Händen, versucht ins Freie zu gelangen … doch, zu spät, du rettest den Freund nicht mehr. Des Beamten Augen sind schreckweit geöffnet, eine Frau schreit … es kommt, es kommt … ein Kind weint, doch es ist nicht das zu erwartende. Ein Tumult wie in einem Gänsestall, wenn der Fuchs einbricht. Noch ein Schrei. Ein Plumps. Und da liegt die »Sturzgeburt«: schneeweiß, mit schlankem Hals, sonst wohl genährt und gut im Futter. Wieder ein Wimmern … auf 12 Lit hatte ich das Vieh runtergehandelt, und nu is der Gänsebraten für Martini zum Teufel … tiefe Stille. Dann dröhnendes Gelächter.

Der Zollbeamte wischt sich die Schweißperlen von der geröteten Stirn. Doch es gelingt ihm nicht mehr, eine strenge, gesetzlich vorgeschriebene Beamtenmiene aufzusetzen. Das verhindern die Lachfalten, die sich über sein ganzes Gesicht ausgebreitet haben. Er kann auch nur noch laut und befreit losprusten. Dann sagt er: »Schiet ob dem janzen Grenzverkehr«, und legt der jungen Frau das ›Neugeborene‹ in die ausgestreckten Arme.

Ende gut – alles gut.

Haus Rauten

Georgenswalde 1944. Klein, rosenumrankt – Haus Rauten. Lange, jahrelang gab es in dieser Eremitage keine anderen Laute als harmonisch tönende, die in leiser Müdigkeit sich ausschwingen, wie Abendglocken es tun. Sie gehörten zu dem Leben der weißhaarigen Hausherrin. Hier in dem Haus am Meer ruhte sie aus von einem Leben voller Arbeit, von einer mit Glück und Leid gesegneten Zeit, als Hausfrau eines großen Gutes irgendwo in Ostpreußen. Verwitwet nun, müde geworden all der Pflichten, lebte sie in einer friedvollen Gegenwart mit dem Reichtum ihrer Erinnerungen.

Der Krieg schien noch weit von hier – wo weiße Rosen ins Fenster hineinblühten und ihren Duft verströmten über Empire-Möbel, die sich reizvoll und behaglich zu einem zierlichen Bild gruppierten. Wie ein Hauch flog der Duft, haftete spürbar an einem Holzrahmen, bespannt mit einer Stoffarbeit aus Petit-Point-Stickerei … und in der Halle glitt er leicht über die weißen und schwarzen Tasten eines Flügels. Klänge eines Menuetts mussten wie von selbst erklingen.

Hier, wo alles in Rosenduft eingehüllt und zu Traum und Märchen wurde, wo der Wellenschlag vom nahen Meer noch Ruhe und sogar Frieden verhieß, hier war jeder Klang leise, war die Zeit behutsam und still. Uhren, welche sie anzeigten, tickten noch nicht im Rhythmus einer Höllenmaschine, wie an allen anderen Orten in der Welt, ständig bereit, noch größere Katastrophen oder alles vernichtende Feuerstürme auszulösen: präzise, mit schlagender Genauigkeit und ungeheurer Wucht.

Es war nicht die Zeit für Träume und Märchen. Und doch

184

hätten es die, welche eines Tages im Haus Rauten unfreiwillige Gäste wurden, so sehr gewünscht … träumen, nichts anderes tun, als zu träumen und leise Lieder zu singen, wenn eine Melodie zaghaft sich aus den Tasten des Flügels hob … oder kleine Sachen zu nähen, Hemdchen und Windeln vielleicht … Oder dann und wann im Sonnenschein einen kurzen Weg zu gehen zwischen Haselnuss- und Brombeerbüschen – die Früchte hingen schwer und reif – und am geöffneten Fenster sitzend diesen eigenartigen, nie vordem gespürten Duft zu atmen, wenn Rosen sammetweiß sich entfalten unter einem Wind, der herbsalzig vom nahen Meer darüberhin haucht. Nichts mehr wollten diese Frauen, die sich hier zusammengefunden hatten, nichts. Nur diese Stille und den Frieden spüren, auf dass Ruhe käme in das Flattern verängstigter Herzen, darunter Leben reifte, wie die Frucht der Haselnuss, wie die blaue, glänzende Brombeere, wie eine zarte, weiße Rose.

Zehn Mütter, die in schicksalsharter Zeit ihre Kinder gebaren, die wiederum zehn eigene Schicksale erfahren würden. So wie Wellen, die einen Steinwurf weit vom Haus an die Felsen schäumten, zurück ins Element fluteten und daraus wieder in neuen Wellen stolz und weißschaumig gekrönt auf die Küste zuliefen. So warteten die Frauen hier im stillen Haus am felsigen Strand der Samlandküste, die ein helles Licht ihnen entgegentrug, das von leuchtend weißen Rosen kam und tröstete. Denn sie waren allein, schutzlos, auf der Flucht. Sie kamen von den Grenzen des Ostens, kamen aus dem Memelland, von dort her, wo Krieg tobte.

Da waren welche, die hatten noch kein Leid erfahren müssen, die waren jung und voller Hoffnung. Da waren andere, die trugen schwer an dem Wissen um die verlorene Heimat. Es waren da auch Frauen, die hatten sich aufgemacht mit ihrer großen Kinderschar und nichts mitnehmen können von zu Haus. Und doch war ihnen nur wirklich bang um das noch ungeborene Kind; sie waren nur allzu bereit, etwas ihnen noch Unbekanntes zu retten.

Haus Rauten – kleine Insel in tosender Brandung vernichtender Kriegswogen. – Wer kannte sie, die hierher flüchteten, wer wusste ihre Namen? Ihre Not schrie zum Himmel, doch der war feuerrot vom Brand des Krieges und verwischte mit einer einzigen Lohe die Namen von Frauen, die doch schließlich nichts anderes taten, als was Frauen tun, solange die Erde ist, was sie tun werden, solange die Erde sein wird: Schicksale, immer wieder Schicksale aus dem dunklen, warmen Blutstrom ihres Lebens zu stoßen. Ohne Frage danach, ob es ein gutes, ob es ein verdammtes sein werde. Und wenngleich die Angst um den Mann, um Kinder und Heimat ihre Haare zu weißer Asche werden ließ unter der Kuppel eines brandroten Himmels; Frauen entziehen sich niemals, auch nicht um den Preis eigenen Lebens, ihrer uralten Bestimmung. Sie wagen es wieder und wieder, allem zum Trotz.

Wie diese Mütter, die der Krieg im Herbst 1944 in einem rosenumrankten Haus zusammengeführt hatte – für kurze Zeit. Für eine notwendige Zeit, die sie brauchten, um zu gebären. Nicht mehr … kaum, dass sie den Zauber wahrnehmen konnten, der noch über dem Land schwebte, betäubend und zum Träumen süß.

Der Sturm aus dem Osten zerstörte diese friedvolle Idylle für alle Zeit. Niemand weiß die Namen der Mütter. Auch die hat der Krieg verweht und mit samtweißen Rosenblättern in den Wind gestreut.

Wenn der Storch sein Nest baut ...!

Ich wollte eine Geschichte erzählen, ja – sie soll lustig, komisch und zum Lachen sein. Wo nich – lachen ist gesund!

Vleicht tut's diese hier, ich habe sie selbst erlebt. Und wenn ich heute dran denke, schuddert's mich noch ... und lachen muss ich auch. Sie gehört zu den Vertellekens, die ich so weilerweis aus meinem unerschöpflichen Pacheidel hervorkrame, aus diesem Pungel, der bis zum Bersten voll ist von diesen »Weißt-du-noch«-Geschichten, von den Erinnerungen an eine längst vergangene Zeit, an ein unvergessenes Land.

Also gut, genug der Vorworte, pass man kiek, Lieberchen, und nicht so rachullerich, ich fang foorts an:

Mit dem Tag genau, dem 25. März – dem Storchentag – gab's überall im Memelland Kleinmittag. Wenn ihr wisst, was ich meine! Na gut, auch wenn die Störche aus Afrika noch nicht wieder zurück waren, Kleinmittag gab es doch, so wahr! Auch beim Bauer Klimkus. Herta, Eheliebste des jüngsten Sohnes, desjenigen, der den Hof nach Vaters Tod mit Mutter und Frau bewirtschaftete, kam – so schnell sie vermochte – den Birkenweg entlanggegangen. Den Weg zwischen dem Feld mit dicht aufgegangener Wintersaat und dem Acker, der gedüngt und gepflügt darauf wartete, dass man Kartoffeln in seine frisch gezogenen Furchen setzte. Sie schritt schwerfüßig auf das kleine Haus zu. Die Schwiegermutter, Herta schon erwartend, passte gut auf, dass die jungen Eheleute nicht unnötig die Kleinmittagspause hinauszögerten mit ihren albernen Neckereien und dem zärtlichen Herumtändeln. Biestige Altsche.

Ungewöhnlich warm war es heute. Und doch erst Ende

April! Herta hatte man kaum die Stubentür geöffnet, da gnadderte die alte Klimkus gleich los: »Hast dich all wieder lang genug verweilt, hast ihm wohl erst so richtig betutteln müssen, deinem Hans'che, was ... oder hast ihm vleicht noch gefüttert, siehт dir ähnlich ...« Der Rest dieser Litanei war nur noch ein Gnusseln. Herta dachte: die Altsche barbelt und barbelt wieder wegen nuscht un gar nuscht, sie sagte: »Was kann ich dafir, Mamache, mir iebelte so, musst mich erst e Weilche hinhocken.«

»Na und, hast dich erkuwert?«

»Ei – wo wärd ich nich.«

Die alte Klimkus schielte zu ihrer Schwiegertochter hin und war eben dabei, eine deftige Scheibe frischen Brotes – hausgebacken, versteht sich – mit der »Selbstgebutterten« zu bestreichen, als unter dem hin und her gleitenden Messer das Wasser nur so aus den gelbsahnigen Butterklümpchen spritzte. Sie hielt in der Bewegung inne, und gleich zogen über ihr breitknochiges, hohlwangiges Altfrauengesicht missmutige Falten. Runzeln und Falten; das lief kreuz und quer, nur der Mund zog jetzt einen scharfen Strich.

»Hast all wieder de Butter nich orndlich geknetet, wirst es wohl nie nich begreifen, hm ... rumlusern, das kannst ...« Das Ende dieses unfreundlichen Geblubbers verschluckte die Altsche jedoch gerade noch rechtzeitig, und der beinahe zahnlose Mund bequemte sich zu einem breiten Grinsen. Denn ihr gegenüber gab's nun auch viel Wasser, das allerdings nicht aus schlecht gekneteter Butter, sondern von leicht geröteten Augenlidern ihrer Schwiegertochter troff. Unaufhörlich kollerten dicke Tropfen über blasse, teigig aufgeschwemmte Wangen und plumpsten wie gezielt auf rote und gelbe Rosen, welche großblütig auf blauem Leinen ihres Kittelkleides sich entfalteten und diese Nässe aufsogen. Begierig und schnell.

Das blühte und blühte prächtig auf blauem Grund, das fiel und fiel tautröpfig aus ebenso blauen Himmeln. Erbarmzich …!

»Was greinst all wieder, Marjell? Wird dir keiner auch nur en Haarchen krümmen, mechst woll dem janzen Tag bloß rumweimern … de Augen wirst dir noch aussem Koppche heulen … und e rote Tuntel kriegst auch davon, hm …« Herta schüttelte sich wie ein geprügelter Hund, ballte die Fäuste, ging zum Angriff über: »Nix wärd ich, gar nuscht, nach Heydekrug wärd ich gehen, foorts zum Doktor Böttcher, so wahr, gleich auffer Stell geh ich los, dann krieg ich noch dem Mittagszug in Jugnaten, da komm ich grad zurecht in de Sprechstund, dasdes nur weißt!« Die Herta, von ihrem Mann zärtlich ›das Hertelche‹ genannt, hatte für diese überaus tapfere Antwort all ihr bisschen Mut zusammenholen müssen aus den verzweifelten Winkeln ihres unförmigen Körpers; sie war im neunten Monat schwanger, ungestalt und aufgedunsen. Ihr Gesicht sah jetzt wahrhaftig schlimm aus … mit den vielen, vielen geweinten Tränen darin. Verschmiert und verschwitzt. Und so Mitleid erregend erschöpft.

Aber ihre beiden Hände strichen zärtlich, überaus liebevoll, über voll erblühte Rosen auf blauem Stoff, der straff ihren Leib umspannte, darunter der Grund ihres Doktorbesuches so heftig strampelte und wonnige Schmerzstöße durch den sonst so schmalen Körper jagte. Dieser biestige kleine Lorbas, der auch schuld daran war, dass aus der Butter beim Streichen neuerdings das viele Wasser quutschte. Nein – Frau Herta hatte einfach nicht mehr die Kraft in den Armen, die lag schwer und klobig eingebettet unter blühenden Rosen. Und nun noch zu allem Überfluss die Räsoniererei von der Schwiegermutter!

Trautstes Leben, die legte schon wieder los: »Was wirst da

wollen, beim Doktor, he …?« Verächtlich glitt der alten Klimkus Blick von der bastgelben und glatt gekämmten Haarfül-
le, die – zum straffen Knoten gewunden – dem Gesicht noch
mehr das Aussehen eines gut aufgegangenen Hefekloßes gab,
hin über starke blaue Adern, die vom Hals zu den prallen
Brüsten liefen, untrügliche Zeichen bald nötiger, sicher auch
gut florierender Milchwirtschaft (nähren wird se's hoffentlich können, oder …?) – weiter glitten die immer noch scharfen Augen über den hoch gewölbten Leib, wägend und
abschätzend, als prüften sie Pfunde, betrachteten die aufge-
quollenen Beine mit den glasigen Ödemen auf dem Spann
der sonst so schmalen Füße ihres Sohnes Frau Hertelche.

Bewahre – freundlich waren die Gedanken der Alten
nicht: … das hat er nun davon, der Hans, dasser solch Hub-
berinske geheirat' hat, der dammlige Bowke, der dammlige …
nich emal de Butter kann se richtig kneten … un das Kin-
derkriegen jagd ihr man grad sonen Schreck ein wie den kleinen Kinderchens der Buszebau … Doktor gehen … is was
fiere Stadtfrauens, aufem Land kriegen se ihre Schiepelchens
all von selbst – … da is de Hebeleitsche meist all zu viel …
oder de Schwester, de weilerweis un viel zu often auch de Nas
in die Tier un in de Toppches steckt … wo's sowieso eng genug
is ieberall aufem Land, in de kleinen Katen … und – hatte sie
selbst nicht zehn Kinderchens geboren, alle von der eijenen
Mutter geholt … die vier, die danach am Leben geblieben
sind, waren das nich stramme Jungs geworden? Aber nei …
dem Hans sein Hertelche, diese Jammerblase, muss erst dem
Doktor befrage joahne, dreidammlige Marjell … un foorts
greine tat se, allde vergangne Tagchens lang, grad so, als wär
se de einzche von all den Fraunsleuten, de einzche zwischen
Jugnaten, Tarwieden, Blausden und Maszellen, die e Kind zur
Welt bringen müsst … So brusselte die Alte vor sich hin,

bewegte im unaufhaltsamen Selbstgespräch den böse verkniffenen Mund … – doch kein Wort wurde – so ein bis zwei Weilchen lang – laut zwischen den beiden Frauen. Die Junge erriet gewiss der Alten Gedanken, denn nicht einmal die brunnengekühlte, erfrischende Dickmilch wollte ihr munden, und sie aß doch sonst so gern ein Schälchen davon zu Kleinmittag. Doch die grantige alte Klimkus ließ nicht locker: »Hast's dem Hans gesagt, das mittem Doktor?«

Nein, die Altsche war booßig, weder »Herta« noch gar »Hertelche« brachte sie vor lauter Ärger über die welken, krausen Lippen, nur durch die letzten beiden stockig gelben Zähne im Oberkiefer blies sie ihren Unmut mit hellem Pfeifen. Doch die Junge dachte: was musse sich nu all wieder so aufplustern …, und sie stellte sich ihr auf ihre Weise:

»Freilich hab ich das, wo wärd ich so Wichtiges nich zuerst mit meinem Hans'che besprechen.« »Hans'che besprechen …«, echote die Alte, stieß mit dem Messer heftig in den dicken Butterklumpen. Oh ja, Lieberchen, ich sag dir, sie war grantig, die alte Klimkus, sehr – sehr, doch – was willst, 's Hertelchen wurde nun auch so richtig obsternotsch und kareesig in aller Not: »Jawohl, mit meinem Maanche, dasses weißt, un der sacht auch, is all recht, wenn ich wärd dem Doktor fragen gehn, zu wissen, wie's denn so is mit mir, wo ich doch von Kopf bis Fuß jeschwollen bin … un so glumsig wie en alter Käsekuchen, nei … nei, da wirst auch du mir nie nich reinreden wollen, weißt …«

Und nun die Alte:

»Na, von mir aus, peerds doch los, will da nu nichts mehr mit zu tun haben …« – Und – wie zu sich selbst: »… is all so: will dat Kiekel klöker sönd wie dat Hehn …!«

Die Alte gnadderte und gnusselte immer noch vor sich hin und machte glupsche Augen; der jungen Frau blühten jetzt auch rote Rosen auf beiden Wangen und weiter unten am Halsausschnitt desgleichen, dort, wo die Brüste heftig geschüttelt wurden vom schnellen Atmen und eifrigen Sprechen. Seltsam, ein bisschen tat ihr die Schwiegermutter jetzt doch Leid. Wo nich … !

Während Herta sich das verheulte und verschwitzte Gesicht wusch, ihr Haar kämmte, ein Stück Mohnstrießel und die Stadtschuhe in ein buntes Kopftuch legte und sorgfältig zuknotete, versuchte sie, die knurrige Alte zu besänftigen: »Is ja man bloß wegen all dem Wasser in meinem Körper, Mamache, doch nich wegen dem Schiepelchen; wenn's das nur wär, da wüsst ich dassde mich nich in Stich lassen tät's …, aber – der Hans meint doch auch …«

»Is all gut …«, die alte Klimkus machte eine wegwerfende Handbewegung und fauchte wie eine Katze, der man ein Junges wegnehmen will aus dem Schutz ihres wärmenden Felles. Hertelchen nickte: »Ich geh denn los.«

»Geh man …«, brusselte die Alte hinter ihr her, »geh doch, hast mich all die Zeit nich jebraucht, nu kannst dich bewissen, bocksche Marjell, hm …«, dann schnäuzte sie kräftig in den Zipfel ihres Flanellunterrockes. Danach schnitt sie nun endlich das Brot, mit der schlechtgekneteten Butter drauf, in kleine Häppchen, schüttete Milch in ihren großen, dreimal gesprungenen und henkellosen Kaffeetopp und genoss nach diesem Palaver schließlich doch ihr wohlverdientes Kleinmittag.

Währenddessen waren die roten und gelben Rosen schon hinter der Mühle in Richtung Dorfmitte verschwunden, blühten dem Bahnhof entgegen. Sie leuchteten wie vollrunde Sonnen und Monde auf blauem, stillem Himmel.

Doch das Hertelche wankte dahin wie eine gut gehaferte Gans, die schon weiß, dass man ihr an die Gurgel will.

»Oh liebes, gutstes Gottchen, lass man bloß alles gut gehen«, seufzte die werdende Mutter und wischte sich mit dem Ärmel den Schweiß von der Stirn. Die Rosen auf ihrem Umstandskittel wurden immer grellfarbener, so die Sonne am Horizont. Und schon nach einem Weg von knapp zwanzig Minuten wippten ganze Rosenbüsche vor Hertas brennenden Augenlidern, in den Schläfen pochte es schmerzhaft, alles glühte und blühte rot und gelb, bis da nur noch Kreise, Feuerringe, brennende Rosenblüten vor ihrem Gesicht in flirrender Hitze tanzten. Schweiß brach aus ihr wie aus einem Sieb und triefte in perlenden kleinen Bächen an ihrem Körper runter.

Nun wurde das Hertelche wirklich booßig: Oh verdammich, diese krätsche Butter ... hörte der Weg denn nie mehr auf ... un diese biestige Altsche ... hätt se nich so lang palavert, da wär man all längst in Heydekrug, säße gemütlich in Doktor Böttchers feinem, kühlen Wartezimmer ... da müsst se nich in der Mittagsglut de staubige Straß langpesen ... un jetzt auch noch de Wolken, de hintere Puschienchens aufzogen, wenn se man bloß noch vorm Regen an die Bahn kam ... ogolle, ogollegoll ... ... – noch ein Seufzer.

Nie in den letzten Wochen war ihr die Last so schwer geworden. Oh Lieberchen ... wär bloß das Hans'che bei ihr. Und sie schob mit einem noch tieferen Seufzer den Grund ihres Unbehagens erst mal auf den wetterwendischen April ... und eine feuchte Haarsträhne in ihren schweren Dutt zurück. Sie musste weiter. Wolken, von Okslinden herübergezogen, standen bald geradezu drohend über ihr. Soon richtiges Gepladder hätt ihr noch grad gefehlt. Weiter – und im Kopf dröhnte jeder Schritt wider. Was fiere Not ... Schmerzen zogen hin und her; das stach im Rücken, das kniff im Leib ... und verging wieder sacht. Doch bald kam der Schmerz zurück und war jedes Mal um ein bisschen heftiger. Hertelchen biss sich auf die Lippen und krallte die heißen, feuchten Hände um ihren Pacheidel. Verdammich – wäre sie doch schon in der Frühe gefahren, wie es der Hans gewollt, aber dann hätte Mamache noch doller herumräsoniert; gab auch rein zu viel Arbeit auf so einem Bauernhof.

Nun hatte sie es nicht mehr weit bis zur Bahnstation, der Weg war abzusehen. Hier und dort grüßten Leute aus dem Dorf, blieben auch stehen, nickten ihr aufmunternd zu, und mancher dachte wohl: Na, die is doch auch all nah dran, oder! »Oh je, Frauchen, nu sputen Sie sich man, gibt gleich was Nasses«, die Wirtsfrau, aus dem Krug dem Bahnhof gegenüber, wies mit ausgestreckter Rechter auf den sich ständig dunkler färbenden Himmel und trieb mit der linken Hand Ihr Hühnervolk zusammen. In das hungrige Gegacker des durcheinander blusternden Federviehs hinein meldete leises Geläut den herannahenden Zug. Die Wirtin wandte sich ab von ihren Hühnern und heftete ihre Augen auf Hertelchens unförmige Gestalt: »Se wollen doch wohl nicht mittem Zug, Herta?«, und ihre Blicke schweiften über das verquollene Gesicht, den schmerzverzerrten Mund, hinunter zu den glumsigen Füßen.

»Und ob ich will. Ich muss zum Doktor, Frau Girnuweit, wegen all dem krätigen Wasser in de Glieder.«

»Werden Sie das denn noch schaffen?«

»Ei, wo wärd ich nich, macht mischt, soon bisschen Regen … nei, ich muss …«

»Is eijentlich nich wegen dem … weiß nich, Se sehn mir rein so sonderbar aus … so um de Nas rum … un überhaupt …«

»Nei, nei, das kommt man bloß von dem dammligen Wetter, kann's nich verknusen … un dasses mich ieberall zwickt, is sicher vom schnell Gehen«, setzte sie wie entschuldigend hinzu. Doch Frau Girnuweit schüttelte den Kopf: »Na, ich weiß nich, weiß nich …«, doch dann musste sie sich eilen, das Vieh und die Gäste wollten versorgt sein, die Kinderchens lamentierten auch rum und wollten nich Mittagstund schlafen. So hetzte sie über die Straße hin zum Krug.

Weißt, Lieberchen, Wirtsfrauen haben nich Zeit zum Plachandern, können nie nich verweilen, wie se grad mechten.

So sah die Frau Girnuweit auch nicht mehr, dass die junge Frau plötzlich Angstaugen bekam wie ein gejagtes Kaninchen. Mit beiden Händen griff diese stöhnend in die roten und gelben Rosen, da war ein Schmerz, als hätte ein Dorn gestochen, da war eine Ahnung, die aus der Tiefe ihres Leibes heraufdämmerte … und sie zittern machte … das drängte in ihr … Erbarmung … wohin denn nu … wird all vergehn … is noch viel zu früh … ogoll … ogolle … trautstes Leben, nur das nich … so schwirrten die Gedanken in ihrem heißen Koppche herum. Frau Herta erreichte mühsam noch den Bretterverschlag, dahinter das gewisse Örtchen verborgen war. Vom Geruch wurde ihr jedoch viel übler als zuvor. Hier konnte sie doch unmöglich bleiben! Wohin? Ja – wohin … zur Frau Girnuweit vielleicht? Erbarmzich … erbarmzich!

Die gute Seele stand derweil ahnungsvoll hinter dem Zapfhahn und hatte immerzu das Gesicht der Herta Klimkus vor Augen. Angstvoll und verschwitzt rückte es wieder und wieder zwischen die Gesichter der zechenden Männer, die vor dem Tresen großes Kadaksch hielten.

Lieberchen, Lieberchen, was fiere Not … Und nun auch noch – wie nich gescheit – das wüste Gepladder, das aus regenschweren Wolken nur so herniederströmte. Das Hertelche …! Ach was, Geschäft hin – Geschäft her, lass das Mannsvolk warten und die Kinder schreien, bin foorts wieder da … und mit wehender Fladruhsz, um Kopf und Schulter zum Schutz geschlungen, rannte sie über die Straße, fast in den alten Trinkies hinein:

»Sag, Johann, is das Hertelche, die junge Klimkus, mit dem Zug gefahren?«

»Nei, hab ihr nich jesehn, wollte se denn?«

»Hast ihr nich jesehn, bist sicher, Maanche?«

»Aber – i wo wärd ich nich, hätt ihr doch müssen ne Kart verkaufen, meinst nich auch, Frauchen!« Und der olle Trinkies lachte. Doch dann wurd ihm richtig Angst, als er in das verbiesterte Gesicht der sonst so kuraschierten Frau Girnuweit blickte.

»Is was, Madamche, ganz schäddrig siehst aus.«

»Hast ihr nich jesehn …«

»Wenn ich doch sag, hätt sich e Billett bei mir holen müssen.«

»Na ebend … Deiwel ok … se muss doch … se wird doch nich … o du trautstes Gottchen …« Wie ein Wirbelwind stob die Frau Girnuweit davon und – weil sie wusste, was für ein Gefühl man so hat kurz vor der Niederkunft – auch gleich an den richtigen Ort.

Na ja, Lieberchen, was soll ich dir sagen, nei – da gab es nichts mehr zu bereden, nichts zu überlegen; nun musste Notwendiges ohne viele Worte rasch getan werden. Aufem Plutz – ich sag dir. Der Einzige, dem dieses Malheur so wahr nicht die Sprache verschlug, war der kleine Klimkus. Der tat unbekümmert, trotz der Ungewöhnlichkeit seiner Geburt, den ersten, kräftigen Schrei. Und dann erst sagte Frau Girnuweit: »O goll, was fiere Not!« Leise, beschwichtigend und beruhigend sprach sie dann zum Hertelche: »Verhalt dich bloß ganz still, Marjell, hab nich Angst, bin flux wieder bei dir.« Weg

war sie. Was dann geschah, passierte in Windeseile: eine aus-
gehängte Tür, ein weißes Laken darüber gebreitet, zwei Männer her zum Tragen, noch ein weiteres Tuch zum Bedecken …
und ab zum Kaburr im Laufschritt. Dem Michel rief sie zu:
»Und du, Maanche – los, pees, was de kannst, hol de alte
Hebeleitsche, se muss kommen, aufem Plutz, ich sach dir
bloß, schnell … schnell …«

Ja, ein knappes Stündchen später sah die Welt all wieder
ganz anders aus. Der Regen hatte aufgehört, keine Wolken
am Himmel, die Sonne blickte lachend und neugierig in das
einzige Gästezimmer des Dorfkrugs, ihre Strahlen hüpften
durch die ganze Stube und tanzten übermütig auf den weichen Kissen des alten und geräumigen Bettes. Darinnen ein-
gekuschelt lag die junge Mutter. Das Hertelche weinte nicht
mehr, weil doch der Hans auf dem Bettrand saß und beide
Hände seiner Frau in seinen großen Bauernfäusten behutsam hielt. Alles war gut. Die Griebschmutter, also die Frau
Hebeleit, kochte unten in Frau Girnuweits Küche ein stär-
kendes Süppchen für die frisch gebackene Wöchnerin.

Nachem Doktor fragst, Lieberchen … aber nei, dem haben
se doch gar nich jebraucht … Und der kleine Klimkus, dieses vorwitzige Schiepelche? Der lag in Girnuweit'schen
Hemdchen und Windeln wohl verpackt und warm in der bunt
bemalten Wiege und dort gewiss besser als in dem unge-
mütlichen Eckchen unterm Holzverschlag. Der schlief seinen ersten, wohlverdienten Schlaf in dieser Welt, die ihn so
ungastlich empfangen hatte.

Omamache Klimkus sah ihm dabei zu und achtete auf jeden
seiner Atemzüge. Lange … lange. Sie grinste breit und wohl-
gefällig. Dann nickte sie und sprach zum Klimkus junior:
»Was hab ich jesacht – bist doch en richtiger Klimkus … hast
nich jewollt, dasse mit dir nachem Doktor wird rennen …

das bocksche Hertelche, was deine Mutter is … du-chen, du-chen, die hätt auf mich hören sollen … wärst dann innem großen molligen Bett aufe Welt gekommen … sach ja, Doktor jehn, neumodschen Kram … se wär besser zu Haus jeblieben … na, nu lass man, du-chen … is all gut … bist mein feines Kerlchen … bist soon richtiger Lorbas …«, und sie kniff ganz sacht und überaus zärtlich in seine prallen, kleinen Wangen, die rosigen … und sie kicherte so richtig schäddrich vor sich hin …, aber auch glücklich. Und durch ihre beiden letzten Zähne pfiff es: »Un will dat Kiekel klöker sönd wie dat Hehn!«

Neben dem Bett der jungen Frau lag etwas zusammengeknüllt, das sah aus wie ein Strauß verblühter Rosen.

Und ich sag dir noch eins, Lieberchen, ich sag dir, im Krug von Jugnaten, unten in der Schankstube, da ging das Dramdojken los … stundenlang … da ließen sie den jungen Klimkus und seine Mutter hochleben.

Lange, lange …!

Jetzt wirst sagen, is nich alle Welt, diese Geschichte, aber – sie ist wahr und passt so richtig auf die Memelländer. So waren sie. So lebten sie … und so werden sie und das weite Land mir in Erinnerung bleiben. Und nu jeh, Lieberchen, is jenug plachandert.

Lukas, der Fährmann am Strom

Wenn das Wasser steigt, grau schäumend und reißend über die Ufer des Stromes quillt und weithin die Deiche und das Land überflutet, wenn das Eis stromabwärts treibt, dem Meere zu, und wenn Himmel und Erde in trauriger Starrheit düsterer Tage verweilen, dann schweigt für den alten Fährmann Lukas die Welt. Trübsinnig, einsam in seiner kleinen, strohbedeckten Kate, hockt er auf der Ofenbank und brütet vor sich hin.

Lukas, bucklig und graubärtig, der verwittert und langzottelig wie ein Waldschratt einherstolpert – scheinbar ungeachtet, ist ohne Frage vom Frühjahr bis zum eintretenden Frost ein wichtiger Mann hier am Strom. Jeder kennt ihn und alle mögen ihn gut leiden. Niemand kann ohne ihn an das andere Ufer – und da sind viele, die hinüberwollen. Sie brauchen ihn zu jeder Tageszeit und auch nachts, wenn des Mondes Sichel im Spiegelbild des Wassers wie eine Schlange gelb leuchtend durch die schwarze Flut züngelt.

Er kennt sie fast alle, die hinüber- und herüberwollen, hat sie aufwachsen sehen hier im Stromland, kennt ihre Wege und eines jeden Schicksal. Am Ton ihrer Stimmen, wenn ein Wind das »Hol über« ans andere Ufer trägt, oder am Klang des Eisens, das sie anschlagen, ihn zu rufen, errät er, ob sie einen fröhlichen Weg vor sich wissen, oder ob Not und Elend sie auf die andere Seite des Flusses treiben. Mit seinem verschmitzten Lächeln gelingt es ihm, Betrübte zu ermuntern, mit Ernst und Tadel in der Stimme die Übermütigen zu ermahnen; wissenden Blickes – er hat nicht viele Worte – weiß er den Verzweifelten Mut zu machen und den Traurigen, die wohl zu eines Sterbenden letzter Stunde eilen, wird aus seinen gütigen Augen Trost und Hoffnung zuteil. Wer winddurchschüttelt über den Strom gebracht wird, der findet bei ihm einen wärmenden Schluck, selbst gebraut, scharf und belebend. Die Kinder wissen, wo der Fährmann den süßen, braunen Kandis verwahrt hält, und mit den Alten stopft er sich gemeinsam ein Pfeifchen.

Fremde müssen ihren Namen nennen. Stets fragt er nach dem Woher und Wohin. Keinen lässt er aus und niemand verwehrt ihm die Antwort; so, als sei er der Torhüter zu einem Paradies, das zu betreten nur denen gestattet wird, die er nach Ansehen der Person für wert genug hält.

Dem Arzt bedeutet er, ob der Weg zu einem Kranken wirklich die Eile erforderlich macht, zu welcher der Doktor ihn antreibt, und dieser hat schon oft genug verblüfft feststellen müssen, wie vertraut doch dem Lukas Leben und Tod sind.

Sein alter grauer Rock, der verwaschen und sonnengebleicht über dem buckligen Rücken hängt, die harten schwieligen Hände, seine Arme, vom lebenslangen Hantieren mit dem Ruderholz übermäßig gestreckt, die ihm affenartig von den Schultern herabhängen, der grau und wüst behaarte Schädel, das bärtige, wetterharte Gesicht und die großen Füße, die in alten Gummistiefeln sicher im Boot stehen, und die auf dem Festland sich nur tollpatschig fortbewegen, dieses ganze Mannsbild erscheint dem, der es zuerst sieht, wie ein Kinderschreck und ist doch der Fährmann Lukas, den auch die Kleinsten schon bei seinem Namen rufen, dem jeder vertraut.

Ja, seine hellen blauen Augen sind es, die jeden ansprechen, der zu ihm kommt, deren Pupillen wie das Wasser des Stromes die Farbe wechseln nach Stimmung des Wetters, bei Einfall von Sonne, Schatten und Dunkelheit.

Nur Polizei und Zöllner erfahren selten einmal das freundliche Leuchten seiner Augen, sein verschmitztes Lächeln. Er begegnet ihnen mit nötiger Achtung. Fragen jedoch beantwortet er nie. Und sie wissen auch, was sie von Lukas zu halten haben, erinnern sich nur ungern jener Zeit, da der Alte listig, mit verachtender Harmlosigkeit sie hinters Licht und bei einer Schmugglerjagd auf die falsche Fährte geführt hat. Das Anschlagen des Eisens in bestimmter Manier, der lang gezogene, klagende Ruf eines »Nachtvogels« hatten manche heiße Fracht gesichert und den Zöllnern einen bösen Streich gespielt. Lukas hat's nicht vergessen.

Den Winter mag er nicht, wenn das Eis seinen Strom erstarren lässt, wenn niemand nach ihm ruft und der Schlag des Eisens seine Nachtruhe nicht stört.

Aber wenn er den Lenz nur wittert, regen sich seine Lebensgeister schon wieder, und mit dem ersten Grün auf den Deichen und Dämmen schießt ihm die Kraft in die stolprigen Beine und ein fröhliches Glucksen aus der Kehle.

Er horcht in den Wind, ob das erste »Hol über« endlich erschallt, horcht auf des schlagenden Eisens hellen Klang, der ihm wie Glockengeläut ins Ohr dringt. Und es findet ihn bereit. Jahr um Jahr, Tag und Nacht, bei jedem Wetter.

Wenn junge Birken wie Mädchenleiber sich zart und knospend entfalten, wenn das Wasser seines Stromes übermütig gluckst und sprudelt, wenn Störche mit klapperndem Schlagen erneut ins Land fliegen und die Reiher, am Ufer verborgen, sich zum Nestbau anschicken, wenn Lieder und Lachen über den Strom wie helle Jauchzer schwingen, dann schweigt für Lukas die Welt nicht mehr. Dann ist seine Zeit!

Fährmann Lukas, der alles weiß von seinem Strom und den Menschen, die hier am Wasser und in der Niederung wohnen, den jeder kennt, von dem jedoch niemand auch nur mehr erfahren hat als seinen Namen, nicht einmal, wie alt er wirklich ist. Wenn man ihn anschaut, meint man wohl, er und sein Boot mögen so alt schon sein wie der Strom.

Ob er noch heute dort am Ufer steht? Ich weiß, es ist unwahrscheinlich. Und doch – jedes Jahr frage ich es aufs Neue, dann – wenn vor dem Haus in meinem Garten winzige Schneeglöckchen und lila Krokus ihre zart schimmernden Knospen öffnen und der Himmel weit wird über uns.

Ob er dort immer noch wartet, den grauen, schweren Schädel etwas zur Seite geneigt, den buckligen Rücken vorgebeugt, um es besser hören zu können, unser Rufen, das laut und ungeduldig über das Ufer schallt?

»Fährmann ... hol über! Hol über!«

Ein Tag im Hochsommer

Urlaub beendet. Sommer perdu. Das Staubgrau des Alltags legt sich langsam wieder über die Sonnenbräune. Bilder und Dias verschwinden fürs Erste in den Alben und Schubladen.

Doch irgendwann werden sie wieder hervorgeholt und betrachtet; die ganze Familie hat ihren Spaß daran. Es gibt so viel zu erzählen. Freunde werden zusammengetrommelt, für einen Abend in vergnügter Runde teilzuhaben an den genossenen Freuden vergangener Sommertage. Alles Erlebte wird bunt und vielgestaltig an die Leinwand projiziert. Man schwelgt in Erinnerungen, tauscht Erfahrungen aus. Alle haben zu berichten, zu erzählen und auch die in Bildern eingefangenen Erlebnisse – farbig oder schwarzweiß – herumzureichen.

Die Zeit vergeht. Die Bilder bleiben greifbar: Die stillen Waldwege. Gratige Höhen. Lichte Gestade südlicher Landschaften. Windverwehte Dünen nördlicher Küsten.

Ja – eine Schublade voller Bilder kann trösten, beglücken und in Träume versetzen.

Und bei all diesem Herumkramen, dem Sortieren und Wieder-und-wieder-Begucken packt mich zuweilen eine schmerzhafte Unruhe. Eine Birke mag es sein, eine Düne vielleicht, weites Meer mit glitzernden Schaumkronen, irgendein Motiv zwingt mich plötzlich auf eine Spur, und etwas in mir geht auf die Suche. Dann wird es heller, lichter. Das Namenlose ergreift mich fester, hurtig und verheißend drängt es voller Ungeduld, öffnet eine hell leuchtende weiße Tür, auf die eine Sonne goldne Kringel malt; sacht, vom Wind bewegt, öffnet sie sich ganz, und zuerst kann ich immer nicht weitergehen, so blendend, so herrlich bunt, von verwirrender Vielzahl sind die lockenden Bilder. Niemals werde ich müde, sie zu betrachten. Selbst wenn ich die Augen schließe, vergehen sie nicht …

Der breite Strom, in dem sich blau ein Sommerhimmel spiegelt. Zu beiden Seiten das grüne Band des Deiches. Ein weißes Paddelboot, das Ruth und mich aus dem breit fließenden Wasser in das schmalere Flussbett des weidenbehangenen Pokallnaflusses hinübertreibt. Nur noch eine kurze Fahrt. Ein paar kräftige Paddelschläge lang. Wir legen an. Nun brauchen wir nur noch die Hand auszustrecken, die herabhängenden Weiden zurückzubiegen und vor uns liegt unseres Tages Ziel:

Stattliches Bauernhaus, freundlich, mit frisch gestrichenen Fensterrahmen und in der Sonne blinkenden Scheiben; der Hof mit Geräten und die Wagen unter der Remise, links die Stallungen mit reichem Viehbestand und die Scheunen, bereit, große Mengen geernteten Korns in sich aufzunehmen. Der Gemüsegarten, den die Frauen sorgfältig und nutzbringend angelegt, Blumenbeete mit Reseden und Goldlack; die Rosenranke am Haus, bunt blühende Dahlienbüsche vorn am Zaun, die vom emsigen Bienenvolk umschwärmt sind. Es ist die große Zeit der Ernte. Hohe Zeit des Jahres.

Birkenstämme leuchten durch das Blattwerk ungezählter Beerensträucher. Sie weisen dem Besucher, der nicht wie wir den Fluss, sondern mit dem Kutschwagen vielleicht die Straße von Ruß entlanggefahren kommt, den Weg ins Gehöft. Wir befestigen unser Boot am Anlegesteg neben dem dunklen, alten Kahn, der so warm nach Pech und Teer riecht, der auch zum Hof gehört, und wir erreichen schnell den Weg, der durch die Wiese und ein reifes Ährenfeld auf den Hof führt.

Wir rufen laut, winken der Tante schon von weitem zu, und wir wissen: gebeten oder ungeladen, stets sind wir gern gesehene Gäste.

Die Tante, früh verwitwet, bewirtschaftet den Hof mit ihren fünf Kindern und zwei französischen Kriegsgefangenen. Eine stille Frau mit einem lieben Gesicht, gütigem Blick und leisem Lächeln in den Mundwinkeln, die auch von Leid erzählen. Ein reicher Tisch steht gastfrei für jeden bereit, der den Fuß über ihres Hauses Schwelle setzt.

Und doch – es sind nicht die Bilder prächtiger Tafelrunden, nicht die des Tages, wenn es so Ende April oder Anfang Mai die erste Sauerampfersuppe gab – oder Beestwaffeln; die Tante versäumte nie, uns dazu einzuladen, nicht die der Geburtstage mit vielen fröhlichen Menschen oder Fotos, die Gerdas Hochzeit zeigen, den Tag, der deutlich geprägt war vom traditionsreichen Bauerntum stolzer Memelländer des Stromlandes; nein, es sind auch nicht die Bilder der Bootsfahrten auf der kleinen Pokallna bis ans Haff oder die des Tages, da das große Schlachten begann, wenn in Riesenmulden die Wurst von den Frauen gemengt und gewürzt wurde, ich dabei helfen durfte und mir in der Nacht darauf immer so schlecht war von all dem Abschmecken, dass ich vermeinte, es lägen all die schweren Wurstmulden auf meinem gemarterten Leib.

Ich weiß es sicher, diese Bilder – so herrlich bunt sie mir auch erscheinen – sind nicht die, welche ich am liebsten ansehe, wenn sich endlich die helle weiße Tür vor meinen Augen öffnet. Das Bild dieses Tages im Hochsommer ist es, vor dem ich immer wieder verweile, ohne müde zu werden, um mich an seinen glühenden Farben zu berauschen und auf verlorene Träume zu horchen.

Ich sehe uns in der großen Stube, die Tante reicht uns brunnenkalte Buttermilch und grobes Brot mit Butter darauf, Butter – so gelb wie die Sonnenblumen, die mit schweren Köpfen zum Fenster hereinnicken. Es ist Kleinmittag.

»Der Roggen muss rein«, sagt die Tante, »wer weiß, was morgen wird sein, die Sonne sticht wie nicht gescheit, ich spür den Wetterwechsel all in meinen gichtigen Knochen.«

»Das Feld ist groß, Mamachen, auch wenn der Jean von Buttgereit hilft, so fehlen doch zwei Frauen zum Garbenbinden.« Alfred nickt sorgenvoll.

»Aber wo werden de Marjellens fehlen! Sind wir etwa zu gar nuscht nutze?« Ruth wird richtig boßig. Sie ist empfindlich, weil sie doch das steife Bein hat.

»Na, und schließlich bin ich ja auch noch da.« Nun habe ich's ausgesprochen und blicke erwartungsvoll von einem zum andern. »Hm, ja, du bist ja auch noch da … aber gewiss doch, Goldchen!« Gottlob, es hat keiner gelacht, der Alfred hat nur zweifelnd unsere Kleider betrachtet; wir sind für eine Bootsfahrt angezogen. Kurze Hose und solch ein kleines Brusttuch aus dünnem, buntem Stoff, sonst nichts.

»Mach du dir man deswegen keine Sorgen, wir sind ja nicht aus Pappe.« Ruth ist schon Feuer und Flamme. Na, denn man los! Vier Schnitter und nochmal vier Marjellens zum Garbenbinden: Lisbeth, Gerda, Ruth und ich.

Tante Else hatte Recht, die Sonne sticht nur so auf die bloße Haut. Die Männer holen tüchtig aus, wir müssen flink sein, um ihnen nachzukommen. Das Feld, die goldne Weite aus trächtigen Halmen, dehnt sich vor unseren Augen wie eine wallende, heiße Düne; am Rain, der an die Weide grenzt, blühen Mohn und noch einige Kornblumen, Kornrade windet sich an manchen Halmen mit purpurroten Blüten, und Margeriten recken stolz ihre zarten Blütenköpfe. Wie wunderschön das alles ist, muss ich denken; schade, nun all diese Pracht mit ein paar Sensenstrichen zu vernichten … und morgen schon weht über die Stoppelfelder der Wind.

Doch sie dengeln schon wieder die Sensen, stellen sich auf zum nächsten Schnitt. Da bleibt keine Zeit für Müßiggang und unnütze Gedanken.

Und wir folgen gebeugt den Sensen, binden die Garben und sehen nicht auf.

Schweißfeucht klebt das Haar am Kopf, und der Speichel im Mund wird immer zäher und klebriger. Die Sonne sticht rein zu biestig, und dazu kommt noch das Stechen der Halme auf unserer nackten Haut. Die Männer haben sich bunte Taschentücher um die roten Stirnen gebunden.

Einmal bringt Tuta kalten Obstsaft und Butterbrote, wir verschnaufen ein Weilchen. Weiter … und wieder surren vier Sensen, schneiden die Halme, und vier Mädchen binden die Garben.

Irgendwann fällt auch der letzte Halm. Wir stiegen das Korn und sind wie verbissen in unserem Eifer, das Feld zu schaffen. Unsere Gesichter glühen dunkelrot, wie die Sonne, die jetzt hinter Skirwieth untergeht.

Dann ist es getan. Es ist Abend. Die Tante wartet am Gatter, als wir langsam, schweißnass und staubig auf den Hof kommen. Sie starrt entsetzt auf Ruth und mich:

»Ogoll, ogoll, was seid ihr man bloß fiere Dammelsköppe … liebstes, trautstes Leben … Goldchen, wie siehst man bloß aus … und Ruthche, erbarmzich … oh, ihr verflixten Marjellens!«

Wir sehen auch weiß Gott wie die Rothäute aus, die von einem Kriegspfad zur Friedenspfeife schreiten; zerkratzt, zerstochen und rot verbrannt die Arme und Beine und auch sonst alle unverhüllten Körperteile.

»Ich brenne am ganzen Körper.«

»Na – und ich erst ... einen Durst hab ich ... wie ein Wüstenwanderer!«

Die Zunge klebt mir am Gaumen und der dünne Stoff am Körper. Ich blicke Ruth an und sie zwinkert mir zu. Und ehe noch jemand etwas einwenden kann, sind wir schon ans nahe Ufer gelaufen, haben uns textilfrei gemacht – und ins kühlende Nass gestürzt.

Prustend und lachend tollen wir beide in dem nicht gerade glasklaren Wasser des kleinen Flusses herum wie übermütige Najaden unter schützenden Zweigen alter, verschwiegener Weiden.

Weiße Nebelschleier, die nun herniedersinken, verhüllen unser Nacktsein mit kühler Sorgfalt, die uns beinahe wie ein Vorwurf anmutet, und wie junge Hunde schütteln wir uns bald am Ufer. Eine gute Seele hat mit liebevoller Fürsorge Handtücher bereitgelegt und auch warme Pullover, die wir rasch überstreifen.

Ja – Tante Else betuttelt uns so richtig von allen Seiten.

Heißer Kaffee, knusprige Waffeln mit süßem Schmant, dunkles Brot und frisch geschleuderter Honig – wer kennt nicht den Duft? Der Tante liebes Lächeln, ihr weißes Haar, das Lachen und Schmatzen der Tafelrunde – alles das so heimelig, so warm und gemütlich. Froh wie selten sonst gehen wir spät in der Dunkelheit den Weg durch taufeuchtes Gras an das Ufer.

Beim Schein bernsteingelben Mondlichtes fahren wir nach Hause. Im Boot durch den Fluss. Wir sind still und auch müde, nur der leise, gleichmäßige Schlag unserer Paddel auf dem Wasser ist zu hören, der Kuckuck von fern und irgendwo eine Nachtigall. Hohe Zeit. Welch ein Tag, der uns so reich beschenkte.

Und nun weiß ich auch, was so treibt auf diesen Weg, der

mich weit führt, solche Bilder zu schauen. Nun bin ich ganz sicher, kein Namenloses ist es oder etwas, das ich nicht kenne. Jetzt vermag ich es beim Namen zu nennen. Es ist der Wunsch, der allmächtige Wunsch, einmal wieder dorthin zu gehen, wo mit uns das Glück zu Hause war.

Der Mäusespuk

Das Fünfte, das Jakobche, war damals, als diese Geschichte passierte, schon ein kleines Weilchen auf dieser Welt. Er hatte es recht bequem in der alten Holzwiege. Das war dieselbe, in der auch seine vier Geschwister sich durch die ersten Monate ihres jungen, aufregenden Lebens gestrampelt hatten; stets so lange, bis die alte, immer etwas quietschende Wiege ihrer wachsenden Robustheit nicht mehr standhalten konnte. Was sich solchermaßen bemerkbar machte, dass sie ihre kleinen Bewohner bei deren vergnügtem Schaukeln einfach aus der Molligkeit der Strohschütte und der Wärme leicht klütriger Federkissen warf. Aber noch hatte es beim Jakob keine Not und gab es keine Beulen zu vermelden; noch lag er winzig, schwarzhaarig und stillvergnügt in der alten Wiege.

Petrulla hatte keine Zeit, sich viel um ihn zu kümmern. Weiß Gott nicht! Er bekam seine Mahlzeiten pünktlich von ihr, aber sonst musste die Älteste – das Ruthche – sehen, wie sie mit ihm zurecht kam. Na, und das ging ja auch ganz gut.

So wäre der Kleine ungestört weitergewachsen, hätte sich groß und kräftig geschlafen und nichts ihn aus dieser – allerhand Zeit in Anspruch nehmenden – Beschäftigung aufgestört, wenn ... ja, wenn! Es begann so, dass allnächtlich etwas absolut Ungewohntes dem kleinen Haus und seinen Bewohnern widerfuhr: Jakobche schrie!

Das war – wer ihn gekannt, wird es beschwören können – wahrhaft ungewöhnlich. Ei, wann hätte je eins von Petrullas Kindern nachts geschrien? Wozu auch – sie waren satt und müde, wenn es Abend wurde und Mensch wie Tier des Schlafs einer stillen Nacht bedurften. Seht, Petrulla und auch die Kinder hatten ein hartes Tagewerk, da hütete sich sogar der Kater Florian, ohne jeden Grund zu mauzen; und die Enten im Kaburr schüttelten nur ganz behutsam ihre Federn auf und schnatterten so leise wie Kinder schmatzen, so im Traum – beim Daumenlutschen.

Ja, und diese Ruhe störte der Jakob nun beinahe jede Nacht.

»Ei, was hast mittem Jung jemacht – Marjell, was is mit ihm?« Ruthche weinte dann auch, sie war sich keiner Schuld bewusst und doch so müde von all der Plackerei mit dem dicken Kerlchen.

Waren schließlich alle Kinder wach, knörten und weimerten herum, dann nahm die Petrulla den Strampelmatz aus seiner Wiege. An ihren großen, warmen Leib geschmiegt, schlief das Kerlchen endlich ein. Aber es war Sommerzeit. Die Mutter war's leid, jede Nacht den Säugling im Bett zu haben.

»Janz meschugge bist am Morgen un schlecht zu Wege dem janzen Tach, wennde nich jeschlafen hast«, schimpfte sie, der sonst so schnell nichts zu viel wurde. Michel Taruttis, der Fischer aus Elchwinkel, der grad einen Hecht für die Sonntagsmahlzeit brachte, hatte die an sich recht Gemütvolle noch nie bei so schlechter Laune gesehen. Was ihm zu denken gab und ihn bewog, dem kleinen Jakob einen Blick rüberzuwerfen. Er stubste die Wiege an und der kleine Kerl lachte.

»Krätiger Lorbas, was wirst deine Mutter so ärgern alle Nächte lang, … ei, was bist fiere biestige Natur.« So schimpfte er zärtlich, der Kleine jauchzte, zeigte zwei winzige Zähne und keine Spur von Missbehagen oder gar Krankheit.

»Was er man bloß hat, alle Nächte so zu lamentieren?« Petrulla kitzelte ihn mit einer Haarsträhne, dass er laut jauchzte und mit seinem kleinen Podex hin und her wippte vor sichtbarem Vergnügen. So war's tagsüber – aber nachts!

Erst herrschte vollkommene Ruhe, nur hin und wieder knarrte eine Matratze, ein Mäuschen fiepste irgendwo, es huschte und raschelte, dann wieder Stille; mal ein rasches Husten aus dem braunen Bettgestell am alten Kachelofen, darin die älteren Jungen schliefen, mal schlug der Hund an, mal fauchte Florian, wenn etwas schattengleich durchs Zimmer huschte; aber – wegen eines Mäuschens ließ er sich noch lange nicht seiner Nachtruhe berauben.

Das aber schaffte jetzt allemal der kleine Jakob. Schließlich kam man zu dem Schluss und überein, den Grund seines nächtlichen Wehklagens auf die Zähne zu schieben, die einer nach dem anderen aus dem etwas geröteten Kiefer stießen.

»Jakob zahnt«, das erfuhr auch die Schwester in Ruß vom alten Taruttis so angelegentlich eines genüsslichen Kadaksch beim Netzeflicken.

»Na, dann werd ich mal dort draußen im Moor vorbeischauen.« Und das tat sie auch bald. Sie fand es bei der Petrulla wie gewohnt: Die Kinder gesund und schmuddelig, das Häuschen mäßig sauber und die Petrulla wie immer eifrig draußen bei der Arbeit. Sie ließ sie dabei, ging mit der Ruth ins Stübchen zum Jakob und sagte mit aufmunterndem Blick: »Siehst müd aus, Marjell.«

»Wenn das Jakobche auch forts schreit in der Nacht ... ist wegen seine Zähne ... sicherlich ..., meinst nich auch, Schwesterchen?« Die Kleine, grad man zwölf geworden, war so ernsthaft und verständig.

Die Schwester nahm den Säugling aus der Wiege, setzte ihn vor sich auf den Schoß, betrachtete den nächtlichen Störenfried von allen Seiten, oben, unten, hinten wie vorn, und konnte nichts Verdächtiges entdecken, weder schmerzendes Zahnfleisch noch einen wunden Po.

»Was mag ihm nur sein?« Ruthchens braune Augen hingen mit müden Blicken an der Schwester, jeden ihrer Handgriffe genau beobachtend, als läge in ihnen des Nachträtsels Lösung. »Na – was is nu?«

»Nichts is, rein gar nichts. Ich glaube, er will bloß geschaukelt und gewartet werden; hast ihn verwöhnt, Marjell!«

So saßen die drei noch ein Weilchen auf der Ofenbank beisammen. Jakob fühlte sich behaglich in den Armen der Schwester, die ihn zärtlich wiegten, und das besorgte Ruthche legte ihren blonden Krauskopf auf deren Schulter und schlang ihre schmuddeligen Hände um ihren Hals. Gedankenverloren summte die Schwester ein Liedchen, ließ sich getrost Haube und Kragen beschmutzen und ihren Blick durch den kleinen, im dämmrigen Halbdunkel liegenden Raum schweifen. Mucksmäuschenstill war's um sie her geworden.

An der Fensterscheibe flatterte leise und ängstlich ein verirrter Schmetterling, zwei Fliegen spielten »Hasch mich« mit friedlichem Gesumm und … aus der Ecke vom alten Spind huschte ein Mäuschen quer durch den Raum; es sah aus, als balanciere es auf einem schmalen Sonnenstreifen, der durchs Fenster gefallen war wie ein gelbes Band.

Die Schwester bekam runde Augen, denn die Reiseroute der kleinen Mäusemadame war gar zu seltsam, sodass die nun beinahe zur Salzsäule Erstarrte ihren Augen kaum zu trauen wagte: Frau Maus schlüpfte nämlich flink und zielsicher durch ein Astloch der Wiege und verschwand darin – wie durch eine Tür – ins Innere. Also dorthin, wo's Stroh stets warm und gemütlich ist. Die Schwester starrte noch immer, als hätte sie einen Spuk erlebt, auf das kleine Loch, doch da erschien Madame schon wieder, blinzelte mit Jettperlenaugen vergnügt und listig nach allen Seiten, drehte sich nochmal um, als wolle sie schnell den Daheimgebliebenen einen Gruß zurufen, und machte sich dann erneut auf den Weg. Es war der gleiche wie vordem.

Während nun Mäusemadame in der Ecke verweilte, vielleicht, um einige Vorräte zu besorgen, drückte die Schwester mit einem »sei mal ganz still« der erstaunten Ruth den beinahe schlafenden Jakob in die Arme und machte sich zu deren größter Verwunderung an der Wiege zu schaffen. Vorsichtig die Kissen raus, das Laken weg, noch vorsichtiger das Sacktuch auseinander gebreitet und nun behutsam eine Lage Stroh weg, die nächste und noch eine. – Ruth flüsterte aufgeregt: »Was machst, Schwesterchen, mittem Jakobchens Wiege, jeh, nu jeh man bloß …, was soll das?«

»Nun sei mal fünf Minuten still, Marjell« – und wieder hob die Schwester die nächste Lage Stroh aus dem Innern der Wiege, und dann … ja, dann schrie sie auf, aber so laut, dass dem Ruthchen der kleine, dicke Kerl vom Schoß rutschte und mit dem Koppche auf die Dielen knallte. Der schrie dann auch, aber lauter und anhaltender. Ruth sprang auf wie von der Tarantel gestochen, ließ den Kleinen schreien und strampeln, und dann schrie auch sie, doch es klang mehr wie ein ganz großes Lachen, in das nun die Schwester einstimmte.

Denn – man höre und staune – sorgsam versteckt im Stroh war ein Nest; jawohl – aber eins, für das ein Mäusestorch verantwortlich zu zeichnen hatte, und darin – gutstes, trautstes Gottchen – darinnen strampelten und quiekten fünf hässliche, nackte Mäusekinder.

»Iii gitte«, schrie Ruth und lachte und juchte, »los, Schwester, die müssen wir schnell ersäufen, ehe die Mutter kommt, die tut nämlich keiner Fliege was zuleide, der tun die kleinen Biester am End noch Leid.« Und flugs wurde das ganze Mäusewochenbett auf eine Kohlenschaufel geladen und ins Jenseits befördert. In den Mäusehimmel!

Ruth sah die Schwester erwartungsvoll an: »Was meinst?«

»Na, was soll ich meinen, Schapche, von nun an wird euer Jakob wieder ruhig schlafen, das heißt – vielleicht wird er noch hin und wieder von Mäusen träumen, aber es ist nicht anzunehmen. So, und nun wollen wir ihm sein Bettchen machen.« – (Manchmal musste ich doch an die Mäusemutter denken und ob sie wohl noch lange nach ihrer Nachkommenschaft gesucht hat.)

Ach, was ich noch sagen wollte, das Astloch wurde sorgfältig zugestopft damals, aber der Petrulla nichts erzählt. Die hielt von Stund an große Stücke auf die Schwester, die dem kleinen Jakob das Zahnen so leicht gemacht, dass er nicht einmal mehr nachts von Unbehagen oder gar Schmerzen geplagt aufweinen musste …

Fischer Johannes

(Damals bei Petrulla und ihren Kindern)

Wenn die Memel nicht mehr schwer an der Last des Hochwassers trug, wenn sie aus Russland kommendes Treibeis nicht mehr weiten Wegs ans Meer bringen musste, dann glättete sich der Spiegel ihres Wassers. Manchmal glitzerte es wohl im Sonnenschein wie das Silberpapier in der Zigarrenkiste, die Maricke wie einen Schatz hütete. Onkel David hatte sie ihr letzten Weihnachten großzügig überlassen, obwohl er sie selbst hätte brauchen können zum Verwahren von allerlei Kramzeug. Ja – aber so war nun mal der David, von Petrulla und den Kindern einfach Dav'sch genannt.

Wenn Felder, Moorwiesen und Deiche in der Frühlingssonne glänzten, in dieser hellen Sonne, die auch zum Wäschebleichen als am geeignetsten galt, dann entfaltete die Natur ihren Zauber mit kräftigen grünen Farben und ließ die Ufer sich prächtig erheben aus der weichen Bläue fließenden Wassers. Der Strom hatte viele Bilder.

Wenn alles Leben sich danach sehnte, sonnendurchglüht, windgetrocknet und seewasserumspült zu sein, dann kreuzten weiße Schiffe auf dem Strom, luden in Tilsit eine quirlige, spektakelnde Fracht, die sie nach erregender Fahrt in Nidden löschten.

Nidden – die Kurische Nehrung – zwar Sehnsucht und Ziel, aber die Fahrt dorthin auf der Memel, die im Stromdelta, gleich nach Raggeninken, in Skirwieth, Pokallna und Atmath auseinander fließt, um es dem alten Strombett nicht unnötig zu erschweren, das treibende Wasser dem Meer entgegenzubringen, diese Fahrt war jedes Mal ein besonderes Geschenk, etwas – Verzauberung oder Märchen? – so richtig zum Befreuen.

Weiße Dampfer, weiße Möwen, weiße Wolken … alles trug der Strom, ließ es vergnügt auf seiner Wasseroberfläche segeln, spiegelte es mit lachender Eitelkeit und mit Eifer zurück.

Warum erzähle ich zuerst davon?

Weil es auch der Menschen Freude war, die nicht mitkonnten auf solch eine Fahrt, die an den Ufern nur kurz verschnauften und mit schweißnassen Tüchern winkten; denen blieb allzeit das Spiegelbild und warf etwas von der Freude zurück in ihre Gesichter.

Auch Petrulla kannte den Strom genau. Und sie lehrte selbst ihre Kleinsten, ihn zu erkennen. Auf dass sie sich nie fürchteten. Brachen schreiende Möwen weit ins Binnenland ein, dann scheuchte sie ihre Trabanten besorgt durcheinander: »Nu aber ganz schnell, macht dasser dem Federvieh in de Kaburr kriegt, wird Sturm geben.«

Zeigten sich weiße Kumuluswolken im Spiegel des Wassers, dann verweilte sie schon mal ein bisschen, um den Kindern zu erzählen, wie verdammich gut es sich auf solch einem Dampferchen nach Nidden fahren ließ, wie heiß der Sand dort sei und dass man auch Elche zu Gesicht bekäme … vleicht!

»Trautstes Leben, wenn euer Vater, mein Jakobche, noch am Leben wär, der hätt sich mit uns wohl mal aufgemacht, aber nu …« –

Zeigten sich im Wasserspiegel riesige, grauweiße Schwingen, wurden bei genauem Hinsehen zu Flügeln zurückkehrender Störche, dann seufzte sogar die niemals unzufriedene Petrulla ein wenig beim Anblick der vielen Mäuler, die zu stopfen ganz gewiss nicht immer leicht war:

»Ruthche, weißt, Marjell, ab morgen gibt's all wieder Kleinmittag. Stell de Buttermilch kalt und sorg dafür, dasde mir
beizeiten de Bohnen gar hast.« Und zu sich selbst sagte sie
wohl mal: ogoll, ogoll, das Jahr is all schnell alt geworden –
und strich sich mit einem müden Lächeln die schwarzen,
streng geflochtenen Zöpfe glatt. Älter wurden so mit der Zeit
auch Petrullas muntere Trabanten. Bloß, dass man hier, in
der Weltabgeschiedenheit des Kleinelchwinkler Moores, all
diesen Perioden des Heranwachsens nicht so viel Bedeutung
beimaß. Petrulla bemerkte gar häufig erst als Letzte, wenn bei
ihren Kindern eine auffallende Veränderung sich zeigte. Wie
war's denn bei den Masern? Als Johannes damals frühzeitig
aus der Schule zurückkam, fuhr sie ihm recht unsanft über
seinen verschwitzten, blonden Schopf: »Nu, was is, was
willst …, der Lehrer is woll innen Krug gegangen, hm … oder
hast was ausjefressen, was tust um Kleinmittag all wieder zu
Haus … da, willst ä Schalchen Dickmilch?« »Nei – nuscht.«
Nun erst betrachtete sie ihren Sohn eindringlicher: »Was
siehst mir so schättrich aus um de Nas … Jungche, sag …« –
Dem brannten Schweißperlen auf der fieberheißen Stirn,
Tränen in den entzündeten Augen und rote Flecken allüberall …, an Gesicht, Hals und Armen, unübersehbar. Ach du
gutstes Gottchen!
»Der Lehrer meint, ich … es sind die Masern, die Schwester sagt das auch …, nu is mich so sehr übel.« – Er war das
heulende Elend selbst. »Trautstes Leben …, un das grad jetzt,
wo ich doch dem Trinkies beim Heu werd helfen müssen. Aber
nu hör auf zu gransen, Nuckelche, hör auf …« Petrulla hatte
allen Grund zur Klage, denn – wie's nu so geht – nach einigen Tagen lag die gesamte Petrullabrut fiebernd, plärrig und
rot gesprenkelt in den Buntkarierten, bei verhangenen Fenstern. Zwei dunkle Unterröcke – Petrulla benötigte sie ja man

bloß im Winter – sorgten für schummriges Licht im Stübchen. Die Schwester jedoch, die noch am selben Abend reinschaute, nachdem der Lehrer ihr unmissverständlich erklärt hatte, dass im Augenblick nicht er, sondern sie für sämtliche Klassen verantwortlich sei, riss die ganze Kledasch runter:

»Kinder, erbarmt sich ... bei euch isses ja heiß wie inne Pirt, verdammich.«

»Na und? Das hat noch nie nuscht jeschadt. Kann ich dafier, dasser mir alles ins Haus schleppt, dieser dammliche Bengel, dieser Hanske? Hab all nich Plackerei jenug ... na wart, er kriegt noch seine Schicht, wo mich.«

Dem kleinen Johannes war es im Augenblick nicht gar so wichtig, ob die Mutter in höchsten Tönen lamentierte, er hatte Mühe genug, seine Masern auszukurieren. Nun verlangte er, der sonst nur zum Essen geboren zu sein schien, allenfalls ein bisschen kalten Saft: »Weißt, Mamachen, ich bin all wieder ganz trocken untere Zung.« Na ja, wo nich! So rannten die Petrulla und die Schwester mit dem irdenen Krug hin und her. Blaubeersaft vom letzten Jahr, oh ja – Blaubeersaft war immer gut. Petrulla, mit aufgelösten Zöpfen, die Schwester mit wehender Schürze und schief sitzender Haube, die nun nicht mehr weiß war. Macht nuscht!

Petrulla hatte ja gar nicht so Unrecht mit ihrer Schimpferei, denn es war wirklich stets der Johannes, der sämtliche Kinderkrankheiten von der Schule heimbrachte ... und die Woschkes auch!! Was fiere Not! In erschreckender Vielzahl übrigens. Und Regelmäßigkeit! Ogoll, ogoll. Petrulla machte dann ihr obligates Lamento, sie räsonierte so laut herum, dass Florian und Harras, die Mäuse und die Enten inde Flucht gingen, doch die Schwester je nach Bedarf Brust- und Wadenwickel, heiße oder lauwarme Umschläge, Gurgelwasser oder auch Lausekappen. Fünf Koppches – und alle verlaust!

Und wenn's wieder mal so weit war, dann saßen die Petrul-lakinder herum wie de Pilzkes untere Puschien! Den Rest solcher Kuprex-Kur bekam Harras, der treue Wächter dieses Hauses. Zu seinem größten Entsetzen! Doch die Gören schrien wie verrückt und lachten wie nicht gescheit, wenn die Schwester nass wie eine gebadete Katze aus dem ungleichen Kampf hervorging.

Während sie dann so saßen, Tücher um ihre Köpfe zu einem Turban geschlungen, wenn sie wirklich wie Pilzkes anzusehen waren, dann hatte es die Schwester nicht leicht, die mauzige, gnaddernde Schar zu betuscheln. Aber auch da wusste sie ein probates Mittel! Meist gaben die Kinder bald das Stichwort: »Los, Schwesterchen, nu erzähl ne Geschicht, los.« Und sie bekamen ihr Märchen. Hanske war ihr aufmerksamster Zuhörer: »Was verweilst dich so, nu fang schon an«, und er huckte sich nah zu ihr hin. »Ja, wisst ihr, da war einmal ein Fischer …

»Die Geschicht kenn ich, meinst den in der Hütte nahe beim alten Taruttis.« Und Josephs Ohren wurden feuerrot vor lauter Eifer.

»Stimmt, hast gut aufgepasst letztes Mal.«

»Weiter, Schwesterchen, was war mit ihm?«

»Hm, was wird all mit dem gewesen sein. Also, passt gut auf, ist ne lange Geschichte und ne Ewigkeit her: Dort, wo die Memel sich in drei Flüsse teilt, wo alle Jahre wieder das Stromland wie ein Meer sich ausdehnt, wenn die Flüsse Hochwasser führen, dort stand eine alte Hütte, der man im Vorbeigehen nicht ansah, dass drinnen jemand wohnte. Selten nur ringelte Rauch aus dem Schornstein. Das Reetdach war alt und zerschlissen, an manchen Stellen grünmoosig bewachsen. Eine Brettertür hing morsch und wackelig in verrosteten Angeln. Steter Wind ließ das Eisen ächzen und stöhnen; grauslich hörte sich das an. Jeder mied den Ort. Auch die Singvögel. So'n schwarzweiß gescheckter Kater mit räudigem Fell und bösem Gefauche duldete nichts Fröhliches in der Nähe.«

»Da is unser Florian doch besser, stimmts?«

»Aber wo denn nicht, Maria, viel besser.«

»Jeh, jeh, wann kommt denn nu der Fischer?«

»Gleich, mein Hanske, geh – olles Nuckelchen, putz dir die Nas – so, und nun hört weiter zu … also, niemand konnte sagen, woher die beiden gekommen waren, schon gar zu lange hatte die Kate leer gestanden. Na – und wegen eines dünnen, armseligen Rauchfähnchens, das der Wind doch gleich wieder zerriss, hatte sich kein Mensch zur Seite gedreht.«

»Und nach dem Bowke auch nich, Schwesterchen?«

»Nein, Ruthchen, nach dem armen Kerlchen auch nicht. Er war jung, aber weil sich niemand um ihn kümmerte, musste er in solch halb verfallener Kate wohnen. Dann war ihm das elende Katzenvieh zugelaufen und von Stund an sein Haus- und Bettgenosse. Sie teilten Milch, Brot und alles, was er für ein paar Fische von den Bauern bekam; Fische, die er mit einer selbst gebastelten Angel im Strom fing. Das war mühsam. Er hatte ja sonst nichts gelernt. Für harte Bauernarbeit war er zu imig. Keiner wollte ihn. Er war verludert und verlaust.«

»Wie wir, Schwesterchen?«

»Aber, nu jeh, Maria, doch man nicht wie ihr. Mutter und ich, wir kümmern uns ja um euch.«

»Hätt'st dich auch mal um dem ollen Lachudder bekümmern sollen, hast ihn ja woll jekannt, oder?«

»Ja – wisst ihr – gekannt habe ich ihn erst viel, viel später. Außerdem war er menschenscheu, mied die Leute im Dorf, ging nie in die Kirche. Nur wenn es ihn sehr nach Milch und

Brot hungerte, machte er sich so in der Schummerstunde auf den Weg, um einen besonders großen Hecht oder ein paar Aale einzuhandeln, was willst wissen.«

»Und woher weißt denn das alles, wennde ihm doch nich gekannt hast, hm?«

»Und wie hieß er, dieser olle Klamieser?«

»Hm, er hat's mir später erzählt, na ja … und … ja, er hieß Johannes.«

»Was denn, etwa wie ich?« – Hanselchen schnaubte wie ein wildes Pony, nein – das nun nicht.

»Ja, wie du, mein Hietschke … ja.«

»Bist sicher, Schwesterchen, wie ich – Johannes! Aber ich will nich, dasser so heißt, dieser olle Lachudder, dieser dammliche … nei, ich will nich.«

»Nu sei aber mal still, du Krät, is doch man bloß ä Geschicht, Jungche, sei nich so obsternatsch.«

Ruth schob ihm eine Hand voll Bohnen in die offne Schnute – »So, nun kannst weitermachen, Schwesterchen.«

»Na gut, so ging das ä Weilchen … der Jung wurd immer vergrällter, und wenn zur Winterzeit der Strom dick zugefroren war, wenn der Bowke nichts mehr zu beißen hatte, dann wärmte er sich wohl mal beim Fischer Taruttis, oder er schlüpfte auch hin und wieder zum Fährmann Lukas auf dessen mäßig warme Ofenbank. Der eine brachte ihm bei, Netze zu flicken, der andere, der bucklige Lukas, lehrte ihn, Holzkloben zu zerhacken. Dafür gab es wohl einen Teller Suppe, eine abgenutzte Hose, einen Lappen Schafsfell für eine Weste.«

»Wie lange is das nu all her?«

»Ich weiß es ja auch nicht ganz genau, aber es muss wohl schon ein ganzes Weilchen her sein … Warum fragst du, Joseph?«

»Na, ich mein man bloß, wenn auch der Onkel Michel schon da war – und sogar der Lukas.«

»Was willst wissen, die sind ja auch uralt. Die waren wohl all die Zeit schon am Strom, meinst nich auch, Schwesterchen?«

Ruth war ungehalten, dass es nicht weiterging. Die Schwester beobachtete das Mädchen, wie es so zärtlich den kleinen Jakob auf ihren Schoß hob und mit einem Schürzenzipfel seine Schnute abputzte. Petrulla war inzwischen auch aus dem Stall hereingekommen und saß nun mit einem Strickzeug im letzten Tageslicht, das durch die kleinen Fenster so freundlich schien. Der Schwester Blick glitt von einem zum anderen und sie dachte, Ruth hat Recht, sie alle gehören hierher ... und nur hierher ins Stromland, Petrulla mit ihrer quicklebendigen Kinderschar, Fischer Taruttis und auch der alte Fährmann Lukas. Der Strom ist ihre Welt, ist das Element, wo allein sie wurzeln und wachsen können.

Eine kleine, schmuddelige Hand rückte an ihrer Haube und holte sie mitsamt ihren Gedanken in die kleine, von Mensch und Tier voll gestopfte Stube zurück.

»Nu los, mach schon, red doch weiter!« – Der Johannes war jetzt nur erpicht darauf, zu erfahren, was aus dem Fischer Johannes noch geworden ist.

»Also weiter ... nach einem besonders grausamen Winter und dem nachfolgenden Hochwasser, als die ohnehin modrige Hütte längst keinen Schutz vor der aasigen Kälte mehr bot, das graulige Katzenvieh ersoffen war und der Johannes vor Sturmgeheul, Hunger und dem krätigen Husten nachts nicht mehr in den Schlaf finden konnte, da wollte auch er am liebsten sterben. Wie die räudige Katze, die ihm doch immer noch ein bisschen sein mageres Fell gewärmt hatte. Er beneidete das Tier um seinen schnellen Tod, starrte oft in das gurgelnde Wasser der Memel. Sollte er springen, sollte er Schluss machen? Ihn schucherte … er rannte … rannte und rannte.«

»… in de Kirch?«

»Nein, Ruthchen, wenngleich das bestimmt besser gewesen wäre. Sicher hätte der Pfarrer oder der Lehrer sich seiner sofort angenommen.«

»Katrinchens Papachen, meinst den?« – das Jakobche, das sich auf dem Schoß seiner Schwester grad wohlig zurechtstrampelte, der liebte Lehrers Tinchen über alles, sie schenkte ihm oft buntes Papier oder klebriges Zuckerzeugs.

»Ja, Jakobche, Tines Papache, mag sein … Nun seid aber fein still, sonst erfahrt ihr nie, wie's mit dem Johannes schließlich kam. Ja, es war schlimm und zu der Zeit fing der Bowke auch noch an zu stehlen. Da schlief er nachts in warmen Ställen, melkte sich eine Kuh, trank Hühnereier aus, klaute Honig, Butter und Brot aus den Vorratskammern der Bäuerinnen. Einmal hätte ihn fast der Bauer erwischt, ein andermal lief er sogar einem Zollbeamten in die Arme, aber – Gott sei Dank – der hatte all einige Quartierchens getrunken, und nur darum entwischte er ihm wieder. Doch – der Krug geht so lange zum Wasser … – Und so geschah es auch dem Johannes! Es war in so einer Nacht mit biestigem Sturm und wüstem Gepladder, da ließ der reiche Bauer Trinkies drüben in Atmath seinen Jagdhund los. Eine bissige Kreatur. Ihr könnt euch sicher denken, wie der Johannes danach ausgesehen hat, was? Er schleppte sich bis zum Taruttis, und dem fiel vor Schreck die Pfeife aus dem Mund. Ihr wisst doch genau, dass dem das sonst nie passiert. Er wusch und verarztete den Bengel, und wo noch eine heile Stelle war, gerbte er ihm das Fell, wie er's verdient hatte. Aber er gab ihm sein Bett. Er pflegte ihn, so gut er vermochte, sollte ja keiner wissen, was passiert war. Na, und Johannes? Der schämte sich beinahe zu Tode …

ja, ja – aber an seinen Wunden starb er nicht, denn der gute Taruttis verstand sich gottlob auch auf allerlei Kräutertinkturen zur Wundbehandlung.«

»Das hat der von der alten Abromeitschen jelernt, das weiß ich jenau, Schwesterchen«, meldete sich das Marikelke, und Petrulla nickte lächelnd.

»Machst Recht haben, Marjell, sonst hätte sich der Johannes nicht so schnell erkuwert, sonst wäre er ja auch nicht eines Nachts ausgebüxt, als der Taruttis aufem Weg war, nach seinen Netzen zu sehen. Der Junge wollte dem Alten nicht mehr zur Last fallen, denn der hatte doch schließlich seinetwegen all die Nächte auf der Ofenbank zugebracht. Er schleppte sich an den Strom. Da hockte er dann auf einem Baumstumpf. Da beschloss er wieder einmal, Schluss zu machen mit dem nichtsnutzigen Dasein. Er starrte in die Flut, wo der Vollmond verschmitzt in sein Spiegelbild lächelte, wo vereinzelte Möwen mit lachendem Kreischen über das Wasser segelten. Eine friedliche Nacht, die erste nach angstvollen Sturmnächten der Hochwasserzeit. Aber – war das wirklich der Mond, der sich dort in der Mitte auf dem Wasser bewegte? Was soll ich euch sagen ... ein alter Mann kam geradewegs auf Johannes zu. Lächelnd nickte er freundlich, nein – nicht wie die starrköpfigen Bauern, diese Geizhälse; nun winkte er sogar, öffnete seinen großen, breiten Mund zu einem Grinsen: Na, du Lorbas, du krätscher Lachudder – wahrhaftig, er hatte eine Sprache wie freundliche Leute, mag sein wie der Lukas, wie Michel Taruttis oder wie der Herr Pfarrer! ›Hör zu, Jungchen, will dir was sagen, musst es aber fein für dich behalten, weißt Lieberchen, keiner Seel darfst was sagen ... so, nu pass man kiek! – Wo ich jetzt bin, hier – mitten im Strom, da schwimmt ein goldener Fisch, soon alter Hecht, jede Schuppe reines, feines Gold, weißt Lieberchen ...

den sollst fangen, grad du – ja, ja, befreu dich man all, aber …
dassde niemand nuscht sagst …‹, und der Alte lachte dröhnend. – ›Immer bei Vollmond frag ich nach, obde ihm hast
jefangen, dem Goldschuppigen. An diese Stell werd ich kommen … hier an diese Stell …‹ –

Schallend fuhr das krächzende Lachen über den Fluss und
Johannes von seinem Baumstumpf hoch. Er wollte dem Alten
nach. Der war verschwunden. Wie ein Spuk. Nur der Mond
lächelte in sein Spiegelbild. Und die Möwen flogen mit
Geschrei, das wie Weiberlachen klang, darüberhin. Wirklich –
eine friedliche Nacht. Ein sternheller Samthimmel, blau wie
deine Augen, Hanske, eine ruhige, laue Nacht, wie selten im
Frühjahr … –«

»Nun isses aber genug, red nick so lange von der Nacht,
erbarmt sich … verweilst dich gar zu sehr damit, Schwesterchen.« – Die praktische, kuraschierte Maria hatte etwas
gelangweilt dem alten Florian hinterm rechten Ohr gekrault,
doch nun wollte sie partout wissen, woran sie mit dem Fischer
Johannes war.

Johannes lebte nun wie ein richtiger Fischer. Alle Tage war
er auf Fang aus. In hellen, warmen Nächten blieb er draußen
auf dem Wasser, das waren seine liebsten Stunden. Ihr wisst
ja, der Onkel David sagt auch immer, das sei das Schönste,
bei Nacht allein im Bootche auf dem Strom.«

»Nu fang bloß nick wieder mitter Nacht an, ogoll …«

»Nein, nein, Marikelke, ja – die belämmerten Zeiten waren
für Johannes endgültig vorbei. Er wusch sich regelmäßig, ließ
es sogar zu, dass der Lukas die blonden, struppigen Haare
stutzte. Er ging jetzt morgens in die Schule, weil der Michel
es für gut fand, lernte rechnen und schreiben und lesen … er
war fleißig, es machte ihm Spaß. Aber den Goldschuppigen,
den fing er nicht, wenngleich er doch nun alles Mögliche

schon gelernt hatte, nein – das schaffte er nicht. Ich glaube, meistens dachte er auch gar nicht mehr an seine Begegnung mit dem sonderlichen alten Mann vom Strom. Wo nich, er hatte so viel anderes zu denken.«

»Was anders wohl, wenn nich an den Strom, ans Boot und an dem Goldschuppigen, hm – was wohl?« Logisch, der Johannes, das Hanske! Dem war der Michel Taruttis auch meist wichtiger als der Lehrer und das Wasser im Strom wichtiger als in der Waschschüssel.

»Nu halt mal deinen Subas, verflixter Furzhammel, lass doch de Schwester ans Wort, dann wirst bald Bescheid wissen.« Petrulla war fuchtig, denn lange konnte sie sich nicht mehr verweilen, das Butterfass und ihr Viehzeug warteten auf sie.

»Je nun, der Johannes war einfach zu beschäftigt: morgens Schule, danach Schularbeiten beim Lukas, der war streng, dann ging's ab nach Skirwieth, da half er seit Wochen schon der Witwe vom Fischhändler Joneitis, und die futterte ihn so richtig raus, kleidete ihn und mochte ihn gern um sich haben. Das war dem Bowke was Neues, und er genoss es sehr. Keine Zeit, herumzufijucheln, wahrlich nicht! Bloß abends fuhr er raus, weit – nach Kuwertshof, mal auch bis Waruß, oder er half dem Michel Taruttis. Aber am Sonntag! Das war gewiss, sonntags, wenn er mit Frau Joneitis von der Kirche zurückkam, ja – dann gehörte ihm der Strom, gehörte ihm der weite Himmel darüber, auch die Fische und die Möwen gehörten ihm. Ganz allein ihm. So jedenfalls empfand er es. Dann hatte er auch wieder Zeit, nach dem Goldschuppigen zu suchen und aufmerksam nach ihm auszuschauen. Doch vergebens. Tage und Wochen flossen dahin wie das Wasser eilig zum Meer. Johannes liebte sie alle. Er war nun reich, denn ihn hungerte nicht mehr. Da waren Menschen, die hatten ihn lieb. Und er war unter einem warmen

Strohdach zu Hause. Ihr wisst doch auch, wie schön es ist, zu Hause zu sein.«

»Hat er denn dem Goldschuppigen nu nick mehr haben wollen?« – Das Hanske war sichtlich enttäuscht.

»Ja, siehst du, das wollte auch der Alte erfahren, und darum gab er sich ihm eines Nachts wieder zu erkennen. In einer mondhellen, stillen Nacht. Da war es klar und deutlich, das krächzende Lachen, und da war der breite, grinsende Mund, der sprach: ›Na, Jungche – hast ihm nich gefunden, dem goldnen Hecht, hast ihm nich ... na, nu sag bloß ...‹ –

Und Johannes schüttelte mit dem Kopf, grinste auch so ein bisschen schief und gab dem Alten Bescheid: ›Weißt, Alterche, ich brauch ihm nu nich mehr, nei, nei ... nich, dassde denkst, ich wär undankbar für deinen guten Rat, aber sittst, mir gehts gut, ich hab nu alles, was ich brauch, ä warme Supp, ä warme Stub, und alle kümmern sich um mich ... ja, wirklich, um dem ollen Lachudder. Nu gehör auch ich hierher, genau wie der Fischer Taruttis, wie der Fährmann Lukas, wie der Herr Pfarrer und die gute Frau Joneitis. Weißt, Alterche, mir gehts so gut, dass ich foorts Kabolzke möcht schießen ... Ja, und danken möcht ich dir – trotzdem ... halt, wart ä Weilche ... komm, palauk man bischke, Alterche ...‹ Johannes wollt ihm zuwinken, doch der war schon verschwunden. Nur der Vollmond, grad hinter einer Wolke hervorgeglitten, spiegelte sich im Wasser des Stromes und eine einzelne Möwe segelte kreischend drüber hin. Johannes ging noch lange Zeit am Ufer entlang. Und er war nun ganz sicher, dass er hier ein Zuhause gefunden hatte. Nein – kein Goldschuppiger, kein Reichtum dieser Welt würde ihm jemals mehr bedeuten als das Gefühl, hier zu Hause zu sein.«

Still war's im Stübchen. Florian schnurrte. Petrulla legte mit zufriedenem Seufzer ihr Strickzeug aus der Hand. Harras schnarchte unter der Ofenbank. Und die Kinder? Sie ließen sich ohne zu murren aus den Lausekappen herauspulen. Sie waren schläfrig. Johannes drängte sich nahe an die Schwester und flüsterte ihr ins Ohr: »Ob ich ihm wohl mal werd treffen, dem Alten, und er sagt mir, wo der Goldschuppige is? Was meinst, Schwesterchen, nich jetzt, später vleicht, wenn auch ich ein Fischer werd sein. Nich so wie Johannes einer war, vleicht wie der Onkel Michel einer is, was meinst?«

Die Schwester drückte den kleinen Bowke fest an sich und sie antwortete ihm, auch im Flüsterton: »Sicher, mein Schapche, sicherlich.«

»Ab trimoh, alle Mann in die Heia!«

Das war Petrulla. Sie hat Recht, is Zeit schloape to joahne.

Zwischen Jugnaten und Auritten

(Erinnerungen an eine alte, einfache Frau)

Irgendwo an einem Feldweg mit tiefen Wagenspuren darin stand ihre Kate, gleich hinter dem Wäldchen auf dem Weg von Jugnaten nach Auritten. Es waren dort noch andere Gehöfte, ein oder zwei stattliche Anwesen mit dazugehörenden Insthäusern.

Nichts Auffallendes war an Auguste Pettkus' Häuschen, dem Garten mit der bunten Fülle blühender Blumen, dem alten Stall mit warmem Kuhdunst und Hühnermist nebst einem windschiefen »Örtchen« darin.

Hinter dem Haus ein Stück Acker, darauf sie Korn anbaute, Kartoffeln, Rüben und so mancherlei Gemüse und Küchenkräuter; dazu gehörte noch ein Plätzchen Weideland für die Kuh.

Nicht viel, dies alles – doch genug, eines Menschen Heimat zu sein!

Es war auch noch nicht so alt, das Häuschen, es hatte nicht einmal mehr ein Strohdach wie beim alten Trinkies nebenan, oder – wie beim Bauer Abromeit – auf dem Dachfirst ein Storchennest; nur der alte Stall war noch strohbedeckt.

Hier lebte die alte Auguste Pettkus mit ihrer Kuh, den Hühnern, einer alten, grauen Katze und dem ebenso alten, heiser kläffenden Köter, der je nach Stimmung wütend an seiner Kette riss oder freudig winselnd seine zottige Schnauze an meiner weißen Schürze rieb, wenn ich zum Gartentor hereinkam.

Sie war eine alte, einfältige Frau; übrig geblieben von meh-

230

reren Geschwistern, lebte sie hier seit Jahren schon ganz still für sich – und von dem, was der kleine Acker ihr brachte. Außerdem waren ja da die Kuh und die Hühner.

Dies war ihre Welt, sicher und fest umrissen, Mühsal und Plage waren ihr Tagewerk – Besinnlichkeit und Ruhe ihr Feierabend.

Einen Sommer lang hatte ich mich in ihrer kleinen Kate einquartiert. Aufgestört aus dem friedvollen Leben in ihrer Eremitage, zögerte sie erst ja zu sagen, aber dann ließ sie es doch zu. Misstrauisch gegen Fremde fand sie jedoch bald heraus, wie gemütlich man auch zu zweit abends auf der Bank im Garten ein Stündchen verplaudern kann. Sie wartete schon, heimlich hinter den Dahlienbüschen versteckt, ob ich nun endlich den Feldweg heruntergeradelt käme. Ich wusste das wohl. Doch wir hatten jeden Abend unser kleines Spiel; ich kam in den Garten, lehnte mein Rad an den Zaun, klingelte wie wild drauflos, sie tat beschäftigt, vollkommen in irgendeine Arbeit vertieft, fuhr erschreckt hoch und auf mich los:

»Gutstes Gottchen – ich glaub, Se sind ganz dammlich geworden, Schwesterchen.« – Sie grinste mich an wie eine alte Kräuterhexe, beschimpfte mich wie ihr Viehzeug und schöpfte mir den Teller voll, dass ich nachts aus Albträumen hochschreckte.

Einmal jede Woche packte sie Eier in einen Korb mit Heu, zwei oder drei Pfund Butter band sie in ein sauberes Tuch, in eine Kiepe verstaute sie Gemüse und Kräuter, nahm in die linke Hand die schwarzen Schnürschuhe (diese hatte sie nur an den Füßen, solange sie in Heydekrug ihren Geschäften nachging); frisches Kopftuch, saubere Schürze umgetan – so machte sie sich in aller Frühe, bald nach dem ersten Hahnenschrei, auf den Weg in die Kreisstadt. Vom Erlös ihrer verkauften Waren nahm sie dann abends heim, was notwendig war und nicht auf ihrem kleinen Acker wuchs. Ab und zu kaufte sie auch ein Stückchen billige parfümierte Seife. Das war allergrößter Luxus; die versteckte sie sogar vor mir. An solchem Abend konnte man sie dann verstaubt, verschwitzt und erschöpft von all der Unruhe des Marktbetriebes heimwärts watscheln sehen. Durch das Barfußlaufen von frühester Kindheit an waren ihre Füße nicht nur breit wie die einer Ente, sie bewegte sich auch in gleicher Gangart einer solchen, die überdies gut im Hafer gehalten wird.

Weiß Gott, sie war alt und hässlich von Gesicht und Gestalt, doch etwas ging von ihr aus, das sie mir so liebenswert machte – und unvergessen.

Wer am Gartenzaun entlangging, konnte von weitem schon ihr Brusseln hören. Zeterte sie nicht mit den Hühnern, die ihr frech gackernd Bescheid gaben, so schimpfte sie doch gewiss mit Hund oder Katze, der Kuh, die sich vom Pflock losgerissen hatte, oder sie lamentierte mit den Staren, die im Kirschbaum uneingeladene Gäste waren … dieses »rachullriche Volkche«.

Akkadierte sie mit mir herum, nannte sie mich Schiepelchen, Schapche oder Kindiete. Das besagte dann so viel, dass sie mich gut leiden konnte. Sie hielt es eben mit den Menschen grad so wie mit ihrem Viehzeug.

Oder sie sprach zu sich selbst, was sie überhaupt unentwegt tat. Kam man an dem Haus vorbei, so hatte man oft den Eindruck, da sei ein richtiger Tuntenkaffeeklatsch im Gange – es war doch immer nur die Alte. In jahrelangem Alleinsein hatte sie sich diese Art der Zwiegespräche angewöhnt; ein Leben in der Einsamkeit, wie sie es gewohnt war, macht ja nicht mürrisch, allenfalls sonderbar in dieser originellen Weise. Sie schabberte mit allem, was um sie herum war, beschimpfte die Uhr, das alte Butterfass, das Feuer im Herd – immer in diesem absonderlichen Tonfall, in dem man zu Kindern spricht.

An manchen Abenden, oft beim Butterstampfen, sang sie mit ihrer zittrigen Altfrauenstimme kleine einfältige Liedchen. Es war die Sprache ihrer Kindheit, und in ihren Gedanken hatte sie diese Zeit niemals so ganz verlassen. Die alte Pettkus hatte kein elektrisches Licht, kein Radio und außer einer alten Bibel kein Buch, vielleicht konnte sie nicht einmal richtig lesen oder gar schreiben. Wenn der Tag taufrisch vom Osten her den Feldweg entlanggesprungen kam, dass das Wasser in den Wagenspuren hochspritzte, war auch sie schon geschäftig anzutreffen. Und legte sich der Tag mit grauen Schatten müde in den frisch gezogenen Furchen zur Ruhe, dann machte die Alte, versunken in ihre gewohnten Gespräche, noch einen Gang ums Haus, um Stall und Garten, lehnte ein oder zwei Weilchen am Gartentor, wusch dann ihre müden schmutzigen Füße, band sich ein weißes Tuch um die strähnigen, grauen Haare und fiel wahrlich erschöpft in ihre übermächtigen Federbetten. In die Dunkelheit hinein sprach sie laut ihr Nachtgebet.

Ich durfte danach bei Kerzenschein noch ein kleines Stündchen lesen. Selten nur gönnte sie sich oder mir den Luxus einer Petroleumlampe. All das, was uns an Bequemlichkeit und Komfort so unentbehrlich geworden ist, hatte sie nicht und kannte sie kaum. Ich glaube, sie verlangte auch nicht danach, sie war es so zufrieden. Denn sie besaß viel mehr. Ein »eijenes« Haus mit weiß gescheuerten Dielen, Flickerläufern, einigem billigen Hausrat und blühenden Blumen in jedem Fenster. Zwei großräumige Betten, aus schwerem Holz gefertigt, gehörten dazu, ein riesiger gemauerter Ofen, drum herum Bänke mit Schaffellen darauf. Eine Herdstelle in der Küche, darauf sie vorzüglich eine meist karge, doch gesunde, kräftige Mahlzeit kochte. Ein Backofen, schweres, duftendes Brot zu backen, darauf sie uns dick die gelbe Butter strich, die sie mit ihren Händen geschlagen hatte. Ein Brunnen im Hof, reines Wasser daraus zu schöpfen, aber auch die Milch darin zu kühlen. Eine einfache ländliche Kost war's, aber so köstlich, dass man es nie vergessen kann.

Ein einfaches schweres Leben, aber so wirklich, voller Ruhe und Frieden, dass man immer Heimweh danach haben muss.

Ich sehe sie oft in Gedanken den Feldweg gehen, bedächtig an den ausgefahrenen Wagenspuren entlang. Sie hatte Füße, die in keine Schuhe passten, aber sie konnte auf einem Stoppelfeld barfuß laufen.

In ihrem Gärtchen wuchsen Stockrosen und Goldrausch bis hinauf unter das Dach zu den Schwalbennestern, reiften schwarze Johannisbeeren, herben Duft verströmend. Und in den Büschen hatten Rotkehlchen ihre Nester. Sie hatte keine Reichtümer und keine Ahnung von Politik und Kunst, aber sie lehrte mich erkennen, dass der Himmel über uns, das Land unter unseren Füßen und die alles überdauernde Beständigkeit der Natur wahrer Reichtum unseres Lebens sind, der Quell, aus dem allein wir Kraft schöpfen.

Als der Regen kam

Ein Sonntag – Sommerzeit; Mensch und Tier verweilen dösend an schattigen Plätzen, alles Lebende verkriecht sich vor der flimmernden Glut dieses Sonnentages.

Kein Wind labt mit kühler Brise, kein Laut durchbricht diese drückende Stille. Die Sonne ist ohne Erbarmen, sie – die Vielgeliebte; in farbigen Goldtönen malt sie diesen schillernden, blendenden Tag.

Erdmute, die alte, aber glänzende Perle im Hause des Kreisbaumeisters, stöhnt vernehmlich, knöpft schamvoll, aber erleichtert zwei Knöpfe tiefer auf an ihrem grauweiß gestreiften und gestärkten Kleid; womit aber nicht gesagt ist, dass dem Hausherrn oder sonst einem männlichen Wesen nun sorgsam verhüllte Reize offenbar würden. Aber nicht doch!

Das alte Jüngferchen stöhnt grauen Gesichtes, entledigt sich seiner ohnehin ausgetretenen Pantoffeln und verschwindet in des Hauses unteren Regionen, den angenehm kühlen Kellerräumen; dort, in ihrer stillen Kemenate, wird sie die Stunden bis zum Abendessen verbringen, die Sonntagsbeilage des »Dampfboot« lesen, die brennenden Füße in einer Schüssel mit kaltem Wasser kühlen. Die zwei Knöpfe hat sie längst wieder zugeknöpft, ehrbare Matrone, die sie ist, mit gestärkten Biesen dort, wo die Natur beim Weibe eigentlich sanfte Wölbungen vorgesehen hat.

Mittagstund – für Erdmute bringt die Sonne nun keine Gefahren mehr.

Nicht so für die übrigen Hausbewohner! Der Hausherr, von seiner Eheliebsten zärtlich Dav'che gerufen, leidet wahren

Höllenbrand. Fruchtsäfte, Mittagsruhe im dämmrig kühlen Schlafgemach, kellergekühlte Schafsmilch, nichts bringt ihm Erfrischung oder gar Linderung. Grete, seine bessere Hälfte, nicht weniger gequält durch geradezu tropische Hitze, gepeinigt von heftigem Asthma, fürchtet schon Stimmungsumschwung – begleitet von höchst unangenehmem Nasenbluten; etwas, darunter der alte Herr seit Jahren empfindlich zu leiden hat, genau gesagt, seit seiner Gefangenschaft in sibirischen Wäldern nach dem ersten Weltkrieg.

Also ist sein Eheweib, die rundlich mütterliche Frau Grete, mit Fug und Recht ernstlich besorgt um ihren Mann.

Doch statt aller Befürchtungen von Seiten der Hausfrau entkleidet sich Dav'che, entledigt sich all seiner Hüllen und schreitet so, ähnlich dem Hirtengott Pan, der zur Mittagsstund herabstieg, gemächlichen Schrittes durch den Garten, »Klein Nidden« zu; das ist ein Plätzchen dort hinten in der äußersten Ecke am Teich, vor lästigen Blicken durch eine mannshohe Lebensbaumhecke geschützt.

»Klein Nidden« hat Inge (Lehrerin zur Untermiete) das Fleckchen genannt, weil der Sand von der Nehrung herbeigeschafft wurde, damit man immer, so sagt sie, in einem stillen Winkel auf einer weißen Düne ausruhen könne.

Dorthin also verschwindet der alte Herr, der Ruhe zu pflegen, der Sonne zu trotzen, aber nicht – wie Pan – Flöte spielender, sondern schnarchender Weise. Seine Frau hat fürs Erste noch ihren Pflichten nachzukommen, Hausfrauen- und Beinahe-Mutterpflichten, darin bestehend, die Blumentöpfe in den Fenstern vor der Sonnenglut zu schützen und nach dem Milchschaf und seiner wertvollen Nachkommenschaft zu sehen.

Die Schafsfamilie ist hinter dem Park auf grüner Wiese angepflockt. Doch nicht einmal die kleinen, sonst so possierlichen und quicklebendigen Schapche tummeln und balgen sich wie sonst herum. Sie blöken stumpfsinnig vor sich hin, schlabbern dann und wann missmutig das laue Wasser aus dem Trog und sehen nun wirklich schafsdämlich zu ihrer Pflegemutter auf. Widerwillig nur lassen sie sich heute streicheln und das feine weiche Fell kraulen. Sie wollen in Ruhe gelassen werden. Die liebevolle Besorgnis der Hausfrau ist ihnen heute genauso lästig wie das Umherschwirren der Fliegen, Schmetterlinge und Libellen.

Sie sind sich ihres Wertes wohl kaum bewusst, wissen nicht, dass Schafsmilch und -butter, ein zarter Lammbraten zu gegebener Zeit, eine willkommene Bereicherung des kreisbaumeisterlichen Mittags- und Abendbrottisches und somit einiger Besorgnis wert sind. Man schreibt immerhin das Jahr 1943. Sie wissen es nicht – dumme Schafe, die sie sind!

Nachdem Haus, Hof und Garten versorgt sind, sinkt wahrhaft paradiesischer Friede in heißen Schwaden über das Land – und die gute Frau Grete in eben solcher Enthüllung, nach einigem Zögern, versteht sich, in einen bequemen Liegestuhl unter maßvoll Schatten spendendem Dach.

Inge, die junge Lehrerin im Balkonzimmer darüber, hat nichts von all diesem paradiesischen Tun und Treiben im Garten Eden (alias Kairis) bemerkt, denn sie schmort seit einer Stunde schon, Eva ganz und gar, mit Sonnenöl beschmiert, wie eine glänzende Speckschwarte in der Sonne, träumt sicherlich von einem kühlen Bad in der Ostsee und wandert im Traum durch weißen, glühenden Sand der Nehrung.

Doch – der Friede ist trügerisch, wie könnte es anders sein! Wind kommt auf … – Was heißt hier Wind! Während Menschen und Tiere in bleiernem Schlummer liegen, verdunkeln urplötzlich dickbauchige schwefelgelbe Wolken den eben noch glattblauen Himmel, Sturm jagt einher, die Pappeln vom Gutshof nebenan zittern wie in Angst, Büsche und Blumen ducken sich erschreckt. Frösche springen quakend in den Teich. Hühner blustern gackernd durch die Erdbeerreihen, und Schafsmutter und Lämmerkinder blöken angstvoll ihre Not heraus, reißen wild und störrisch an ihren Pflöcken.

Augenblicke nur haben dem Paradies den Garaus gemacht. Blitze jagen wie Wetterleuchten heran, Donner grollt von fern, kommt näher, wird dröhnend. Da schrecken auch endlich die Hausbewohner aus wirren Träumen auf. Von »Klein Nidden« her rennt quer durch die Blumenrabatten – wie Gott ihn schuf – Dav'che, der Hausherr. Erste dicke Tropfen fallen schon, was ihn aber nicht daran hindert, seinen Pflichten als Hausherr zu genügen, die da so sind bei Gewitter und ähnlichen Naturkatastrophen: Viehzeug versorgen, Fenster und Türen verriegeln, Regentonne an den richtigen Platz bringen und anderes mehr. Und so rennt er – von der entgegengesetzten Seite kommt Grete, seine Eheliebste, ihm entgegen, bekleidet mit einem Handtuch, das sie sich um die Schultern geschlungen hat.

Gutstes Gottchen – die Schapche!

»Dav'che, David, de Schapche – schnell, schnell de Schapche! Oh Gott verdammich, meine armen Schapches!« So lamentiert sie und hastet, so schnell ihre Rundlichkeit und das krätige Asthma es zulassen wollen, der Wiese zu. Das himmlische Nass rauscht herab wie aus weit geöffneten Schleusen, als endlich das Vieh im Stall sicher geborgen ist und die beiden Nackedeis eilig durch den Garten dem schützenden Haus zustreben.

Vertreibung aus dem Paradies – so mutet das Ganze den

Beschauer an. Von all dem Getöse ist Inge natürlich wach geworden und sicher auch von dem Regen, der wie Trommelwirbel auf ihre wohlgeformten Schenkel prasselt. Über das Balkongeländer gebeugt sieht sie nun erstaunt, erschreckt und von verhaltenem Lachen geschüttelt, dem tollen Treiben im Garten zu.

O Paradies auf Erden!

Doch schon nach geraumer Zeit hat alles wieder sein Sonntagsgesicht.

Es ist, als sei gar nichts geschehn – nur, dass mit einem Mal unzählige Regentropfen in der Sonne glitzern – Perlen, vom Himmel gefallen. Wohlbekleidet, sonntäglich angetan, sitzen die Eheleute und Inge in der Wohnstube, erquicken sich an heißem Tee, aus frischer Zitronenmelisse gebrüht, lächeln stillvergnügt über ihr Abenteuer im Paradies.

Die Schafe sind wieder draußen und tummeln sich auf der Wiese hinter dem Zaun mit Behagen im regenfrischen Gras.

Die Sonne lacht, als hätte sie diesen Unfug mit dem Gewitter angestiftet, ihre Strahlenkinder tanzen übermütig auf einem Regenbogen aus seltsam schillernden Farben.

Der Wind bläst mit Eifer grüngoldne Lichtkugeln durch die regenschweren Zweige der Pappeln; wie eines vergnügten Jungen Seifenblasen wirbeln sie durch die Blätter, leuchten auf und vergehen im Dunkel der Bäume.

Da kommt aus kühler Kellertiefe, verschlafen noch und etwas verstört, Erdmute wie ein grauer Erdgeist herausgeschlurft. Leicht verschnupft sieht sie aus, die gute Alte, vom langen Fußbad oder – weil man so vergnügt und gut gelaunt beisammensitzt und über etwas lacht, daran sie keinen Anteil gehabt hat.

Ein paar besonders vorwitzige Sonnenstrahlen stehlen sich durchs Fenster und zaubern ein zaghaftes Lächeln in ihr kleines Altjungferngesicht, während ihr Herr, in humoriger Weise, ihr vom schadlos überstandenen Erlebnis dieses Sonntagsnachmittags erzählt.

Gelbe Narzissen

(Ein Duft, ein Hauch von Heimat)

Sie stand am geöffneten Fenster und weinte. »Verdammt noch mal, Charlotte, nun nimm's doch nicht so tragisch, was ist denn groß passiert, na ja, eine Sauerei ist es schon …«

Die Stimme hinter ihr gehörte zum zwölfjährigen Enkelsohn, der nicht begreifen konnte, dass sie nun so von Tränen eingeregnet war wegen der Narzissen, die jemand in der vergangenen Nacht aus dem Vorgarten gestohlen hatte. Alle. Alle. Klar, sie hatten wunderschön geblüht, waren eine wahre Pracht gewesen. Auf allen Beeten, vor der Hausmauer, den ganzen Weg entlang bis an die Pforte. Wer vorbeispazierte, hatte sie bewundert, sich drüber gefreut. Und die Nachbarn flüsterten jedes Jahr: ja, ja, Charlotte und ihre Narzissen! Auch ihre Kinder hatten stets gesagt: das mit den Narzissen ist so'n Tick von unserer Mutter. Narzissen – Osterglocken! Sie schmückten schon die Weihnachtsstube; zu ihrer Zeit im Frühling das Grab der Eltern und deren Bild im Wohnzimmer, das auf einem alten Nähtischchen seinen Ehrenplatz einnahm, seit vielen Jahren. Und im Garten blühten sie, verschwenderisch. Noch nie hatte sich jemand an ihnen vergriffen. Und nun dies!

»Omi, komm, lass uns frühstücken, ich hab Hunger«, kam's von hinten. Er sagte »Omi«, dann war er sehr bewegt und gerührt, so auf seine Art. Eben wie ein richtiger kleiner Bowke. Sie drehte sich um, lächelte und sagte: »Ja, Albertchen, hast Recht.«

Er verbrachte manchmal ein Wochenende bei den Großeltern. Als sie ihn am Sonntagabend heimbrachten, erzählte der kleine Albert natürlich zweilangzweibreit die Geschichte von den geklauten Narzissen. Seine Mutter versuchte, ihn von diesem brisanten Thema abzulenken, weil es um Großmutters Mund schon wieder so zuckte und zitterte. Auch über ihre Herkunft, die verlorene Heimat im Osten wurde selten mal ein Wort verloren. Das war Vergangenheit. Sie waren hier in Schleswig-Holstein zu Hause, dies war ihr Land.

Später, beim Gutenachtsagen, fing er natürlich wieder davon an: »Charlotte hat sich wirklich mächtig aufgeregt, weißt du, ist ja auch sehr ärgerlich, Opa hat doll geflucht, aber so hätte sie nun nicht zu heulen brauchen wegen der Blumen, oder?« Die Mutti strich über seinen wirren schwarzen Haarschopf, seufzte ein wenig, dann meinte sie: »Es ist alles so schwer zu erklären, aber sieh mal, für Großmutter sind die Narzissen eben doch mehr als nur Blumen, die ihr jetzt geklaut wurden. Weißt du, Albert, sie sind Charlottes Erinnerungen an Zuhause, an damals. Bist du sehr müde, mein Herz … nein, na denn, du kennst doch die dicke schwarze Kladde, sie steht im Bücherregal, Großmutter hat sie mir mal gegeben. Da hat sie alles hineingeschrieben, na ja, so Erinnerungen an ihre Kindheit, auch all das, was ihre Mutter ihren Kindern erzählt hat, na – eben die alten Geschichten, auch die von den Narzissen. Wenn du willst …«

»Gib schon her, kann sowieso nicht schlafen nach dieser scheußlichen Aufregung heute.«

»Ach, du Ärmster«, ging die Mutti lachend auf seinen Ton ein, und sie legte die alte schwarze Kladde auf sein Bett, »hier, mach eine Reise, folge einmal Charlottes Spuren, morgen …«

Und ganz leise verschwand sie aus dem Zimmer. Er blätterte in der dicken Kladde herum. Nein – ein Tagebuch war dies nicht. Das Niedergeschriebene schien aus lauter einzelnen Geschichten zu bestehen. Alle hatten einen Titel und waren mit hübschen Zeichnungen, teils mit Bunt- teils mit Bleistift, hier und dort hingetupft, liebevoll ergänzt. Die zierliche, akkurate Schrift konnte er auch gut lesen, er kannte sie aus vielen Briefen und von tausend Ansichtskarten. Die Überschriften kündeten von vielen Erlebnissen: Sonntag in Nidden – Bootsfahrt auf der Memel – Markt in Heydekrug – Dampferfahrt nach Tilsit – Unser Garten an der Pokollna – und so weiter … Neben der Geschichte, die seine Mutter für ihn mit einem Lesezeichen versehen hatte, blühten auf jeder Seite Narzissen … Narzissen … einzeln, zum Strauß geordnet, am Flussufer unter einer Birke, neben einem Grabstein … leuchtend gelbe Osterglocken. Er hatte gar nicht gewusst, dass Großmutter so gut zeichnen konnte. Na, ein bisschen schon, er erinnerte sich, doch soo – nein. Der Titel der Geschichte, die er nun lesen sollte: Ein Duft, ein Hauch von Heimat

(für meine Kinder und Enkel, damit nichts in Vergessenheit gerät, nichts …)

Begonnen hatte diese Geschichte von den Narzissen – na, wie's eben mit ihnen beginnt, mit den Zwiebeln natürlich. Das Emmchen bekam einige Hände voll dieser kleinen, wenig versprechenden Dinger von der Gärtnersfrau in die aufgehaltene Schürze geschüttelt.

»Trag sie fein nach Haus, Marjell und verlier sie nicht beim Hopsen, du luchternes Ding. Bring sie der Mutter mit einem Gruß von der alten Pansegrau. Und nun troll dich.«

»Hier, Mamache, die Zwiebeln.«

»Was fiere Zippeln?«

»Na, die von der alten Pansegrau.«

»Was dalberst man bloß wieder rum, Emmchen, die alte

Pansegrau winscht mich eher bis inne Pojiften, als dasse mir de Zippeln wird mitjeben. Jeh, jeh, Marjell, wo hast se dir besorgt?«

»Aber nei, se hat se mir man selbst gegeben – un war kein bisschen boßig dabei, nei …«

»Hm – na, lass sehn, dem Krätsch.«

Es hatte da einen Streit gegeben zwischen den Nachbarinnen. Schade, wo es sich doch sonst stets über den Zaun so herrlich nabern ließ.

Und schließlich waren hier im Stromland die einzelnen Gehöfte weit genug voneinander entfernt, um in friedlicher Nachbarschaft zu leben und die bald zu erreichende Nähe des anderen zu schätzen. Ach ja, der Streit! Die Kinder, dieses biestige Volkchen, hatten – weil die Gärtnersfrau sie beim Plündern der Stachelbeerbüsche erwischt und ihnen, ohne Umstände zu machen, eins getachelt hatte – einen Vers gemacht, den sie bei jeder Gelegenheit aus ihren Verstecken hören ließen. Na, so ein Verschen, wo sich Pansegrau auf Buszebau reimt. Das hatte dann dazu geführt, dass sich die beiden Frauen nicht mal auf dem Kirchgang grüßend zunickten.

Und nun die Zippeln!

Das Emmchen musste sie selbst in die Erde bringen, sie reichten den ganzen Weg entlang, der vom Strom durch den Garten bis ans Haus führte. Und die beiden Frauen machten bei einem Toppche Tee endlich dem Heckmeck mit dem Buszebau ein friedliches Ende.

Und Zeit geht hin …! In jedem Frühjahr, wenn das Hochwasser, zu sanfter Flut gebändigt, wieder im alten Strombett dem Meer zufloss, wenn die Winde gelinder wurden und allerortens frisches Blattgrün sprießte, dann hatten es auch die Narzissen eilig, mit ihrem Leuchten ein paar Mädchen-

augen zum Strahlen zu bringen. Emmchen, den Kinder-
röckchen entwachsen, war längst eine luchterne Marjell.
Wenn die Mutter ihre schwellenden Formen mit kritischen
Blicken umrundete, sagte sie wohl zum Vater: »Achoi, Alter,
wird Zeit, dassde 'nem großen Hund anschaffst, de Bowkes
haben mir gar zu jielige Augen, wense der Marjell nachblin-
kern«, und schickte ihren Worten ein paar kleine Seufzer
hinterher. Vater beruhigte sie dann: »Jeh, jeh, Mamachen, de
spacheistrije Madam ist man grad siebzehn und hat noch nie
nich solche Flausen im Koppche, oder?«

»Weiß nich, weiß nich, neulich, de alte Pansegrau, die meinte, was euer Emmchen is, die is man auch so karsch jewor-
den, die sieht einem kaum noch − na, was willst wissen, so
jnidderig wie de annern Marjellens war unser Emmchen nie
nich.«

Das stimmte, die Burschen im Dorf konnten ihr gestohlen
bleiben, aber − wenn der Albert ihren Weg kreuzte, wenn er
ihr über den Fluss herüber einen Gruß zuwinkte, dann blühte sie auf wie die Narzissen − oder auch Rosen − im Gutsgar-
ten. Dort war der Albert Inspektor. Ein Kerl wie ein Bild.
Wenn Emmi an ihn dachte, bekam sie regelrecht eine Gänsehaut. Wenn er gar noch − es kam vor, dass sie sich irgendwo am Fluss oder im Dorf begegneten − sacht ihren Arm nahm
und leise zu ihr sagte: »Palauk man bischke …«, dann klopfte ihr das Herz wie zum Zerspringen. Die schwarzen Pupillen seiner stets lustig zwinkernden Augen blitzten dann nur
so, und das ebenso schwarze Bärtchen saß ihm ziemlich verwegen über dem ständig vergnügt pfeifenden Mund. Neulich
erst meinte die Mutter: »Weiß der Deibel, wem dieser Racha-
ler all wieder am Bekuren is, dem janzen lieben Sonntag lang
schleicht dies Mensch hier um de Puschienchen rum.«

Das war arg gewesen, denn es sollte ihr erstes heimliches

Stelldichein werden. Er habe mit ihr etwas Wichtiges zu bekunkeln, hatte er ihr des Morgens beim Kirchgang zugeflüstert. Nuscht war! Der Albert würde sie nun wohl mit keinem Auge mehr beokeln. Es war zum Dammlichwerden.

Und dann kam's doch wieder ganz anders. Mutter machte sich eines Tages auf, angezogen wie zu einem Besuch in Heydekrug, und sie tat sehr geheimnisvoll. Am nächsten Tag wurde es noch verrückter. Emmi musste es sich gefallen lassen, von allen Seiten abgemessen zu werden. So, als wollte man ihren Körper pfund- oder zentimeterweise ergründen. Rosarote Wolken von Tüll und Satin füllten plötzlich die kleine Wohnstube aus. Wunderschön – prächtig geradezu. Mutters Hände verfuhren nicht eben sanft mit dieser Pracht. Das Emmchen bekam auf die Frage, was denn bloß los sei, stets die Antwort: »Wirst all sehn, wacht man, wirst all sehn.« Na ja, Zauberei. Schließlich erfuhr Emmi doch die atemberaubende Neuigkeit, dass sie auf der Hochzeit der Tochter des Gutsbesitzers eine der Brautjungfern sein durfte. »Und der Brautführer?«

»Den sucht das Fräulein selbst aus.« Ach – so also! Na, das konnte ja was werden. Sie hatte schon gar keinen Spaß mehr, wenn sie daran dachte, dass der Albert sich den ganzen Tag lang mit irgend solcher Lusze amüsierte. Nach dem Reinfall neulich. Ogoll, ogoll …!

Ein Frühlingstag, wie geschaffen für eine echte ostpreußische Hochzeit. Im Garten die Marjell wie eine duftige Wolke. Nur über den erwartungsvoll blickenden Augen lag so etwas wie ein dunkler Schatten. Da schrie die Mutter auch schon: die Kutsche kommt – und wischte sich schnell die Hände am Schürzenzipfel ab. Emmi wurde es eng unter dem rosaroten Mieder. Die Hände in den zarten Garnhandschuhen wurden feucht.

»Ich seh gar nicht hin«, sagte sie noch zum Vater, da hatte sie längst ein Auge riskiert und trotzdem nichts weiter wahrgenommen als einen großen Strauß leuchtender Narzissen. Der ihn in der Hand hielt, beugte sich gerade tief über Mutters Hand mit den Worten: »Es ist mir eine ganz besondere Ehre, gerade Ihre Tochter heute als Tischdame und Tanzpartnerin an meiner Seite zu haben.« Und wie er aussah! So richtig vornehm. Über diese Hochzeit wurde noch lange, lange in den höchsten Tönen gesprochen. Wo nich!

Von nun an war der Albert sonntags – so bei Glumskuchen und Johannisbeerwein – ein gern gesehener Gast im kleinen Haus am Strom. Und Emmchen glühte und leuchtete mit den Narzissen um die Wette. Und das blieb auch so.

Als der forsche Kavalier jedoch so kurz vor Weihnachten – man schrieb das Jahr 1914 und im ganzen Land rückte das junge Mannsvolk an die Front – ganz offiziell zu den Alten von Verlobung sprach, da sagte der Vater erst mal ein Weilchen nichts, um nach geraumer Zeit des Nachdenkens nur mit dem alten ostpreußischen Spruch zu antworten:

»Der liebe Gott hat uns die Zeit gegeben, von Eile hat er nichts gesagt.«

Aus der Traum. Als die Narzissen wieder blühten, prachtvoller denn je und in einer Fülle, dass ihr Leuchten die Augen blendete, da marschierte der Soldat Albert gerade westwärts … im Gleichschritt, marsch! Natürlich kam er wieder, sonst hätte ich ja diese Geschichte nicht schreiben können. Er konnte bloß seine Emmi bei der Begrüßung (und auch später) nicht in beide Arme schließen, den linken Arm hatten ihm die Franzosen nicht wieder mitgegeben. Macht nuscht.

Jedenfalls wurde aus den beiden ein stattliches Hochzeits- und glückliches Ehepaar.

Von nun an floss ihr Leben eigentlich so dahin, wie auch

das Wasser des Stromes seine vorgeschriebene Bahn zog: mal sanft geglättete Wellen, mal hochbrausende Wogen, mal spiegelte sich eine heitere Sonne in glatten Fluten, mal hingen drohende Wolken über wütend gurgelnder Strömung.

Als sichtbares Zeichen dafür, dass ihre Ehe und das einfache Leben hier am Strom gesegnet waren, nahm Frau Emmi nicht nur die Tatsache hin, dass ihr Mann auch mit einem Arm dem Gut ein vollwertiger Inspektor blieb, dass ihre vier Kinder robust und vergnügt heranwuchsen, dass sie – zusammen mit den Alten – ein beschauliches Leben führten, nein – nicht nur das, auch die Narzissen bestimmten ihr Leben im Jahresablauf. Ja, das war so. Aus dem Beweis guter, herzlicher Nachbarschaft erwuchs ihnen solch ein Segen, dass der Albert beschloss, ein Geschäft daraus zu machen. Ein sich wirklich lohnendes! So wurden forthin nicht nur die Blumen in jedem Frühjahr auf dem Markt der nahen Kreisstadt verkauft, sondern auch die Zwiebeln regelrecht im Großhandel zum Kauf angeboten. Das Geschäft blühte, und wie.

Diese gelben, leuchtenden Glocken schienen wirklich dazu auserwählt zu sein, in dieser Familie Freud und Leid einzuläuten. Darum war es nicht verwunderlich, dass Großmutter grad in dem Augenblick, als sie mit einem Arm voller Narzissen, die sie geschnitten hatte, damit ihr Alterchen sie zum Markt bringen sollte, heimgerufen wurde von dem großen Gärtner, der am besten weiß, wenn verwelktes Laub zum Hinsterben bereit ist. Und ein Jahr später – zur gleichen Zeit – folgte der Alte ihr nach.

Albert, jetzt Hausherr auf dem kleinen Anwesen am Strom, war noch immer der forsche, drahtige Kerl von einst. Mit verwegen blitzenden Augen, gepflegtem Schnauzbart und nun leicht grauen Schläfen. Frau Emmi bekam noch immer ein bisschen Gänsehaut, wenn er sie so von der Seite ansah, wenn er seinen einen Arm um sie legte, sacht über ihre etwas zu drall gewordenen Formen strich und leise sagte: »Komm, Altsche, komm – palauk man bischke …« Dann setzte sie sich wohl ein Weilchen – oder auch zwei – zu ihm auf die alte Bank am Ufer. Nicht so sehr, weil sie der Ruhe bedurfte, sondern weil es dann meist sein Armstumpf war, der ihn zwang, besonders bei Wetterumschlag, eine Pause einzulegen.

Und Zeit geht hin …

Hans, der Älteste, war in Königsberg im ersten Semester seines Medizinstudiums, Albert in der Lehre bei einem Gärtner in der nahen Kreisstadt, die blonde Ingrid und die schwarze Charlotte drückten noch immer mit mehr oder weniger Eifer die Schulbänke, da rüstete die Welt zu einem neuen Krieg. Der Vater, ehemaliger Oberleutnant, musste ab sofort auf einer militärischen Dienststelle in Tilsit seinen vaterländischen Pflichten nachkommen. Hans folgte begeistert dem Ruf: Wer will unter die Soldaten! Und der jüngere, der Lorbas Albert, konnte die Zeit nicht erwarten, es seinem Bruder gleichzutun.

»Ogoll, ogoll … was fiere Not«, seufzte die Mutter und werkelte verschichert und verbiestert in Haus und Garten herum. Und niemand sagte mehr leise zu ihr: »Komm, palauk man bischke, Mamachen.«

Hans fiel 1941 in Frankreich, der übermütige Albert 1943 in Russland. Dass sie die beiden verlieren mussten, einfach so, das war schlimm für die Mutter, dass sie kein Grab hatte, zu dem sie all ihre Not und Verzweiflung tragen konnte, ließ sie in Trauer erstarren. Ingrid war weit, in Malente als Rotkreuzhelferin, Charlotte suchte selbst noch Schutz und Trost. Albert kam, so oft sein Dienst es zuließ. Aber sein Schnauzbart war weiß geworden und seine Augen hatten ihren Glanz verloren. Er sprach kaum noch und lief durch Haus und Garten wie ein Fremder.

Sorge und Hoffnungslosigkeit wucherten von nun an ebenso wie die Narzissen im Garten und am Ufer des Stromes. Alles geriet außer Sinn und Verstand. (Wer von euch, die ihr später meine Aufzeichnungen lest, wird unsere Verzweiflung, unsere Not und sprachlose Ohnmacht nachvollziehen können, niemand von euch wird ermessen können, was … Charlotte)

Als sie sich dann aufmachten im großen Treck nach Westen, lag Albert krank im Lazarett. Weil er so drängte, so bat und zuredete, darum nur spannte auch Emmi die beiden Pferde vor den Planwagen, mit dem sonst die Blumen, die Zwiebeln, auch Gemüse und Früchte zum Markt gebracht wurden. So reihten sie sich dann ein in diesen Zug des kalten Elends. Den Weg, den sie nahmen, kennen wir alle, darüber bleibt an dieser Stelle nichts mehr zu berichten. Im Herbst 1945 endete ihre Irrfahrt schließlich in Malente.

Charlotte ließ sich von Ingrid gern die beiden Koffer abnehmen. Sie enthielten alles, was ihnen geblieben war. Oder doch beinahe! Die Mutter konnten sie nicht dazu bringen, sich von dem kleinen Sack zu trennen, den sie krampfhaft umklammert hielt.

»Was hat sie bloß drin?«, fragte die Ältere leise.

»Na, was wohl, de Zippeln, dammliche Marjell.«

Und da endlich konnte Charlotte weinen.

Emmi kümmerte sich um nichts, was immer der Preis für einen Knust Brot auch ausmachte. Sie hatte man bloß die eine Sorge auf sich genommen, die Mühe, ein Stück Land zu finden, damit sie die Blumenzwiebeln noch rechtzeitig in die Erde bringen konnte. Ein Stück Land – ein Stück Heimat!

Mit Ingrids Hilfe, Umsicht und Beziehung, schaffte sie das

auch. Eine hübsche, kleine Mansarde. Ländlich die Gegend, und doch in Stadtnähe. Als sich im nächsten Frühjahr wirklich die ersten Blattspitzen und Knospen zeigten, da dachte sie bloß: auf den Gräbern, daheim, da wachsen sie nun auch weiter, ohne Pflege, im Garten bestimmt ebenso, – aber, mein Gott, die Bowkes, die beiden Jungchen … –

Weithin leuchtete das große Beet vor dem Haus. War ihr Trost und Hoffnung zugleich.

Vom Vater sprachen sie nie, wenn die Mutter in der Nähe war. Nein, wozu – da gabs nichts zu reden. Frau Emmi hütete die Sorge um ihn heimlich. Dies war ihr Kummer. Er sollte ihr allein gehören. Ihr allein. Er war ja alles, was ihr geblieben war von Zuhause. Und die Narzissen.

Als er dann Anfang Mai 1947 plötzlich am Gartentor stand, ausgemergelt und blass, als sie von ihrer Arbeit an den Beeten aufblickte, geradewegs in seine Augen, da tat sie kein bisschen erstaunt, da sagte sie man bloß: »Hast mich all leicht finden können, was Alterche?« Und ehe er sie noch umfangen konnte, ehe sie es zugelassen hätte, tat sie noch einen langen seligen Blick über das Beet mit den leuchtend gelben Blütenglocken. Und er verstand und wusste alles.

Nahm sie beim Arm, wartete geduldig, bis sie sich die schmutzigen Hände an ihrem Schürzenzipfel abgewischt hatte, hielt sie dann fest und sicher und sagte man bloß: »… und nun komm, mein Altchen, komm … palauk man bischke …«

Morgen … hatte die Mutter zu ihm gesagt. Das war erst mal die übliche Hektik; sie packte ihre Tasche fürs Büro, er seine für die Schule. Das Familienoberhaupt war ihnen schon vorausgeeilt. Für eine Schüssel Cornflakes reiche die Zeit noch, rief die Mutter aus dem Bad. Er liebte Cornflakes mit kalter Milch. Also los. Als sie sich in der Küche gegenüber-

saßen, war zuerst nichts weiter zu vernehmen, als das Gekra-
schel, das ein Maisflocken-Frühstück nun mal verursacht.
Dann zeigte der Junge plötzlich auf das sehr hübsche Dekol-
leté seiner Mutti und meinte: »Das ist doch ein Bernstein,
oder?« Natürlich sei es das, Urgroßmutter Emmi habe den
von ihrem Mann zur Hochzeit bekommen und sie von Charlotte zu seiner, Alberts Geburt. Warum sie ihn dann so selten trüge, er sei doch sehr schön, er sei so leuchtend wie die
Osterglocken, na – du weißt schon. Er sei sehr kostbar und
sie habe stets Angst, ihn zu verlieren.

»Ich habe seinen Namen gekriegt, nicht wahr?«

Ja, ob er denn ärgerlich sei wegen seines altmodischen
Namens; alle, die ihn noch gekannt haben, sagen, er sei ihm
sehr ähnlich … das schwarze Haar, die dunklen Augen, na –
überhaupt.

»Quatsch, Tina, hast du dich je geärgert, weil du Katharina heißt? Das muss ja wohl die Mutter von Emmi gewesen
sein?« Nein, sie sei immer sehr stolz auf diesen Namen gewesen, aber nun müssten sie sich auf den Weg machen, sonst
kämen sie zu spät.

Als er vor der Schule aus dem Auto stieg, bevor er die
Wagentür zuschlug, grinste er sie so recht in Albert'scher
Manier an und sagte:

»Wie ich dich kenne, wirst du sofort vom Büro aus mit
Charlotte telefonieren, sag ihr, ich möchte am Freitagabend
abgeholt werden, habe Sonnabend keine Schule, außerdem
müsste ich etwas sehr Wichtiges mit Charlotte bekunkeln.«

»Bekunkeln, was ist das denn?«

»Ja, ja, Französisch und Englisch paukst du in mich hinein,
aber Ostpreußisch verstehst du nicht.«

Er schwenkte seine Schultasche, winkte ihr heftig zu – und
war schon verschwunden.

Tina zündete sich eine Zigarette an, ehe sie den Wagen startete, nahm ein paar heftige Züge, dann gab sie Gas, düste los, und während sie so dahinfuhr, dachte sie: ich muss mir die alte Kladde auch wieder einmal herkriegen, na ja – die alten Geschichten. Und sie dachte auch, dass es doch gut sei, dass Charlotte alles aufgeschrieben, aufgezeichnet hatte, damit es niemals verloren gehen könnte.

Der Weg zurück

Anfang März in Friedland. Es schneit und regnet noch immer. Seit Tagen schon schüttet der Himmel die Nässe aus tief hängenden Wolken. Die Felder liegen noch weiß und unberührt. Erdbraun dehnt sich dazwischen das Band der Straße.

Die Frau stapft unverdrossen durch Schneematsch und Kälte. Sie geht aufrecht, erhobenen Hauptes. Die Hände stecken tief in den Taschen eines schäbigen, doch scheinbar warmen Mantels. Sie blickt angestrengt geradeaus, als erwarte sie jemand. Nicht irgendjemand, denn in ihren Augen streiten viele Empfindungen miteinander: Erwartung, Freude und Angst, Mutlosigkeit und unendliche Hoffnung.

Die Landstraße mit kahlen Bäumen zu beiden Seiten verbirgt nichts, die Frau sieht seit Stunden dies unveränderte Bild: grauschwarzes Geäst der Apfelbäume, die schmucklos auf Blüte und Frucht warten, zugeschneite Felder, wo vereinzelt Krähen hocken und krächzend Klage erheben, hinter ihr das Lager.

Die Frau erreicht die Kreuzung, bleibt stehen und blickt nach rechts und links. Kein Mensch ist zu sehen, kein Auto. Die Stille hängt schwer in der Landschaft. Die Frau schüttelt sich, Schnee fällt von Kopftuch und Mantel. Das Gesicht ist feucht wie die grauen Haarsträhnen, die sich aus dem Wolltuch gelöst haben. Nur die Augen in diesem von Leid gezeichneten Antlitz strafen alle erkennbare Mutlosigkeit Lügen.

Dieses Ausharren, die Erwartung sind wie eine Kampfansage an das Unvermeidliche dieses Tages, ein Sichhineinwerfen in einen Kampf, der noch ausgefochten und bestanden werden will. Aus dem Feldweg kommend biegt ein

Holzfuhrwerk in die Hauptstraße ein. Ein älterer Mann klettert vom Wagen, missmutig trottet er neben seinen Gäulen her, damit er sich warm laufe.

Die Frau beachtet er nicht. Sie ist ihm fremd. Wäre sie hier aus dem Dorf, hätte er ihr wohl einen Gruß oder mindestens ein paar Worte über das schlechte Wetter zugerufen. Der Pferdewagen verschwindet langsam in der Ferne. Die Frau schaut ihm nach, als hätte er all ihre Hoffnungen mit hinweggenommen. Sie geht zurück. Unschlüssig erst, andauernd den Kopf in Richtung Hauptstraße gewendet, strebt sie nun dem nahen Flüchtlingslager zu. Im Schnellergehen öffnet sie den Brief, diesen arg zerlesenen Fetzen Papier: … warte auf uns, wir holen Dich nach Hause, gegen 11 Uhr sind wir in F … wir freuen uns … Dann eine kurze Nachricht, dass man mit dem Auto komme und »Grüße von uns allen«. Das sind der Sohn, seine Frau und die beiden Kinder. Sie kennt sie nicht, spärlicher Briefwechsel hat weniges nur berichtet. Das wenige, das sie so unbeschreiblich niederdrückt vor freudiger Unruhe und Angst. Zwanzig Jahre Sibirien! Die Frau stöhnt laut. Es kommt wie ein Schrei über die schmalen blutleeren Lippen. Wie ein gehetztes Wild jagt sie über die gepflasterten, sauber gefegten Wege durch das Lager. Vor der Baracke, darin sie sich zum ersten Male wieder nach all den Jahren wie ein Mensch gefühlt hat, steht das Auto! Sie haben einen anderen Weg genommen.

Die Frau verhält den Schritt. Ihr ist übel wie vor einem Erbrechen. Das Herz klopft wild gegen die Rippen. Sie fühlt jeden Schlag, jeden einzelnen, an der Innenseite ihrer linken Hand, die sie gegen den mageren Brustkorb gepresst hält. Sie schaut ängstlich um sich, schleicht dann zurück bis zu der anderen Seite des Lagers, wo – verdeckt von einigen Tannen – eine Bank steht. Hier haben schon viele vor ihr gesessen und gewartet. Sie faltet die blau gefrorenen Hände, ringt um Ruhe und Sicherheit.

Sie weiß, wenn sie nicht freudig und gelöst den Menschen gegenübertritt, die sie nach Hause holen wollen, die sie Mutter nannten – schon in den Briefen, wenn sie unsicher ist in ihrer Haltung, wird der damals begangene Betrug offenkundig. Noch jetzt, nach langen, langen Jahren:

Januar 1945. Sie waren aus Wischwill, nahe der polnischen Grenze, vor vielen Wochen aufgebrochen und im Treck seitdem unterwegs gewesen. Sie waren Straßen des Grauens gezogen und Wege unbeschreiblicher Leiden gefahren. Dann musste sie zurückbleiben. Ein Soldat erschoss ihr Pferd, das auf eisharter, holpriger Straße zu Fall gekommen war. Sie war dem jungen Kerl dankbar dafür gewesen, hatte ihm einen dünnen Streifen Speck und ein Stück vom harten Brot gegeben. Sicher in der Hoffnung auf ähnliche Raritäten, hatte er ihr Fuhrwerk mit seinem Geländewagen aus dem Treck heraus und ins nächste Dorf gezogen. Eine Turnhalle, mit feuchtem Stroh ausgelegt, nahm sie und die Kinder nun auf.

Der Soldat kam in den nächsten Tagen häufig vorbei, sie und die beiden Kinder gewöhnten sich an seine Fürsorge. Sie teilten auch die wenigen Nahrungsmittel miteinander. Sein Truppenteil lag auf dem Rückmarsch hier fest. So warteten auch die Flüchtlinge, von denen über die Hälfte plötzlich an Darmgrippe erkrankte. Auch ihre beiden Kinder, die – ohnehin entkräftet und ausgelaugt – nach bangen Stunden und Tagen an einer Lungenentzündung starben. Sie waren sechs und vier Jahre alt geworden.

Die Frau schloss ihnen die gebrochenen Augen und der Soldat half ihr beim Ausheben eines Grabes aus der hart gefrorenen Erde. Er half, die kleinen Leichen in Zeltplane zu wickeln und in die kalte Grube zu betten. Er kam auch danach noch manchmal, saß bei ihr – und sie schwiegen. Er drängte sie nicht zur weiteren Flucht, wusste, dass sie diesen Ort freiwillig nicht mehr verlassen würde. Er verschaffte ihr eine warme Unterkunft im Gemeindehaus. Eines Nachts wurde sie durch anhaltendes Klopfen am Fenster aus unruhigem Schlaf gerissen. Sie öffnete ihm die Tür, und er trug das Kind auf seinen Armen herein. Mühsam atmend legte er es auf ihr Bett, seine Stimme war rau: Eltern von Tieffliegern erschossen, dieser – ungefähr sieben Jahre alte Junge – hatte krank, aber sicher geborgen im Wagen gelegen, der vom Treck abgekommen war. Er war unverwundet, fieberte stark und fantasierte. Der Soldat blickte flehend und auch aufmunternd von der Frau zu dem kranken Kind – und war schon verschwunden, ehe sie noch etwas sagen konnte.

In derselben Nacht setzte sich sein Truppenteil weiter nach Westen ab.

Sie aber hatte nun ein Kind ohne Namen und ohne Wissen um seine Herkunft. Der Junge rief in wilden Fieberträumen viele Namen, immer wieder jedoch nach seinem Mamache, immer wieder. Die Frau nannte den Jungen einfach beim Namen ihres verstorbenen Kindes und pflegte ihn in qualvollen Tagen und Nächten gesund. Er blieb apathisch, war weder erstaunt noch verwundert, sie stets um sich zu sehen. Er hörte ohne Widerspruch auf den Namen, den sie ihm gegeben und nannte sie Mutter. Nur selten noch weinte er im Schlaf. Kamen die quälenden Träume wieder, dann rief er wohl flehentlich nach seinem Mamache, doch die Frau weckte ihn dann, wiegte ihn tröstlich in ihren Armen und sang leise Lieder, wie sie es auch sonst mit ihren Kindern getan hatte.

Niemals nannte er sie zärtlich Mamache, aber er hing wie eine Klette an ihr; er entfernte sich nie aus ihrer Nähe. Als die Russen näher kamen und all die anderen Flüchtlinge sich aufmachten, weiter westwärts zu ziehen, packte auch sie ihre paar Habseligkeiten zusammen. Sie hängte dem fremden Jungen die goldne Kette um den Hals, daran das Leinensäckchen befestigt war, worauf sie Namen und Herkunft ihres eigenen Sohnes gestickt hatte. Die gleiche Kette mit dem Namen ihrer Tochter behielt sie bei sich, nachdem sie die wertvollen Schmuckstücke sorgfältig ausgewählt und auf beide Leinensäckchen verteilt hatte. Der Junge ließ alles mit sich geschehen, verfolgte nur angstvoll Tag für Tag jede ihrer hastigen Bewegungen, wenn sie unruhig im Zimmer hin und her lief. Er hatte panische Angst, allein zu bleiben.

Eine mondhelle Nacht im März brachte den endgültigen Befehl zur schnellen Flucht. Sie kamen nicht weit. Die Frauen wurden geschlagen und gepeinigt, das Grauen hatte sie wieder eingeholt. Jahrelang, wenn der helle Mond über Sibirien stand, hörte sie wieder und wieder die schrillen Schreie aus entsetztem Kindermund.

Irgendwann versetzte ein Kolbenschlag sie in Ohnmacht. Bewusstsein und Erinnerung kamen erst zurück, als das Weinen und Wimmern in ihren Ohren dröhnte, als Kälte und Gestank in dem Eisenbahnwagon unerträglich wurden.

Dann kam Sibirien.

Jede menschliche Regung erstarrte, jede Sehnsucht erlosch, jede Hoffnung wurde getötet. Bis der Brief kam, darin stand, dass ein junger Mann seine Mutter seit Jahren gesucht und hier nun endlich gefunden hatte. In Sibirien.

Da erwachte der Mensch, da schrieben harte, ungelenke Finger einen Brief, da verschmierten Tränen die ohnehin kaum lesbaren Worte. Die wenigen.

Nun sitzt sie hier. Und dort in dem schmucklosen Barackenraum wartet ein Sohn auf seine Mutter. Die Frau starrt

auf ihre gefalteten Hände. Sie sind weiß geworden, so haben sich die Finger ineinander verkrampft. Die Lippen bewegen sich zu inbrünstigem Gebet, wie es nur ein Mensch in tiefer Not und Bedrängnis sprechen kann. Dann geht sie doch. Und ihre Füße tragen sie leicht, als steckten sie nicht mehr in schweren nassen Stiefeln. Sie öffnet die Tür, atmet tief und tritt ein. Am Fenster steht der junge Mann. Sie sieht seine schmale Gestalt, den wohlgeformten Kopf, die leicht gebeugten Schultern. Nur ihn sieht sie. Er musste den Blick im Rücken gespürt haben, langsam dreht er sich um. Auge in Auge verharren die beiden Menschen. Eine lange Zeit. Die Frau weiß: in diesem Augenblick liegen für sie Leben oder Tod. Aber sie senkt nicht die Augen, sie sammelt alle Kraft, allen Mut in diesen ersten Blick. Die junge Frau und die Kinder sind zur Tür hinausgegangen. Leise fällt sie ins Schloss. Da erst löst sich die Gestalt langsam vom Fenster. Wenige Schritte trennen sie voneinander. Doch es ist ein langer Weg von dort bis zu ihr. Sie geht ihm nicht entgegen. Erst als er greifbar vor ihr steht, hebt sie beide Arme empor. Da fühlt sie seinen Kopf an ihrem Kopf, seinen Mund an ihrem Ohr: …
Mamache … –

Zu Hause im weiten Land
Ostpreußen

... immer wirst du erinnern sein Lied ...

Ostpreußische Seenlandschaft

Des Sprossers Lied

Es fällt in die Stille
durch grünhelles Laub.
Der Sprosser singt
im Waldhang am See.
Es steht im
schattigen Uferwald
es steigt
fällt dir ins Herz.

Als hätte es keinen
Abschied gegeben
nicht Warten
und diese Wiederkehr
Erinnern und Gehn.
Des Sprossers Lied
im Steigen und Fallen
ein Bogen über der Zeit.

Später, in anderen Sommern
wenn die Nachtigall singt
die Schwester im Westen
immer wirst du erinnern
sein Lied. Herbsüß tönt's
im Seewald im Osten.

Tante Friedchen und Jonas

Es ist noch eine alte, schmale Straße, die aus dem kleinen Heidedorf hinausführt. Als sie verbreitert wurde, hat man nur den Sommerweg mit einbezogen, durch dessen Sand einst die Pferdefuhrwerke ihre Spur zogen. So blieben auch die großen alten Birken erhalten, die ihr Blättergold im Herbst vom Wind hin- und herschwenken lassen oder im Frühling das zarte Maiengrün.

An dieser Straße, am Ausgang des Dorfes, ja, noch etwas abgelegen von ihm, steht ein altes Fachwerkhaus mit heruntergezogenem Reetdach. Das ist der alte Lünzmannhof mit »Ausschank«, wie es lange Zeit auf dem Schild mit den verschnörkelten Buchstaben über der Eingangstüre zu lesen war. Da kehrten die Bauern ein, wenn ihnen die Kehle gar zu sehr ausgetrocknet war, nach einem heißen Tag bei der Heu- oder Kornernte.

Inzwischen hat sich da manches geändert. Besonders, seit der alte Lünzmannbauer »dot bleeven is«, wie die Leute hier sagen. Und das ist auch der Grund, warum sich in letzter Zeit in dieser stillen Gegend Autotypen sehen lassen, von denen die Jugend im Ort bisher nur träumte, die sie nur vom Fernsehen her kannten. Über der Eingangstüre hängt jetzt eine große rote Laterne. Und wer nicht allzu weit von einer Hafenstadt entfernt wohnt, der weiß, wen eine solche Laterne anlocken soll.

Aber da gibt es ganz in der Nähe noch ein Haus. Es ist mehr eine aus- und umgebaute Baracke, die sich zum kleinen Häuschen gemausert hat. Das Häuschen liegt gerade gegenüber, doch etwas versteckt am nahen Buschwald. Da

wohnt Frieda Perkun, doch alle im Dorf sagen Tante Friedchen, mit Jonas. Es gibt wohl kaum ein Haus, in dem Tante Friedchen nicht schon einmal ausgeholfen hat. Sei es in
den Nachkriegsjahren bei der Ernte oder später bei den
Hochzeiten und Trauerfeiern. Jetzt, da ihr Rücken von den
Jahren müde geworden, wird sie gerne als Omchen zum Kin-
derhüten geholt. Darum gab es über die Begebenheit, die
ich erzählen will, auch keine Schadenfreude, sondern nur
ein herzhaftes Auflachen, das wie eine Welle durch die Häuser ging.

Und da ist noch der Jonas, der bei ihr lebt. Jonas ist nicht
ihr Sohn, nicht einmal mit ihr verwandt. Sie hat ihn mitgebracht, damals, als sie bei Kriegsende, so müde und erschöpft
wie ihr mageres Pferd vor dem Treckwagen, hier ankam.

Es war auf dem endlosen Zug durch die verschneiten Straßen und rauchenden Trümmerdörfer in der Heimat gewesen. Sie hörten den Geschützdonner und konnten ganz in der
Nähe die deutschen und russischen Maschinengewehre voneinander unterscheiden, weil die russischen etwas langsamer
im Takt waren. Dazu war das Geknatter der Tiefflieger
gekommen, die den Elendszug der Flüchtenden beschossen.
Jonas war vorgelaufen, wie es die Kinder auf diesem langen
Weg so taten. So kam er erst dazu, als die Männer den zerschossenen Wagen mit der Mutter und dem Bruder schon
beiseite geräumt hatten. Da hatte Frieda Perkun Jonas auf
ihren Wagen gezogen.

Jonas war damals dreizehn Jahre alt und sie eine junge tat-
kräftige Frau. Er wurde zu ihrem Jung', besonders, als sie
Gewissheit hatte, dass ihr Mann nicht aus dem Krieg zurück-
kehren würde. Jonas musste dann hier ja nicht mehr lange
zur Schule gehen. Weil sie nicht wollte, dass er bei den Bauern als Knecht hängen blieb, schließlich kamen sie ja beide

vom eigenen Hof, hatte sie alles darangesetzt, ihm die Lehr-
stelle beim Zimmermann zu beschaffen. Das kam ihnen zugu-
te, als sie die Bauteile für die Baracke erwerben konnten, weil
im Nachbarort das Arbeitsdienstlager der Maiden abgerissen
wurde. Wie hatten sie sich damals über das eigene Heim
gefreut. Wohnten sie doch bis dahin in einem kleinen Raum
am Ende des Schweinestalles bei Bauer Lünzmann. Später
hatten sie die Baracke aus- und umgebaut.

Freundlich sah ihr kleines Haus mit den blauweiß gestrichenen Fenstern und der langen Reihe Königskerzen am
Wegrand aus. Diese schöne stolze Blume, mit den goldgel-
ben Blütenkerzen und den sammetweichen graugrünen Blättern, hatte es vorher in dieser Gegend nicht gegeben. Sie
wuchsen da, wo Frieda Perkun nach ihrem langen Weg den
Treckwagen abgefegt hatte. Aus dem Samen, der sich im Heu
versteckt gehabt hatte, waren sie hervorgegangen. Wie viele
junge Pflänzchen hatte sie schon an ihre Landsleute ver-
schenkt.

Einen Kummer hatte Tante Frieda, über den sie oft sprach.
Warum fand der Jung' keine Frau? Warum heiratete er nicht?
Ein bisschen still war er ja, sprach manchmal tagelang nur
das Allernötigste mit ihr. War ja auch seit damals, seit dem
Geschehen am Straßenrand, nie mehr ein froher ausgelasse-
ner Junge geworden. Das Leben ging doch weiter. Ja, es nahm
einen mit, zog einen weiter. Aber mancher lässt sich einfach
nur weiterziehen, geht nicht richtig mit, weil er da zurück-
bleibt, wo der Schmerz wie ein Blitz durch ihn hindurchge-
fahren ist und eine dunkle Spur hinterlassen hat. Was braucht
es erst, um ihn von dort abzuholen und weiterzuführen? Das
waren Gedanken, die Frieda Perkun oft in ihrem Gemüt
bewegte.

Vor Jahren, da waren schon mal nette Mädchen gewesen,

die Jonas auch trotz seines stillen Wesens gerne genommen hätten. Doch nach einer Zeit, in der Tante Friedchen voll stiller Hoffnung gewesen war, hatte Jonas auf ihr Drängen nur gesagt: »Ach, ich lass. Amend weißt nich, wie's geht.« Das hatte sie immer sehr aufgeregt.

»Jonas«, hatte sie dann gesagt, »denk an das Gute. Zu irgendwas musst immer auch lernen, ja zu sagen. Backen kannst dir keine! Was wird sein, wenn ich nich mehr bin?«

Jonas hatte dazu nur seine breiten Schultern gezogen.

Darum wunderte Tante Friedchen sich auch sehr, als sie eines Tages vom Äpfelaufsammeln in die Küche trat, dass Jonas am späten Nachmittag dort vorm Spiegel stand und sich rasierte.

Schnell überlegte sie, Gesangverein war gestern, Feuerwehr war immer am Mittwoch. Doch sie wollte nicht gleich fragen. Vielleicht sagte er ja mal etwas von selbst. So holte sie das Küchenmesser und eine Schale und begann die Äpfel zum Entsaften vorzubereiten. Bei der reichen Ernte wollte sie aus dem gewonnenen Saft Apfelgelee kochen. Aber als sie dann noch das ausgebreitete frische Hemd auf dem Küchenstuhl gewahrte, da konnte sie sich nicht zurückhalten.

»Willst weg, Jonas?«

»Hmmmm.« Er rasierte sich weiter.

Tante Friedchen wollte ihm schon auf die Spur kommen. Ob er eine aus dem Nachbarort kennen gelernt hatte? Darum fragte sie: »Nimmst das Motorrad?«

Jonas setzte nur kurz das Rasiermesser von seinem eingeschäumten Hals ab und antwortete mit einem gedehnten: »Nööö«.

Da durchfuhr es Tante Friedchen. Sie setzte sich gerade auf.

»Jonas, du willst doch nicht zum Lünzmannhof?«

»Warum nich?«

Vor Entsetzen wurden ihre Augen ganz groß und ihre Stimme überschlug sich fast vor Erregung.

»Jonas! Zu den abgewrackten rothaarigen Schateken willst du? Junge, tu mir das nicht an. Und dir nicht«, fuhr sie in etwas gedämpftem Ton fort und beschwörend, »Jonas, du holst dir 'nen Deiwel an.«

»Der Fritz sagt, da kannst was erleben!« Jonas warf das Hemd über, nahm seine Jacke und ging mit seinem schweren Schritt zur Tür.

Tante Friedchen schimpfte vor sich hin. »Fritz, dieser Luntrus mit den Schmandbixen, der wollte Jonas zu so was verführen!« Zornig zerteilte sie die Apfelhälften und schnitt das Gehäuse heraus. So viel Abfall beim Schälen hatte es bei ihr noch nie gegeben. Energisch spülte sie die Flaschen und setzte den Entsafter auf die Herdplatte.

Draußen war es schon ganz dunkel geworden, als sie die ersten Flaschen abfüllen konnte. Da hielt sie es nicht länger aus. Sie band die Schürze ab, langte nach der Strickjacke und machte sich zum Lünzmannhof auf.

Die Fenster waren alle erleuchtet, doch die Scheibengardinen gewährten ihr keinen Einblick. Aber da stand das Auto des Pächters der »Roten Laterne« mit dem Pferdeanhänger. Wenn sie den Mann auch nicht mochte, wegen der drei abgetakelten Frauenzimmer, wie sie sagte, die er in ihr stilles Dorf verfrachtet hatte, so kam sie mit ihm doch manchmal über sein schönes Reitpferd ins Gespräch. »Ich habe Sommerwind vom Gut Medingen«, hatte er ihr gesagt, »da werden jetzt Trakehner gezüchtet.« Und sie kam ja aus dem Land der edlen Pferde.

War es in einem anderen Leben gewesen? So weit lag es zurück, so lange war es her, dass sie zu Hause am Zaun vor der Koppel gestanden, in der Schürzentasche die Brotkrus-

Trakehner Pferde auf der Weide

ten für die Pferde, ihnen zugesehen und gewartet hatte, bis sie zu ihr an den Zaun herankamen. Wie das braune Fell bei jeder Körperbewegung glänzte, wie die schmalen Fesseln spielten, der Schweif wehend Wellen schlug, der rassige Kopf sich neigte! Zu Hause, ihre Pferde, die sie zurücklassen mussten. Wie war es ihnen ergangen? Das fragte sie sich manchmal, wenn sie Sommerwind auf der Weide sah.

Der Pferdeanhänger, mit dem Sommerwind zu den Turnieren befördert wurde, kam ihr jetzt gelegen. Sie kletterte hinauf, und von ihm aus konnte sie durch das Oberlicht der niedrigen Fenster in die Gaststube sehen. Ja, da saß der Fritz, und vor ihm auf dem Tisch eine von diesen, diesen … Ihr schwarzer kurzer Lederrock ließ viel von den in dunklen Netzstrümpfen steckenden Beinen sehen. Und einen Gürtel hatte die um! Wie so'n Sheriff, mit Nägeln beschlagen. Aber der Jonas? Ach, liebes Gottchen, nein! Jonas saß allein an einem Tisch, den Kopf in die Hand gestützt, vor sich ein Bier und einen Korn. Er sah so verloren in diese Rote-Laternen-Netzstrumpfwelt, dass er ihr auf einmal sehr Leid tat.

»Erbarmung!«, kam es aus ihrem tiefsten Herzen so laut, dass sie vor ihrer eigenen Stimme erschrak. Gleichzeitig hatte es einen Ruck gegeben, und das Gefährt setzte sich in Bewegung. Sie hatte nicht bemerkt, dass der Besitzer aus dem Haus gekommen war, sich ins Auto gesetzt hatte und startete. Es war für sie ein Ruck und ein Schrei in einem. Tante Friedchen fiel nach hintenüber ins Stroh. Da saß sie nun, und da blieb sie auch sitzen, denn es war für sie zu genierlich, sich bemerkbar zu machen. Und wie sollte sie auch? So tat sie, was im Augenblick richtig war, sie ergab sich. Und so war es gekommen, dass Tante Friedchen zu einer ausgefallenen Nachtfahrt kam, die sie, weiß der Deiwel wohin, ins Ungewisse entführte. –

Jonas spülte indessen seinen Ärger über Fritz, der sich gleich diesen zerrupften Frauenvögeln zugewandt hatte und sich überhaupt nicht um ihn kümmerte, mit einer »lüttjen Lage« und noch einer und noch weiteren hinunter.

Er wunderte sich, dass in der Küche noch Licht brannte, als er ganz verdruselt dem Haus zustrebte. »Friedchen!?«, rief er laut, mit etwas schlechtem Gewissen. Auf seinen Ruf blieb es still. Irgendwie spürte er, dass das Haus leer war, ohne Widerhall. In der Küche brubbelte der Entsafter vor sich hin. Leise öffnete er die Türe zu ihrer Schlafkammer. Das Bett war unberührt. Wo war sie nur? Jonas ging in die Küche zurück, nahm die hingeworfene Schürze vom Stuhl auf, als könnte sie ihm eine Erklärung geben, und warf sie wieder hin. Auf dem Küchentisch lag auch kein Zettel wie sonst, wenn Tante Friedchen zu einer Hilfeleistung ins Dorf gerufen worden war. Er beschloss zu warten. Zuerst aber füllte er ungeschickt den ausgelaufenen Most in die bereitgestellten Flaschen und zog den Entsafter von der warmen Herdplatte. Schwerfällig setzte er sich an den Küchentisch. Allmählich wurde ihm die Sache unheimlich. Einfach so weg, ohne Nachricht. Hatte sich ein Verbrecher in das stille Heidehäuschen geschlichen? Alles Mögliche stellte er sich vor, was geschehen sein könnte.

Mit den sorgenden und kreisenden Gedanken fiel der müde Alltag ab, das allzu gewohnte Nebeneinander, das den Blick für den andern matt macht. Hatte er überhaupt richtig begriffen gehabt, dass das Leben ihm mit ihrem Dasein ein Geschenk gegeben hatte, nachdem es ihm als Junge den Boden unter den Füßen weggezogen hatte? Ach, wie selten hatte er ihr etwas Dankbarkeit gezeigt. Wenn sie nun nicht wiederkäme, weil etwas Furchtbares passiert ist? Er legte seinen müden Kopf auf die Arme, und seine Gedanken wanderten durch all die Jahre, die er neben ihr gelebt hatte, in denen ihre Fürsorge und Mütterlichkeit ihm einen Halt gegeben. Aber war er nicht, nun als erwachsener Mann, sehr bequem gewesen und hatte alles so laufen lassen, weil es so einfach war? Hätte er sich nicht auf eigene Füße stellen können, stellen müssen? Einmal hätte es nur eines kleinen Anstoßes bedurft, bei Trudchen Petereit. Aber wer sollte ihm den letzten Schubs geben als er selbst? Er sah Trude vor sich mit ihrem rundlichen Gesicht, der braunen Locke über der Stirne, dachte an ihre guten Augen und ihr ausgeglichenes Wesen. Wie sie am letzten Tag in der Türe gestanden hatte und ihn so lieb und fragend angesehen. Und er hatte es nicht über sich gebracht, das entscheidende Wort zu sagen. Was war er doch für ein Dammelskopp. Es wäre ein gutes Leben mit ihr gewesen, musste er jetzt denken. Und Tante Friedchen hätte es im Alter auch leichter gehabt. Ob Trude noch alleine war? Ob sie manchmal an ihn dachte? Ihr Bild glitt in seinen Traum hinein, als er, den Kopf auf den Armen, einschlief.

»Jonas«, hörte er in seinen Schlaf hinein eine warme Stimme. »Jonas!« Er fuhr hoch. Da stand Tante Friedchen alt und müde in ihrer zu weiten Jacke mitten im Raum und sah mit diesem nachdenklich freundlichen Ausdruck auf ihn herab, mit dem sie ihn oft betrachtet, als er noch ein Junge war. Aus dem Schlaf emportauchend stieß er ungewollt hart und heftig hervor: »Wo warst du?!«

Da strafften sich ihre altersmüden Schultern, ja, die ganze Gestalt. Jonas sah es mit Erstaunen. Und mit einem Blitzen in den Augen, schon im Weggehen, halb zu ihm gewandt, sagte sie:

»Ich? Ich war in St. Pauli!«, und verschwand in ihrer Kammer. Jonas sah ihr verdutzt hinterher.

Am anderen Morgen, beim sonntäglichen Frühstück, saßen

sie sich schweigend gegenüber, bis Jonas, während er umständlich an seinem gekochten Ei herumklopfte, etwas verlegen hervorbrachte: »Weißt, Friedchen, gestern, ich hab vielleicht Angst gehabt um dich.« Frieda Perkun wusste, was solche Worte bei dem wortkargen Jonas bedeuteten. Der Bann war gebrochen, und sie konnte ihm alles erzählen.

Wie es zu dieser nächtlichen Fahrt gekommen war, und was sie dabei erlebt hatte. Der Lünzmannpächter war geradewegs nach Hamburg gefahren, direkt nach St. Pauli. Durch den Schlitz in der Plane hatte sie alles sehen können. Die flimmernden Lichter, das Geflacker der aufreizenden Reklamen, die Damen an der Straße. »Du, andre als unsre!« Wortfetzen hatte sie aufgeschnappt. »Die Meile ist attraktiver geworden, Nobelkneipen und Disco …« »Zwei feine Herren, weißt, sone mit Schlips und Kragen, wie früher die Herren vom Senat aussahen, die haben lauthals gesungen: ›Das Herz von St. Pauli, das ruft mich zurück …‹« Laute Musik hatte ihr in den Ohren gedröhnt, und sie hatte sich so in ihr stilles Heidedorf zurückgesehnt. Vor einem Lokal »Tempelhof« war der Pächter ausgestiegen und hineingegangen. Jazzrock hatte sie da gelesen. Und was für Plakate! Junge, schlimmer als vorne auf den Illustrierten! Doch der Pächter war nach kurzer Zeit wiedergekommen, und die Fahrt ging wieder zurück. Unbemerkt, meinte Tante Friedchen, hätte sie dann vom Pferdeanhänger wieder runterklettern können.

Jonas hatte staunend zugehört. Als sie fertig war, sagte er: »Weißt, all den Flimmerkram möcht ich ja gern mal sehen. Wo man so viel davon hört. Un du kommst mit. Kennst dich da ja nun schon e' bisschen aus!«

»Lass man«, sagte Frieda Perkun. Sie sah aus dem Fenster den Heideweg entlang, wo das Violett des Heidekrauts schon etwas Braunfärbung annahm. Von der alten Dorfstraße her leuchteten die hellweißen Birkenstämme im Vormittagslicht. Nach ihrem kurzen Ausflug in die ihr fremde Welt war sie dankbar, dass sie hier lebte. Hier, wo der Herbst seine Farben malte, wo im Frühling das Birkengrün so frisch duftete und wo man in der Nacht noch die Sterne am Himmel sehen konnte. Und sinnend wiederholte sie: »Lass man, Jonas, für uns beide ist das nicht.«

Er sah in das ruhige, ihm so vertraute Altersgesicht. Wie Recht sie wohl hatte. Auch gestern, in der »Roten Laterne«, hatte er sich fehl am Platze gefühlt. Und wieder stand das Bild von Trude Petereit vor ihm, so hell und frisch. Sie war in ihrer Schlichtheit ein Mensch der Welt, in die er hineingehörte, aus der er gestern so ungeschickt hatte hinaustappen wollen.

Und auf einmal wusste er, dass er alles daransetzen musste, sie zurückzugewinnen.

»Nächste Woche fahr ich hin. Ja, gleich am Montag«, kam es halblaut über seine Lippen. Frieda Perkun horchte auf und sah ihn groß an.

»Wohin willst fahren? Nach St. Pauli?«

»Aber nein doch!« Lachend wehrte er ab und fuhr mit dem Arm über den Tisch, als gäbe es da etwas wegzuwischen. Halb verlegen, doch stolz über seinen gefassten Entschluss gestand er ihr: »Ich hab mir was vorgenommen. Ich fahr zu Trudchen, zu Trude Petereit.«

Tante Friedchens Gesicht erhellte sich, und alle kleinen Altersfältchen schienen zu lächeln, als sie schmunzelnd meinte:

»Na denn, alter Jung', is ja noch Hoffnung.«

Späte Begegnung

»Vielleicht haben Sie ja am Sonntag ein Stundchen Zeit, Herr Jankun. Dann können wir weitererzählen, von zu Hause. Ich back auch Mohnstriezel«, sagte sie verlockend. Er sah in das freundliche runde Altfrauengesicht, das mit den lebensvollen dunklen Augen noch so munter in die Welt blickte. Nur zu gerne sagte er zu. Der Sonntag alleine war immer am schwersten zu ertragen.

»Schönen Dank. So um vier?«

Ja, ja, um vier.« Sie verabschiedeten sich, und im Weitergehen wandte er sich noch einmal um und zog den Hut.

»Ein Stundchen«, hat sie gesagt. Ach, wie ihn der vertraute Heimatklang erwärmte. Leise pfiff er vor sich hin und stellte überrascht fest, wie viel leichter sein Schritt war als am Morgen dieses grauen Novembertages, der so nichts versprochen hatte als den eintönigen Alltag eines allein stehenden Mannes. Und nun hatte der Tag ihm diese nette Bekanntschaft mit Frau Laudien gebracht, die, wie er, alleine war. Er zog seinen Einkaufszettel aus der Tasche und überflog, was er jetzt noch zu besorgen hatte, denn es war ihm ja nun dieses Erlebnis dazwischengekommen.

Auch Lore Laudien pfiff vor sich hin, als sie wieder ins Haus trat. Wie der Gesang eines Kanarienvogels trällerte es durch ihre Wohnung, denn ihr fröhliches Gemüt war in Schwingung geraten, und musikalisch war sie auch. Auch sie hatte dieser nasskalte Morgen nicht gerade erfreut. Zudem begann er mit lauter kleinen Missgeschicken. Der Toaster war durchgebrannt, und es hatte einen Kurzschluss gegeben. In der Hast hatte sie das Kaffeekännchen umgestoßen, und es hatte eine

Überschwemmung gegeben. Aber das dritte Malheur, das schien ja geradezu die Vorbereitung für die Begegnung mit Walter Jankun gewesen zu sein.

Vor dem Edeka-Laden war plötzlich der Henkel ihres Einkaufskorbes gerissen. Die Mandarinen kullerten nur so wie kleine orangefarbene Bälle durch die Gegend. Da war ihr dieser nette ältere Herr zu Hilfe gekommen. Ja, er hatte ihr seine Einkaufstasche angeboten und ihr die Sachen bis vor die Türe getragen. Als er sagte: »Son griesegraues Wetter. Richtig schubbrig ist einem«, hatte sie aufgehorcht. Wer sagt sonst schubbrig? Da war es ihr ganz leicht von den Lippen gekommen: »Wenn einem schubbrig ist, denn hilft ein Pillkaller!« An dem Ausdruck seines Gesichtes konnte sie ablesen, dass er wusste, wovon sie sprach.

»Ich hab einen da. Kommen Sie doch bitte rein, auf ein Schluckchen.« Schließlich waren sie beide in einem Alter, da man das ohne Hintergedanken sagen konnte.

So hatten sie an diesem grauen Vormittag zusammengesessen und sich zuprostend staunend festgestellt, dass sie gar nicht weit voneinander aufgewachsen waren. Jeder in einem anderen Dorf am großen Memelstrom, nahe von Tilsit. Und in Krakonischken hatte sie eine Tante gehabt und er einen entfernten Onkel. Damit war eigentlich schon der Grund für Vertrautheit gelegt, ja, fast für ein verwandtschaftliches Gefühl.

Und wie es immer ist, wenn sich zwei aus der alten Heimat treffen, hatten sie sich gegenseitig ihren schweren Weg aus dem Land ihrer Väter geschildert. Lore Laudien erfuhr, dass er in der ehemaligen DDR eine Bleibe gefunden hatte, dass seine Frau vor drei Jahren gestorben war und die Kinder, die schon früher rübergemacht hatten, ihn vor einem Jahr zu sich geholt hatten.

»Wissen Sie, die meinen es ja gut. Ich habe ein schönes großes Zimmer mit meinen eigenen Möbeln. Aber alleine bin ich doch. Die Kinder haben ja so viel Arbeit mit ihrem Elektrogeschäft. Und am Abend ist die Buchführung dran. Am Wochenende wollen sie ja mal was unternehmen. Können sich ja nicht immer nach mir altem Mann richten. In Magedburg hatte ich ja meine alten Bekannten. Na, alle leben auch nicht mehr.«

Lore Laudien hatte noch einmal die Gläser gefüllt, und, wie es zum ostpreußischen Pillkaller gehört, eine Leberwurstscheibe mit einem Klecksen Mostrich drauf, auf den Glasrand gelegt. Mit Vergnügen sah sie, wie er mit Wohlbehagen den Klaren ganz zünftig durch die Leberwurst zog. Wieder hatten sie sich zugeprostet, und in der angenehmen Gelöstheit stiegen die Erinnerungen hoch. An die Zeit der Kindheit in ihrem weiten Land am großen Strom. Sie sprachen von dem Leben dort, das so viel einfacher gewesen war, wie man es sich heute nicht mehr vorstellen kann, und das doch die Menschen hatte zufriedener sein lassen. Und man lebte in dem Gefühl einer großen Vertrautheit, weil man dazugehörte, zu den Menschen, dem Land und zum großen Fluss.

»Manchmal träum ich von der Memel«, sagte Lore Laudien versonnen. »Dann steh ich am Ufer. Der Strom fließt, silbergrau. Und ich hab solche Sehnsucht. Ja, ja, das wird man nie vergessen. Wie damals die Kurenkähne mit ihren dunklen Segeln auf dem Wasser langzogen. Und die Boydaks mit ihren Holzladungen. Und erst die Ausflugsdampfer, die von Tilsit übers Kurische Haff nach Schwarzort fuhren. So gerne wär ich einmal mitgefahren. Aber damals wurde sehr gespart und jede Mark dreimal umgedreht, bevor man sie ausgab.«

»Mich hätte die Memel beinah geschluckt«, erzählte Wal-

ter Jankun. »Welcher Junge lässt sich schon ›Schollche fahren‹ verbieten? Es war ja auch schön, wenn die Memel stand.
Jeden Tag schorrten wir auf dem Eis. Da gings darum, wer
hat die längste Schorre. Aber dann, aufs Frühjahr zu, wenn
die Memel zu rumoren anfing, wenn es krachte und knack-
te und das heranströmende Unterwasser die Eisdecke barst,
dann war bald Zeit zum ›Schollche fahren‹. Zuerst war es
noch viel zu gefährlich. Die Eisschollen türmten sich am Ufer.
Später jagten sie mit dem reißenden Strom der Mündung zu.
Aber eines Tages hatte sich alles mehr beruhigt. Wir Jungen
verabredeten uns heimlich. Es war ja verboten. Aber den
Vätern war es auch verboten gewesen, und sie hatten es doch
getan. So hielt auch uns nichts, auch die angedrohte Tracht
Prügel nicht. Ich sprang also an dem Tag, als das passierte,
vom Spickdamm auf eine Scholle. Wollt eigentlich nur zwischen den Dämmen fahren. Ich hat nicht daran gedacht, dass
es um die Spitze der Spickdämme herum immer gefährlich
ist, auch im Sommer. Der Strom riss meine Scholle zur Mitte. Ich versuchte, mich festzuhalten, verlor den Stock und
sprang schnell von der Scholle runter, die weiterjagte. Doch
den Spickdamm verfehlte ich und plumpste ins eiskalte stru-
delnde Wasser. Wär nicht der Fischer Waschkuhn gekommen, der sehen wollt, ob er sein Boot weit genug hochgezo-
gen hatte, ich säß heute nicht hier. Na, zu Hause hat mich
Vater erst warm geklopft, und dann musst ich ins Bett. Geholt
hab ich mir nichts. So sind wir alten Prußen!«

Lore Laudien hatte erschrocken zugehört. Sie wusste ja zu
genau, welche Urgewalt die Memel im Frühjahr zeigte.

»Na, da müssen wir noch ein Schluckchen trinken«, meinte sie.

»Nein, nein«, wehrte Walter Jankun freundlich ab. »Ich hab
ja noch einiges zu besorgen. Aber es war wirklich schön bei

Ihnen, und ich danke sehr. Sie sind einer von den wenigen Menschen, die heute noch zuhören können.«

Als Walter Jankun am nächsten Sonntag vor ihr stand, für die Einladung dankte und seinen Blumenstrauß überreichte, wusste er nicht gleich, warum sie ihm so anders, fremder erschien. Der freundliche Ausdruck in ihrem Gesicht war derselbe, der ihn gleich für sie eingenommen hatte. Was war es? Hatte sie eine neue Frisur? Doch dann erkannte er, dass sie sich für ihn hatte schön machen wollen. Sie hatte ein hübsches Kleid angezogen und ihre Haare unter einer Perücke versteckt. Doch ihm war der Eindruck ihres Äußeren, den er bei der ersten Begegnung gehabt hatte, lieber.

Er sah sich diesmal im Zimmer genauer um. Erst jetzt bemerkte er in der Ecke am Fenster das Harmonium und trat heran. Noten waren aufgeschlagen, ihm schien, ein Kirchenlied.

»Wie ich sehe, spielen Sie Harmonium«, sagte er zu Lore Laudien, die mit der Kaffeekanne hereintrat. »Gehen Sie oft in die Kirche?«

»Wenn meiner predigt, ja«, bekam er zur Antwort.

»Wie soll ich das verstehen?«

»Na, wir haben zwei. Meiner predigt, wie ich das gerne höre. Man geht so anders aus der Kirche, fühlt sich aufgehoben. Und dann ist einem leichter und man möcht was tun, für andere. Meist geh ich dann zu Berta Bartke, auch von zu Hause. Zu der kommt sonst kaum jemand. Sie kann nicht mehr viel machen und sitzt fast nur im Sessel am Fenster. Ich kauf auch für sie ein, wasch ihre Gardinen, und was sonst noch so ist. Na, und der andere«, fuhr sie fort, »der ist ein Sechziger.«

»Der ist Ihnen zu alt?«

»Zu alt?« Sie lachte. »Nein, der hat in den sechziger Jahren studiert. Der ist nur sozial. Da fehlt das liebe Gottchen drin.«

Jankun musste auch lachen. Die Lore ist wirklich originell, dachte er und stellte für sich fest, dass er sie für sich schon Lore nannte. So vertraut erschien ihm alles an der Frau, die er doch noch gar nicht lange kannte.

»Nun müssen Sie aber meinen Mohnstriezel probieren«, forderte sie ihn auf, legte jedem ein großes Stück auf den Teller und schenkte Kaffee ein.

»Seit damals habe ich keinen Mohnstriezel mehr gegessen«, sagte er und schob sich ein Stück in den Mund. »Hm, schmeckt wie zu Hause.«

Das war das beste Lob für sie, und auch die Tatsache, dass sie ihm immer noch eins und immer noch eins auflegen durfte.

Dann kam sie auf das Harmonium zurück. »Das Harmonium, das habe ich mir richtig vom Mund abgespart, als ich hier anfing, etwas zu verdienen. Jeden Tag spiele ich das Wochenlied und anderes. Ich bin das so gewohnt, von Kind an. Meine Mutter spielte. Wissen Sie, ich bin in einem frommem Haus aufgewachsen. Vater war Kirchenvorsteher, viele Jahre. Bin ja auch dankbar für alles, wie es im Elternhaus war. In schweren Zeiten, gerade auf der Flucht, wie es kaum weiterging, da hat mir manches Wort geholfen, den Mut zu behalten. Na ja, als Kind hat man schon manchmal geschimpft, dass man all die Strophen lernen musste. Aber eins war doch«, betonte sie dann, »Vater war in manchem zu streng! So gerne wäre ich wie die andern Mädchen auch mal tanzen gegangen. Nein, unser Vater ließ mich nicht. – ›Auf dem Tanzboden is der Deiwel‹ – schimpfte er. ›Da kommst du nicht hin!‹ Einmal bin ich doch gegangen, heimlich. Ganz heimlich nicht. Unser Muttchen verstand mich ja. Hat mir auch das hellblaue Kleid zurechtgemacht, mit Rüschen und so. Ach, wie hab ich getanzt. Immer noch mal und immer noch mal. Vor allem mit Hans Ermoneit. Und wie der mich einmal so rumschwenkt, was sag ich Ihnen, fall ich doch hin und brech mir das Bein. Na, da hat Vater aber gekuckt, als sie mich anbrachten. Da war was los!« Sie schien das Bild noch ganz vor Augen zu haben und verhielt. Dann fuhr sie fort: »Vater wollte auch, ich sollte Diakonisse werden. Aber da hat Mutter dazwischengeredet und gesagt – ›Unser Lorchen eine Diakonisse? Lorchen, der die Lebenslust so aus den Augen blitzt? Vaterchen, das geht nicht gut.‹ – Na, so wurd ich Wirtschafterin. Hab in Tilsit gelernt. Und mit der Lebenslust war das auch nicht so, weil der Hans Ermoneit, den ich heiraten wollt, nicht mehr vom Krieg zurückkam.«

Ein Weilchen war es still zwischen beiden, bis sie hörte, dass er vor sich hinsprach: »Lorchen, haben die Eltern gesagt.

»Ja, alle sagten Lorchen. Auch später.«

Er sah sie verschmitzt an: »Kann ich nicht auch Lorchen sagen? Wir von zu Hause sind doch alle ein bisschen verwandt.«

»Mir war auch gleich so, als kennen wir uns schon lange von früher«, nickte sie dazu. Und so waren sie wie selbstverständlich zur Vertrautheit der Vornamen gekommen und zum nahen Du.

»Als du in Tilsit warst, Lorchen«, fragte er nun, »hast du nicht die Gelegenheit genutzt und bist tanzen gegangen?«

»Ach, da war ja bald Krieg. Wir haben ja nicht viel von unbeschwerter Jugend gespürt.«

Auch für ihn hatte mit dem Eingezogenwerden und Kriegsbeginn allzu früh die Jugendzeit ein Ende gehabt. Doch wie er noch mit diesen Gedanken beschäftigt war, sah er mit Erstaunen, wie sich ihr Gesichtsausdruck unternehmungslustig veränderte und ihre dunklen Augen ihn anblitzten. Diese schnelle Wandlung konnte er später manchmal bemerken.

»Ich spiel uns was!«

»Auf dem Harmonium?«

»Nein. Jetzt zeig ich mein Geheimnis. Dürfen meine Geschwister nicht wissen.« Sie stieg auf einen Stuhl, schlug auf dem Schrank eine Decke zurück, die ihr Geheimnis verhüllt hatte, und holte ein elektrisches Tischklavier herunter.

»Ich kann doch nicht nur Choräle spielen und geistliche Musik«, gab sie eine Erklärung ab. Mit Nachdruck warf sie den Kopf nach hinten. »Manchmal ist mir eben ganz anders zumute! Und ich kann doch auf dem Harmonium nicht flotte Lieder spielen.«

Das Lorchen steckt voller Überraschungen, dachte Walter Jankun. Er half ihr beim Runterholen und Aufstellen und Anschließen. Bald füllte sich der Raum mit ganz anderen Tönen und Weisen, als sie das Harmonium vorzubringen gewohnt war. Zuerst waren es bekannte Volkslieder, und er sang auf seine Weise mit. »Auf der Lüneburger Heide …«, »Ik hev mal in Hamburg en Veermaster sehn.« Hingebungsvoll spielte sie dann aus Don Giovanni »Reich mir die Hand, mein Leben.« Danach ging sie zu Operettenmelodien über und schließlich wechselte sie ins Schlagerfach. Dunkel und geheimnisvoll durchzogen die Klänge den Raum, Kriminaltango – »In der Taverne …«

Er war von einem Verwundern ins andere gekommen. Was er da erlebte, bei Lorchen, aus dem frommen Kirchenvorsteherhaus, amüsierte ihn mächtig. Wie sie es fertig gebracht hatte, ihn so aufzulockern. Er war in bester Stimmung und kam auf einen besonderen Einfall.

»Lorchen, was meinst du? Jeden Mittwoch, um Sechs, ist in der großen Gastwirtschaft Meyerdirks Tanz für Senioren. Es ist ein solides Publikum da. Ich hab das mal gesehen. Dann könntest du doch nachholen, was du so gerne wolltest und was dir im Blut zu liegen scheint.«

Freudiges Erstaunen zeichnete sich in ihrem Gesicht ab, und ein kleiner feuchter Schimmer trat in ihre Augen, als er fortfuhr: »Weißt du, Lorchen, für mich brauchst du dich nicht anders machen. Ich mein deine Haare. Für mich bist du schön, so, wie ich dich beim ersten Treffen sah.«

»Das hat mir in meinem Leben noch keiner gesagt«, kam es leise von der gerührten Lore Laudien.

So kam es, dass in den kommenden Wochen dieses ältere Paar ein Stückchen Lebensfreude bei Meyerdirks auf dem Tanzboden fand. Damit hatte für Lore Laudien ein ganz neuer Lebensabschnitt begonnen, in dem sie ihre Lebensfreude mit einem Partner leben konnte, was ihr in ihrem bisherigen Leben nicht vergönnt gewesen war. Endlich konnte sie auch ihre liebevolle Zuwendung einem Menschen schenken, dem sie selbst, sie mit ihrem Wesen und Dasein, etwas bedeutete. Wenn ihre Wohnung nicht so klein gewesen wäre, hätten sie sich entschlossen, zusammenzuziehen. Einen großen Umzug scheuten sie in ihrem Alter.

»Aber bekochen werd ich dich doch!«, hatte Lorchen tatenfreudig erklärt. Marion Lindts Kochbuch, mit den ostpreußischen Spezialitäten, wurde jetzt öfter hervorgeholt. Wenn sie jetzt beide die alten, von zu Hause bekannten Gerichte verspeisten, Königsberger Klopse, Beetenbartsch, Dampfkarbonade oder geschmortes Schweinefleisch mit Pflaumen, dann würzten sie die Speisen noch mit Erinnerungen.

Und kein Tag verging, an dem Walter Jankun nicht dankbar dachte, wie gut sich alles für ihn gefügt hatte und was für ein frischer Lebensquell für ihn die Lore Laudien geworden war.

Beide sah man jetzt jeden Tag lange Spaziergänge machen. Nicht nur, weil der Arzt es empfohlen hatte. Sie brauchten es, denn sie waren ja beide Kinder der Natur, die noch empfinden konnten, was die Jahreszeiten ihnen zu erzählen hatten. Meist gingen sie den schmalen Weg am Heidebach entlang zum Buchenwäldchen hin, wo bald die zarten Anemonenbüschel den braunen Waldboden frühlingshaft schmückten. Walter kannte viele Vogelstimmen, und die Luft und der Wald bekamen für Lore Laudien eine neue Dimension. Hier rief ein Buchfink, vom Waldrand kam die Antwort. »Ein Kommunikationsruf«, wusste er ihr zu erklären.

Vor der großen Kastanie vor ihrem Haus blieben sie immer eine ganze Weile stehen, weil sie sich noch so viel zu sagen hatten. Sie machten sich gegenseitig darauf aufmerksam, wie die glänzend braunen Knospen immer dicker wurden, wie der Saft sie drängte, bis sie sich langsam zu öffnen anfingen. Und als die Kastanie eines Tages ihre Blütenkerzen in die Mailuft hielt, da war es für sie wie ein Festtag, weil sie in diesem Jahr dieses immer neue Wunder zusammen erwartet hatten. Und nun war es da!

Ein kleiner Wehmutsgedanke erfüllte Lore, als ihr die erste dicke Kastanie vor die Füße fiel und zerplatzte. »Das muss mich doch nicht bekümmern«, dachte sie. »So ist es. Der Sommer verabschiedet sich.« Später sah sie es als Vorahnung an. Plötzlich und so ganz unerwartet fiel auch das Ende dieser erfüllten Zeit mit Walter Jankun in ihr Lebensglück.

»Er saß ganz friedlich in seinem Sessel«, berichtete seine Tochter der fassungslosen Frau. »Musik spielte. Ich glaube Bach. Ganz still und friedlich ist er von uns gegangen.«

Lore Laudien nahm nur die Worte »von uns gegangen« auf. Sie fingen an, in ihrem Kopf zu dröhnen. Die Wirklichkeit dieses Abschieds war ihr schwer zu begreifen.

Drei Tage waren die Rollläden vor ihren Fenstern runtergezogen, und die Welt für sie versunken. Ihr war es, als läge sie selbst in einem dunklen Grab. Doch dann war sie es selbst, die sich emporzog. »Drei Tage sollst du klagen … dann erhebe dich«, sagte sie sich und zog die Rollläden hoch. Wer an ihrem Fenster vorbeiging, konnte jetzt manchmal leise Klänge des Harmoniums hören. Die Melodien und Worte der ihr wohlvertrauten Lieder trösteten sie. Ihr gesunder Lebenssinn setzte sich bald durch, und sie fand für sich eine Aufgabe, die sie mit ihm und der Erinnerung verband. Sie kaufte eine kleine Harke und Gießkanne. Wie sie vorher mit ihm jeden Tag zum Buchenwäldchen gepilgert war, so war jetzt ihr täglicher Weg der zum Friedhof.

Sie pflanzte ausgesucht schöne Blumen auf sein Grab, und es machte ihr Freude, die Farben aufeinander besonders abzustimmen. Ging sie die Reihen entlang, konnte sie sich sagen, dass sein blühend buntes Grab das schönste sei. Doch bei ihrem Vergleich hatte sie auch manche Grabstelle wahrgenommen, der man ansah, dass niemand des Verstorbenen gedachte. Das bekümmerte ihr gutes Herz, und sie begann, sich auch um diese Gräber zu kümmern. So hatte sie eine Aufgabe gefunden, die sie sehr ausfüllte, ja, die zum Gerüst des Tages wurde, um das sich das andere herumrankte. Sie betreute weiter die gebrechliche Frau Bartke, was sie auch während der ganzen Zeit mit Walter Jankun nicht vernachlässigt hatte. Deren Abwechslung war es, von ihrem Lehnstuhl am Fenster auf die Straße zu schauen. Lorchens Haus gegenüber, hatte sie miterlebt, wie die Verbindung immer vertrauter geworden war. Die Dankbarkeit für Lorchens Hilfe und Freundlichkeit ließ sie herzlich anteilnehmen. So war sie denn auch zutiefst betrübt, als dieses so schöne Altersglück ein so plötzliches Ende gefunden hatte. So war sie es, zu der Lorchen hinflüchtete, als eines Tages ein neuer großer Kummer Lorchens Herz zerdrücken wollte. Einem Menschen musste sie ja ihr Herz ausschütten. Wie erschrak Frau Bartke, als Lore Laudien zur Türe hereinkam. So abgeschlafft die Schultern, so schmerzlich und voll Bitternis das Gesicht.

»Ach liebes Gottchen, Lorchen, was ist?«, rief sie ihr entgegen. Lore machte eine hilflose Bewegung mit der Hand und ließ sich in den Sessel fallen.

»Du kannst es dir nicht ausdenken, Bertchen. Nun haben sie mir auch das genommen!«

»Wer hat? Was? Lorchen, was ist?«

Sie richtete sich etwas auf und Leben kam in ihr Gesicht, wenn auch nur die Kraft der Enttäuschung und Bitternis. »So schöne Stiefmütterchen hab ich gekauft und wollte sie auf das Grab pflanzen.«

Frau Bartke sah mit Verwundern, dass sie noch aus dem Korb ragten. Warum hatte sie nicht gepflanzt? Aufmerksam horchte sie auf die Worte.

»Wie ich hinkomm, ich dacht, mich trifft der Schlag. Der Grabstein war weg.«

»Wer macht denn so was!«, rief Frau Bartke empört. »Sind wir nun schon so weit?«

Lorchen schüttelte den Kopf. »Ich gleich hin zu den Kindern. Was meinst du, wie aufgeregt ich war. Ein Kunde war im Laden. Ich konnt gar nicht abwarten und rief – Was Schreckliches ist passiert! Der Grabstein ist gestohlen! – ›Nein, nein‹, sagt Erna und zieht mich ins Büro. – Waren ja immer nett zu mir, die Kinder. Haben sich ja auch gefreut, dass der Vater von mir so gut versorgt wurde, und, wie sie sagten, wieder richtig aufgelebt sei. Aber so was!«

»Was denn?«

»Erna sagte zu mir, so ruhig, dass es mich aufregte. – Beruhige dich man. Der Grabstein ist nicht gestohlen. – Nicht gestohlen? Was denn?, frage ich. – Wir haben ihn abholen lassen. Da wird jetzt Mutters Name eingehauen. Wir holen

Mutters Urne von Magdeburg und wollen sie hier beisetzen, neben Vater. Ist doch einfacher für uns. – Ich dacht, der Boden tut sich auf.« Sie schlug die Hände vors Gesicht und Schluchzen schüttelte sie.

»Die andre. Neben Walter. Und ich soll immer den Namen lesen auf dem Grabstein, wenn ich hingeh und Blumen gieße und so! Nein, da geh ich nicht mehr hin. Das kann ich nicht. Da mach ich nichts mehr.«

Frau Bartke wusste, dass man in den ersten Schmerz nicht mit guten Ratschlägen hineinreden soll, weil sich der andre in seinem Schmerz nicht angenommen fühlt. So nahm sie nur Lorchens Hand und streichelte sie sanft und tröstend.

Wenn man Lore Laudien in der kommenden Zeit sah, war es, als hätte erst jetzt die ganze Trauerlast ihr Gemüt niedergedrückt. Hatte sie doch das Gefühl, dass man ihren Anteil an seinem Leben geraubt hatte.

Doch sie wäre nicht Lore Laudien, wenn sich nicht bei ihr nach einer gewissen Zeit Lebenswille und Tatkraft durchgesetzt hätten. Frau Bartke sah sie wieder mit Harke und Gießkanne und Blumen im Korb ihren täglichen Weg zum Friedhof aufnehmen.

»Na, Lorchen«, fragte sie beim nächsten Besuch, »ist es dir nicht mehr so schwer, auf dem Grabstein den andern Namen zu lesen? Hast dich dran gewöhnt?«

Ein fast empörter Blick traf sie. »Gewöhnt? Nein! Aber soll Walter drunter leiden?« Und dann folgte eine für Lore Laudien originelle und typische Erklärung, bei der Frau Bartke ihr Schmunzeln verbergen musste. »Weißt, was ich mach? Ich schmeiß den Mantel rüber. Dann seh ich ihn nicht.«

So hatte sie für sich einen Weg gefunden, ihrem Tag die lieb gewonnene Aufgabe zurückzugeben. Langsam wandelten sich ihre Gedanken dahin, dass die andere ja vor ihrer erfüllten Zeit mit Walter zu seinem Leben gehört hatte, und dass es ihr eigentlich nichts nahm, und sie sich nicht zu betrüben brauchte. Es half ihr auch, sich daran zu erinnern, wie freudig sie beide diese Gemeinsamkeit erlebt hatten.

Noch leichter wäre die Wandlung ihrer Einstellung wohl gewesen, wenn sie gewusst hätte, dass eines Tages seine Kinder auch ihre Urne an seine Seite setzen ließen. Ein kleiner liegender Feldstein daneben, mit ihrem Namen, erinnerte daran, dass auch sie dazugehört hatte.

Die Tasche

»Wollen wir jetzt mit dem hellen Blau weiterweben oder mit dem dunklen?« Ich zeige auf die Wollknäuel auf dem Tisch und sehe die Bewohnerin des Altenpflegeheimes fragend an. Sie sitzt neben mir im Rollstuhl. Nach einem Schlaganfall ist sie gelähmt und hat auch die Sprachfähigkeit verloren. Doch irgendwie hat sie ihr Schicksal angenommen und nimmt gerne an den Angeboten der Beschäftigungstherapie teil. Einmal in der Woche komme ich und helfe dabei. Sie möchte ein kleines Bild weben, ein Schiff im wogenden Wasser. Mit der linken Hand zieht sie die Stopfnadel durch die Kette des von uns hergestellten Rahmens.

Sie zeigt auf das helle Blau, und ich fädele es ihr ein. Schön hat sie das Wasser bisher gewebt. Helles und dunkles Blau wechseln, dazischen etwas Grautöne und Weiß. Man kann sich das bewegte Wasser vorstellen.

Die meisten Bewohner des Altenpflegeheimes sind nicht mehr in der Lage, etwas zu machen. Zu schwach sind sie an ihrem Lebensabend geworden. Uns gegenüber sitzen zwei Frauen, denen es schon Unterhaltung ist, uns zuzuschauen.

Eine von beiden, Frau Minuth, kenne ich schon. Sie hat ein freundliches, liebes Muttchengesicht. Auch beim kleinsten Wort hört man heraus, dass sie aus Ostpreußen stammt. Sie verfolgt interessiert unsere Arbeit. Als die Entscheidung für das helle Blau gefallen ist, nickt sie bestätigend dazu. Zu Hause hat sie selbst gewebt, erzählt sie. Am richtigen Webstuhl. Ab und zu kommt von ihr die Bitte: »Nu zeij doch mal.« Dann wird die Arbeit, nicht ohne Stolz, zur Betrachtung hingehalten. Musternd legt sie dann den Kopf zur Seite und meistens folgt ein: »Is schön. Du kannst.« Das beglückt die Weberin, und freudig webt sie weiter.

Die Frau neben ihr hat sich die Handtasche auf den Schoß genommen. Klappt sie auf, klappt sie zu, klappt sie auf. Frau Minuth horcht auf, stutzt, sieht zur Seite. Ihr Gesichtsausdruck verändert sich plötzlich, wird angespannt und fest. Und plötzlich, mit einem schnellen Griff, hat sie die Handtasche der Nachbarin an sich gerissen und behauptet entschieden »Mein Tasch!«

»Sofort geben Sie die Tasche her! Was fällt Ihnen ein. Das ist meine Tasche!« Schimpfend zerrt die Nachbarin an ihrem Arm und will die Tasche wieder entreißen. Doch Frau Minuth sitzt da wie ein Block. Mit beiden Armen hält sie die Tasche umklammert und sagt: »Mein Tasch!« Es hilft kein Ziehen und Zerren und Schimpfen. Ich bin heilfroh, als eine Schwester hinzukommt. Sie erkennt gleich die Situation und spricht beruhigend auf die Tascheninhaberin ein.

»Ich mach das schon. Ihre Tasche bekommen Sie doch gleich wieder. Seien Sie man ruhig. Wir kennen das doch bei Frau Minuth.« Sie verschwindet und kommt gleich mit der Handtasche von Frau Minuth, die sie aus deren Zimmer geholt hat, hält sie ihr freundlich hin und sagt: »Frau Minuth, Sie wollten mir doch das schöne Hochzeitsbild von Ihrer Enkelin zeigen.«

Ich beobachte erstaunt, wie das freundliche, verständnisvolle Wort die Verkrampfung löst. Die Züge in dem Gesicht lockern sich wieder. Es nimmt seinen alten Ausdruck an.

»Ach ja, die Ullachen«, sagt sie lächelnd, zu der Schwester aufblickend, und streckt die Hände ihrer Tasche entgegen. Geschickt kann die Schwester die Tasche wegziehen und sie der Nachbarin zurückgeben. Brummelnd zieht diese ab.

Auch ich darf Ullachens Hochzeitsbild sehen und den netten jungen Mann, der jetzt zu ihr gehört. »Und das ist Günter, mein Sohn, Ullachens Vater.« Frau Minuth hat noch ein Bild aus der Tasche gezogen. »Ja«, sagt die Schwester, »Frau Minuth hat einen guten Sohn. Alle vierzehn Tage kommt er von Hannover her, sie besuchen. Zu den Festtagen holt er sie. Die meisten hier bekommen kaum Besuch. Manche gar nicht mehr. Man bringt sie her und Schluss.« Bei meinen späteren Besuchen lernte ich Frau Minuths Sohn kennen. Er erzählte mir vom Leben der Mutter und von ihrem gemeinsamen Weg der Flucht über das Eis des Frischen Haffes.

Nachdem sie schon mehr als zwei Wochen zu Fuß durch das verschneite, vom Kriegssturm zerrissene Land gezogen waren, kamen sie Anfang Februar '45 bei Braunsberg an das Frische Haff. Jeder trug nur noch seinen Rucksack auf dem Rücken, denn Günters Rodelschlitten mit den beiden Koffern hatten sie bei den Wirren des überstürzten Aufbruchs aus einem kleinen Dorf verloren. Der Russe hatte mit seinen Panzern schon den Dorfanfang erreicht. Auf abgelegenen Seitenwegen waren sie noch entkommen.

In Braunsberg herrschte ein großes Chaos. Die Keller lagen voll Verwundeter. Unter den Menschen, die dem Haff zustrebten, glaubte die Mutter ihre Schulfreundin zu erkennen. »Ruth!«, rief sie laut und winkte. »Ruth!« Die Frau drehte sich um. Ja, sie war es. Humpelnd kam sie auf sie zu. »Ach Gottchen, nein, du siehst ja aus wie ein Verwundeter!« »Ja, das bin ich auch. Die Tiefflieger haben uns beschossen. Hier an der Schulter hat es mich erwischt und am Fuß. Tagelang habe ich im Keller gelegen. Heute kam ein Sanitäter und sagte: ›Seht zu, dass ihr rauskommt. Die Schwerverwundeten versuchen wir den Treckwagen mitzugeben. In Kahlberg soll ein Lazarettschiff sein.‹ Aber ich muss weiter. Meine Leute.« So verloren sie sich. Die Mutter sprach mit Leuten von einem Treckwagen. Es schien ihr ein Schutz zu sein, mit dem Wagen zu ziehen. Die Rucksäcke durften sie rauflegen. »Aber wir fahren erst, wenn es dunkel ist«, sagte der Mann. »Am Tag kommen die Tiefflieger und beschießen die Treckwagen.« So warteten sie, bis die Dunkelheit nahte. Das Tauwasser stand schon auf dem an manchen Stellen geborstenen Eis. Und doch war es der einzige Weg, der als vage Hoffnung auf Rettung geblieben war. Die russische Front hatte den Weg nach dem Westen abgeschnitten. Vom Haff her sahen sie einen gewaltigen Feuerschein. »Da liegt Frauenburg«, sagte beklommen die Mutter. »Frauenburg brennt. Da wohnt Tante Gustel, Vaters Schwester.« Weiter zogen sie, und immer wieder galt es, die breiten klaffenden Risse im Eis zu überwinden. Die Leute von ihrem Wagen hatten Matratzenteile, die sie über die Spalten warfen. Schnell ging es mit dem Wagen rüber. Jedes Mal war es ein angstvoller Augenblick. An so manchen eingebrochenen Wagen waren sie schon vorbeigekommen. Da ragte das hintere Wagenteil aus dem Eisloch, da nur noch die Deichsel. Günter erschrak, als er aus einem Wasserloch nur noch einen Pferdekopf ragen sah. In seinem verzweifelten Kampf verdrehte das Tier die Augen, dass das Weiße zu sehen war. Günter erschien es, als sähe ihn das Tier Hilfe suchend an. Er fasste nach Mutters Arm, unterdrückte aber ein Aufweinen. Er wollte es der Mutter ja nicht schwer machen. Er wollte vielmehr mit seinen zwölf Jahren ihr ein Beistand sein, nun, da Vater nicht bei ihnen war. Manchmal ging es nicht weiter, und sie mussten lange in dem Eiswasser stehen bleiben. Dann war vorne etwas passiert, aber die Wagen durften nicht auffahren, weil die Eisdecke schon zu dünn war. Man hörte Rufe durch

die dunkle Nacht dringen. Von den Wagen, die Schwerver-
wundete mithatten, war das Stöhnen zu hören. Und sie mussten stehen und warten, umgeben von Dunkelheit und
Gefahr.

»Mutter«, sagte Günter in ihr schweigendes Warten hinein, »hier ist dunkle Nacht. Irgendwo auf der Welt ist jetzt
Tag.

»Ja«, fügte die Mutter hinzu, »da scheint die Sonne. Die
Menschen reden und lachen. Und von uns wissen sie nichts.«

Als endlich die Morgendämmerung das Dunkel der Nacht
wegzog, war alles noch schwerer. Nun war erst das ganze
Elend der Nacht sichtbar. Und Günter gewahrte mit seinen
scharfen Augen noch etwas, das er der Mutter verschwieg.
Ganz klein, wie mit einem Stift gezeichnet, sah er Gestalten in gleichem Abstand von der anderen Seite her über das
Eis kommen. Jede hielt schräg vor sich eine Maschinenpis-
tole. Eine russische Schützenkette kam in der Ferne auf die
Nehrung zu. Was bedeutete das für sie? Was würde geschehen?

Als sie das Ufer der Nehrung erreichten, erfuhren sie von
der Anordnung, dass die Treckwagen erst einmal nicht an
Land dürften. Die Nehrungsstraße musste für die ziehende
Wehrmachtskolonne freigehalten werden. Die Mutter und er
als Fußgänger durften an Land. Sie nahmen ihre Rucksäcke
vom Wagen und bedankten sich für die Hilfe beim Weg übers
Eis.

»Gott stehe Ihnen bei«, sagte die Mutter zu der Frau und
verneigte sich. Jetzt erst gewahrte Günter, dass die Frau hoch-
schwanger war.

Sie beide machten sich auf den Weg nach Kahlberg. »Mutter«, rief Günter erschrocken. »Die ziehen ja andersrum!« Er
wies auf die Straße. Ja, wer weiß, was richtig ist. Wir ziehen

nach Danzig und die nach Pillau. Sie hoffen wohl auf ein Schiff. Aber man weiß nicht.« Kahlberg, der Ort der Sommerfreude und des Ferienglücks. Wie sah es jetzt da aus. Zerfahren, zerstampft die Straßenbänder, der Ort Sammelpunkt des ganzen Elends. Günter und seine Mutter irrten umher, kamen dabei an eine Stelle, wo Suppe ausgeteilt wurde. Ganz langsam löffelten sie die Graupensuppe, die erste warme Speise seit drei Tagen. Nach der schlaflosen Nacht auf dem Haff hatten beide ein solches Verlangen, sich diese Nacht irgendwo unter ein bergendes Dach zu legen, wo man nichts hörte und nichts sah. Doch wo sie auch nachfragten, jeder Platz war von Flüchtenden belegt, die genauso erschöpft waren wie sie. Ihre letzte Hoffnung war die Schule. Aber da war der Offiziersstab einquartiert, und die Klassenräume waren für Schwangere und Mütter mit Kleinkindern.

»Dreiundzwanzig Kinderchen haben wir letzte Nacht rausgetragen«, berichtete die Frau, mit der die Mutter sprach. »Ob später, wenn wieder Frieden sein wird, die Menschen daran denken werden, was hier geschah und dass überall Gräber sind?«

Die Mutter und Günter suchten vergeblich weiter, bis er das Feuer am Waldrand entdeckte. »Komm, Muttchen, da brennt ein Feuer. Bisschen warm wird schon sein.« Um das Feuer herum saßen schon andre, die auch keine Bleibe gefunden hatten oder deren Wagen nahe im Wald standen. Nach der langen Fahrt über das Eis, durch das Eiswasser, waren die Tiere so erschöpft, dass sie nicht weiterkonnten. Am Feuer stand ein alter Landser und legte Holz nach, das Kinder aus dem nahen Wald heranschleppten. Wenn er die Kiefernzweige nachlegte, entflammten sie aufsprühend und beleuchteten die Gesichter mit ihrem rotgoldnen Schein. Mutter und Sohn setzten sich dicht ans Feuer, und bald spürten sie auch, wie sich ihnen die ausströmende Wärme wohltuend auf Gesicht, Arme und Beine legte. Ruhe kam über sie und eine große Müdigkeit. Hier saßen sie nun, der Gefahr der letzten Nacht auf dem Eis entronnen. Dass die Gefahr noch nahe genug war, daran gemahnten die Geschosse, die von drüben kamen, über ihre Köpfe hinwegflogen und hinter ihnen im Wald krachend die Bäume zersplittern ließen. Doch ihr Platz schien im Moment noch sicher zu sein. Die Geschosslinie lag etwas höher. Und auf diesem Weg der Gefahr galt immer nur das, was einen ganz körpernah bedrohte. Weiter konnte und mochte man seine Sorge und Angst nicht aussenden.

Und über allem stand der Nachthimmel weit und dunkel mit seinen glänzenden Sternen. Groß war der Wagen zu erkennen. Über dem Wahnsinn des Krieges stand das ruhige, Ehrfurcht erweckende Bild des bestirnten Himmels. Nahm er keinen Anteil? Oder wies er über die Schrecken und Verirrungen der Menschen auf etwas hin, das die Menschen in ihrer Verblendung nicht mehr wahrnahmen?

Zwei alte Männer setzten sich neben sie, die zu einem Treck gehörten. »Hätten sie doch lieber mich mitgenommen«, klagte der eine. »Was is schon noch mit mir. Aber die Grete. Nun sind die kleinen Kinder mit der Oma alleine geblieben.«

»Dich wollten sie ja nicht«, sagte der andere, »die Frau wollten sie.« Günter wunderte sich, dass diese Worte wie eine Feststellung kamen. Er sah zur Mutter hin. Die schien nichts gehört zu haben, war wohl mit ihren Gedanken ganz woanders. Er wusste nun, dass die Russen in der Nacht hier gewesen waren und Frauen mitgenommen hatten. Ob es die waren, die er als Schützenkette übers Eis hatte kommen sehen?

Wie um sich in der trostlosen Umgebung und dem bodenlosen Dasein einen Halt zu geben, nahm die Mutter ihre Tasche vor, die sie die ganze Zeit am langen Riemen über der Schulter getragen. Sie war ein Stück von zu Hause, etwas, das zu ihrem bisherigen Leben, das jetzt wie abgeschnitten schien, gehörte. Sie begann in der Tasche zu kramen.

»Sieh mal, Günterchen, die hab ich auch eingesteckt. Die Bilder, als du noch klein warst. Und hier, die von Oma und Opa. Und unser Häuschen, der Birnbaum blüht grade. Den Kaufvertrag hab ich auch. Kannst wissen, ob man den braucht? Ja, ja, und unser Sparbuch und das Stammbuch. Da steht alles drin. Von Oma und Opa auch. Ja, und unsre Lebensmittelkarten. Aber wo sollst hier was kaufen. Und kuck mal!« Zu Günters Erstaunen holte sie Opas vergoldete Taschenuhr hervor und klappte den Deckel auf.

»Da ist Kaisers Bild eingraviert. Opapa bekam die Uhr als Auszeichnung. Für irgendwas. Ich weiß nicht was. Jetzt gehört sie Vater und du erbst sie mal.«

Mit einem versonnenen Lächeln steckte sie das Erinnerungsstück wieder in die Tasche. Seit Beginn ihres Fluchtweges hatte Günter sie nicht mehr lächeln sehen. Es machte ihn so ruhig und irgendwie froh. Er lehnte sich nach hinten an seinen Rucksack und schloss vor großer Übermüdung die Augen. Auch die Mutter tat es ihm nach. Ihre Füße mit den nassen Schuhen streckte sie der wärmenden Glut entgegen. Sollten sie trocknen.

Im Halbschlaf hatte sie schon den brenzligen Geruch bemerkt, als der Junge sie anstieß. »Muttchen, deine Schuhsohlen!«

»Ach du meine Güte!« Sie fuhr hoch und befühlte die angesengten Sohlen. Zu nah hatte sie ihre kalten Füße der Wärme entgegengestreckt. Würden die Schuhe den Weitermarsch aushalten?

Andere Menschen saßen jetzt um das Feuer herum. Daran merkte sie, dass sie wohl eine ganze Zeit in den Schlaf versunken gewesen war. Der alte Landser unterhielt weiter das Feuer, das jetzt still vor sich herglühte. Wieder sauste ein Geschoss pfeifend über sie hinweg. Sie fasste zur Seite nach ihrer Tasche. Die Tasche war weg. Entsetzt sprang sie auf, drehte sich suchend im Kreis um sich selbst und schrie auf:

»Mein Tasch! Mein Tasch is weg mit allem drin. O Gott, o Gott! Mein Tasch!« Alle sahen zu ihr hin. Einige gingen suchend den Boden ab. In dem Gesicht des alten Landsers war Mitgefühl zu lesen. Viel hatte er in seinem Landserleben erlebt und gesehen. Aber der Verzweiflungsschrei der Frau auf dem ungewissen Weg der Flucht erbarmte ihn sehr. Mit einem großen Ast im Feuer herumstochernd sagte er in trauriger Nachdenklichkeit: »Die Menschen, ja, die Menschen, sie wissen nicht, was sie tun.« Er schob den Ast tiefer in die Glut. Hell stoben die Funken auf, durchglühten das Dunkel und fielen wieder zusammen. –

Es war noch lange nicht das Ende ihres Leidensweges, wie mir der Sohn von Frau Minuth erzählte. Aber das Erlebnis mit der Tasche hatte sich bei der Mutter tief eingegraben. Diese Tasche mit den Andenken und Erinnerungsstücken und Urkunden hatte auf dem Weg der Flucht für sie ein Stück aus dem bisherigen Leben bedeutet. Die Tasche war für sie wie ein Bindeglied gewesen, zwischen dem verlorenen Leben und dem, das da noch im Dunkel einer unsichtbaren und nicht erfassbaren Zukunft lag.

Nun war da ein Loch. Ein Band war zerrissen.

Wenn ich später Frau Minuth mit ihren guten Augen vor mir sah, musste ich daran denken, was diese Augen verdunkeln konnte und was sich in der Tiefe ihrer Seele festgesetzt hatte und sie bisweilen ängstigte.

Und ich muss auch an die vielen denken, die still und unbeachtet von der Öffentlichkeit in unserem Land eine Wunde oder Narbe mit sich herumtragen, die von dem schweren Weg aus der alten Heimat stammt.

Masurenteppich

Web, Schiffchen, web
zieh den Faden durch die Kette
selbst gefärbte weiche Wolle
web die bunte Hochzeitsdecke
grün wie unsre Maienwiese
gelb wie unsre Dünenkette
blau wie unsre tiefen Seen.
Web, Schiffchen, web
an der schönen bunten Decke.
Bald wird sie das Brautbett schmücken
wird den jungen Leib bedecken
junger Liebe großes Glühen
große Macht der großen Woge
Roter Mohn und rote Rose
sollen in der Ranke blühen.

Web, Schiffchen, web
weiße Farbe in die Kette
Trauerfarbe unsrer Väter.
Wagenräder werden rollen
durch verschneite Straßenbänder
unsres heiß geliebten Landes
durch des Krieges Flammenzucken
durch verrauchte Trümmerdörfer.
Warme, weiche, bunte Decke
soll den hohen Leib bewärmen
in der Eisnacht auf dem Haffe
auf der abgebrochnen Scholle.

Web, Schiffchen, web
dunkles Rot der großen Schmerzen
tiefes Schwarz der schweren Nächte.
Aus dem Wagen mit der Decke
wird ein dumpfer Schrei gestoßen.
Schwer gepresst und schwer im Pressen
wird ein Kind zur Welt gezwungen.

Wird nicht lang im Arme liegen
niemand wird sein Bettchen wiegen
muss sein Bett am Wegrand finden.
Web, Schiffchen, web
eine kleine weiße Blume
für das kleine Neugeborne
das zu schwer die Welt empfing.

Weiter werden Räder rollen
irgendwo wird angekommen
Decke wird herabgenommen
und vor alte Tür gehängt.
Jeder wird sie heben müssen
der die Schwelle überschreitet
zu der kleinen Bodenkammer.
Herz wird klopfen, täglich beben
- Wird die bunte Decke heben
lieb Vertrauter, lang Vermisster –

Web, Schiffchen, web
braune Farbe in die Kette
Farbe frisch gepflügter Felder.
Auch im neuen Lande wird der Frühling
wird der Sommer wiederkommen

wird das Korn am Halme reifen
wird die Frucht zur Erde fallen
Jahr um Jahr und immer wieder.
Und die alte Hochzeitsdecke
wird vorm Bett die Füße wärmen
Stück der Heimat, Stück vom Leben.

Web, Schiffchen, web
web das End' der Lebensdecke
setz ein kleines gelbes Sternchen
in das tiefe Blau des Himmels.
Web, Schiffchen, web –

Masurenteppich von 1781, nachgewebt von Helga Nolde

Advent in der kleinen Landschule

Draußen schneit es. Nicht weiß und hellflockig, die Kinder zu Winterfreuden nach draußen lockend. Schlackerschnee fällt vom Himmel, liegt nass und schwer auf dem Boden des Schulhofes. In der Pausenhalle ist ein munteres Treiben. Wir haben die Türe des Lehrerzimmers zugemacht, wollen uns etwas aus dem Kindertrubel zurückziehen. Die Kinder wissen ja, dass sie jederzeit zu uns kommen können. Kaffeeduft durchzieht den Raum. Meine junge Kollegin zündet die Kerze im Adventsgesteck an. Es ist Zeit für ein kleines Gespräch, um Gedanken über die Kinder auszutauschen.

Unsere Schüler in dieser zweiklassigen Dorfschule sind ein buntes Völkchen. Da sind einmal die Kinder der angesessenen Moor- und Heidebauern und dann die Schar der Kinder, die der kalte Ostwind nach dem Krieg hierher geweht hat. Sie haben die Schülerzahl um das Doppelte anwachsen lassen. Am 6. Dezember aber, am Nikolaustag, ziehen sie vereint von Tür zu Tür, halten ihre kleinen Beutel auf und singen alle gleich gut im hiesigen Platt ihr Lied.

> Sunner-Klaus, de grote Mann,
> kloppt an alle Dören an,
> lüttje Kinner bringt he wat,
> grote steckt he in'n Sack …

Der große Jürgen kommt herein und holt die Streichhölzer. Der lang aufgeschossene Junge, nur er kann es, nur er reicht heran, will die drei Kerzen am Adventskranz anstecken. So weit sind wir schon in der Adventszeit, so nahe den Tagen der Weihnacht. Der große Adventskranz hängt in der

Pausenhalle an einem Haken von der Decke herunter. Wir haben ihn mit den Kindern selbst gebunden.

In der Woche vorm ersten Advent begann schon die freudige Vorbereitung. »Wer holt Moos aus dem Wald für die Krippe? Wer besorgt die Tannen für den Adventskranz?« Die Kinder überbieten sich. »Ich!« »Wir, wir, in diesem Jahr sind wir dran!«

Am nächsten Morgen, als ich zur Schule komme, steht schon eine Schar Kinder erwartungsvoll vor der Türe. »Darf ich aufschließen?« Freds Stimme ist voll Verlangen. Als ich ihm den Schlüssel reiche, sehe ich, dass er ganz dreckige Hände hat. »Aber Fred, – mit diesen Pfoten in die Schule?« Verständnislos sieht er mich an. »Aber, wir haben doch gestern Tannen geholt!« Nun, dagegen kann man nichts einwenden.

Nachher sitzen wir im Klassenraum. Die Tische sind an die Wand gerückt. Einige Kinder schneiden Tannen zurecht, andere reichen sie mir zu. Es duftet nach Tannen, nach Wald und nach Weihnachtszeit. Alle vorweihnachtlichen Lieder, die wir kennen, erklingen. Als ich für mich leise die Melodie eines ostpreußischen Liedes summe, fragen die Kinder: »Das kennen wir nicht. Wie geht das?« Und ich singe ihnen das traute, heimelige Lied von Erminia von Olfers-Batocki vor.

Schloap in, min Kind, de Stoaw is warm,
doa bute danzt de Flockeschwarm.
Lot suse de Flocke,
so rasch jeit de Wocke,
Du schläppst – ek spenn –
de Oawend jeit hen.

Schloap in, min Kind, ek wach bi di.
De Wiehnachtsschemmel joagt vorbi.
Lot larme de Schemmel!
Gotts Licht steit am Hemmel!
Du schläppst – ek spen –
de Oawend jeit hen.

Schloap in, min Kind, bunt is din Droom.
Rod Appel waßt am Wiehnachtsboom.
Singt bute de Wind,
ek sing far min Kind.
Du schläppst – ek spenn –
de Oawend jeit hen.

Schloap in, min Kind, 't is hillje Nacht.
Gotts Engelke di stell bewacht.
Dat glucht mit sin Lichtke
di jrad ent Jesichtke.
Du schläppst – ek spenn –
de Wiehnacht jait hen.

Dabei binde ich weiter den Kranz über einen großen Fahr-
radreifen, lege Tannenbündel über Tannenbündel, welche die
Kinder zureichen. Eine große, hellblaue Halbschürze schützt
meinen Rock. Diese Schürze bekam ich bald nach dem Krieg
geschenkt. »Die ist von meiner Tante aus Masuren«, sagte die
Geberin, »noch zu Hause auf dem eigenen Webstuhl gewebt.
Einfaches Bindegewebe, die Kette weiß, der Schuss blau.« Es
muss ein druggeliges Tantchen gewesen sein, denn die Schürze ist mir viel zu weit. Doch damals war man froh über jedes
Stück. Inzwischen ist sie abgetragen, doch noch gut für diesen Zweck. Vor Jahren hatte ich sie auch um, als die junge

neue Kollegin das erste Mal die Schule betrat. »Das Bild werde ich nie vergessen«, sagte sie mir später. »Wie Sie da zwischen den Kindern saßen und den Kranz flochten, mit dieser großen Schürze um.« – »Die ist noch aus Masuren«, teilte ich bedeutungsvoll mit.

Ja, und nun hängt wieder der große Adventskranz unter der Decke im Flur. Jeden Morgen flackern die Lichter den Ankommenden entgegen. »Adventszeit in der Schule.« Ich weiß, dass in manchen Familien wenig von der Adventszeit zu spüren ist. Darum freuen sich die Kinder, wenn wir am Wochenende und am Wochenanfang im Kreis unter dem Kranz stehen, seinen Duft atmen, Flötenmusik hören, den Klang der Orff'schen Instrumente, Lieder und Gedichte. Von der Vorbereitung darauf in ihrer Klasse erzählt nun meine Kollegin.

»Denken Sie, Gerda, die nur Platt sprach, als sie zur Schule kam und so schüchtern war, hat sich heute ganz frei vor die Klasse gestellt. ›Ich kann ein Gedicht für unsere Adventsfeier.‹ Ausdrucksvoll sprach sie das beliebte plattdeutsche Gedicht.

> Nu kiek ins, wo is de Häwen so rot!
> Dat Sund de Engels, se backt dat Brot,
> Se backt den Wiehnachtsmann sien Stuten
> For all de lüttjen Leckersnuten.

›Hat mir Oma beigebracht‹, sagt sie etwas verschämt und setzt sich. Da kommt doch Karlchen Rimkus nach vorne, macht so ein feierliches Gesicht, wie vorhin Gerda, und sagt:

> Kadreits Katz, mit seinem Zagel,
> lieber guter Weihnachtsmann,
> gib dass mang de Hausentüre
> ich dem Aas beklemmen kann.

Sieht mich mit großem Augenaufschlag an und sagt: ›Hat mir mein Omchen beigebracht‹, und setzt sich. So ein Schlingel!« »Ein Lorbas ist er!«, sage ich.

In unser Lachen hinein klopft es. »Herein!«, rufen wir gleichzeitig. Das Klopfen wird stärker. Die Unruhe draußen übertönt das »Herein!« Ich geh zur Tür und öffne. »Ja, was ist?« – »Ich wollte nur sagen«, druckst Hans herum, »entschuldigen Sie bitte die Störung. Ich wollte nur sagen, der Adventskranz brennt.«

Mit einem Satz sind wir beide draußen. Die junge Kollegin springt hoch und reißt den brennenden Kranz aus der Halterung. Auf den Steinfliesen zertreten wir heftig die Flammen.

Da liegt er nun, unser schöner Adventskranz, verbrannt und zertreten. Beklommen stehen die Kinder herum. Im Gesicht der kleinen Gerda arbeitet es. »Und mein Gedicht?« Ihre Lehrerin tröstet sie. »Es ist doch die letzte Vorweihnachtswoche. Da wird doch die Weihnachtskrippe aufgebaut, die die Schulkinder aus Ton gearbeitet haben. Du weißt doch, dein Bruder hat doch den knienden Hirten gemacht. Wir werden uns vor die Krippe stellen. Die Kerzen brennen, du sagst dein Gedicht und wir singen.«

Vor den traurigen Überresten unseres Kranzes stehend, möchte ich den Kindern über den Schreck und den Verlust hinweghelfen und sage: »Er war ja schon recht trocken. Vielleicht hätten wir neue Kerzen aufstecken sollen. Es gibt ja bald Weihnachtsferien. Und im nächsten Jahr flechten wir wieder solch einen großen schönen Kranz.«

Die junge Lehrerin sieht mich lächelnd an. »Und Sie haben dann wieder die große Schürze um, aus Masuren.«

Karlchen strahlt uns an. »Da kommt mein Omchen her!«

Die Tür wird aufgemacht

Sie zündete die große Kerze am Weihnachtsleuchter an und setzte sich an ihren Schreibtisch. Weihnachtspost wollte sie lesen und beantworten. Und sie würde an die Menschen denken, die ihr in ihrem Leben viel bedeutet hatten, die ihr Leben irgendwie bestimmt, die mit ihrem Leben verwoben waren. Da war mancher, den sie nur noch in der Erinnerung suchen konnte, den der Krieg mit seinem kalten Eiswind unbarmherzig hinweggefegt hatte. Aber da waren noch gute Freunde aus Kindheit und Jugend, die nun weit verstreut wohnten, entfernt im Süden und Osten des Landes und in anderen Erdteilen. Sie zog den Brief ihrer alten Schulfreundin hervor, die nun in Kanada lebte. Dieser hatte sie wohl wirklich eine Weihnachtsfreude bereiten können. Jedes Jahr buk sie von einigen Pfund Mehl Thorner Katharinchen, die zu Hause auf keinem bunten Teller hatten fehlen dürfen, und legte sie in die Weihnachtspäckchen. Sie lächelte, als sie las: »Du hast mir Katharinchen geschickt. Oh, dieser Duft aus Kindheitstagen. Weihnachten zu Hause, Weihnachten in der alten Stadt, alles sehe ich vor mir. Weißt du noch, wie wir …?«

In ihre Erinnerungsgedanken hinein klingelte es, hart und lang gezogen. Jetzt? Am Weihnachtsabend um halb zehn? Zögernd stand sie auf und ging zur Tür. Als sie öffnete, stand eine dunkle Männergestalt vor ihr. Der Pole! durchfuhr es sie. Sie kannte ihn. Drüben beim Friedhof wohnte er, in dem kleinen Siedlungshaus. Wohl seit einem Jahr war er da und arbeitete als Gemeindearbeiter des kleinen Ortes. Sie sah ihn oftmals auf dem Friedhof, wenn sie das Grab ihres Mannes besuchte. – Nie grüßte er. Nie sah er von seiner Arbeit auf.

Finster und verschlossen war sein Gesicht, wenn er grub, pflanzte oder die langen Wege harkte.

Was wollte er von ihr? Jetzt, am Weihnachtsabend?

Sie sah ihm ins Gesicht und bemerkte den wässrigen Glanz in seinen Augen. Schnapsgeruch schlug ihr entgegen. Da fiel bei ihr eine Klappe zu. Betrunkene, Angetrunkene waren ihr zuwider. Langsam wollte sie die Türe wieder schließen. Da bemerkte sie mit Erstaunen, wie sich über sein sonst so dunkles und mürrisches Gesicht ein freundlicher Schein breitete, ein kleines verlegenes Lächeln. Sie sah, wie er in die Seite seiner Joppe griff und einen kleinen Strauß hervorholte, den er dort verborgen gehalten hatte. Es waren hell leuchtende Christrosen mit dunklem Tannengrün gebunden. Etwas schwankend hielt er ihr den Strauß hin. »Für Ihnen. Zu Weihnachten!«

Das war so überraschend für sie. Dieses freundliche Gesicht, die etwas hilflose, sie rührende Gebärde, mit der er ihr das Sträußchen hinhielt, dass sie spürte, wie sich etwas in ihr öffnete. Sie hörte sich sagen: »Treten Sie doch ein.« Doch dann war es ganz aufrichtig, als sie sich für das Sträußchen bedankte und ihn nötigte, im Wohnzimmer Platz zu nehmen. »Warten Sie«, sagte sie schnell, »ich werde Ihnen erst einmal einen starken Kaffee machen.«

Als sie dann zusammensaßen und sie ihn nach seinem Leben fragte, da wurde ihr klar, dass er sich für diesen Besuch erst einmal hatte Mut antrinken müssen. Sie erfuhr, dass er aus der Kaschubei stammte, aus der Nähe von Danzig. Der Vater, ein Kaschube, war von einer Granate getroffen in den letzten Kriegswochen, als die Stalinorgel ihre Geschosse über das Land jagte. Die Mutter und er hatten ihn auf dem Hof begraben, unter dem alten Birnbaum. Und die Mutter?

»Meine Mutter? Die war eine Deutsche, hier aus Schleswig-Holstein. ›Nach Hause gehn wir, Jungchen, nach Hause‹, hatte sie gesagt, als wir beide loszogen. Darum wollte ich auch hierher, in die Nähe von Schleswig.«

»Haben Sie hier Verwandte von der Mutter gefunden?«

Er schüttelte den Kopf. »Ich weiß doch nichts. War doch noch ein Junge, als die Mutter mit mir wegging. Nach Westen, tagelang.«

»Und wo ist Ihre Mutter? Wo blieb sie?«

Er ist ein Weilchen still in sich gekehrt und sagt dann: »Die Mutter, ach, die Mutter. Wir waren noch nicht weit, da sagt sie einen Tag: ›Jungchen, wart. Geh ich Brot holen, was zu essen‹, und kam nicht mehr.« Mit der Hand macht er eine unbestimmte Bewegung. »Liegt wohl irgendwo unter der Erde. Und ich, ich kam in Polen in ein Waisenhaus. War nicht gut.«

Sie schweigen eine Weile, und dann fragt die Frau: »Wie ging Ihr Leben weiter? Sie sind doch noch nicht lange hier?«

Seine Augen werden dunkel und glänzend. Sie sieht, wie seine Schultern beben. Beruhigend legt sie ihre Hand auf seine harte, verarbeitete Hand und wartet. Stoßweise kommt es hervor.

»Ich, ich war im Gefängnis, in Polen.« Wieder schütteln die Schultern und gequält sagt er: »Und ich weiß nicht warum.«

Als er sich etwas beruhigt hat, sagt sie, um ihn etwas aufzurichten: »Und nun sind Sie im Land Ihrer Mutter und haben Arbeit gefunden.«

Er nickt, hebt seinen Kopf und sieht voll zu ihr auf. Dieses von Falten und Furchen durchzogene Gesicht ist auf einmal ganz entspannt, sieht viel jünger aus als vordem. – Hinter diesem dunklen Gesicht der Fremdheit verbirgt sich ein verwundeter Mensch, denkt sie. So könnte es sein, dieses Gesicht, wenn das Leben ihm nicht so viel genommen hätte. Wenn er das Wissen gehabt hätte, da gehörst du hin, da meint man es gut mit dir.

Als er geht und sich verabschiedet, hebt er ihre Hand zum Handkuss hoch und sagt: »Wenn Sie mir nicht die Türe aufgemacht hätten, mich nicht reingelassen, ich, ich hätte mir was angetan.«

Diese Erzählung endet nun nicht mit einem Schluss, der eine unerwartete glückliche Wendung verspricht, rührend ist und an der Lebenswirklichkeit vorbeigeht. Es entwickelte sich zwischen diesen beiden Menschen keine nahe Lebensbeziehung. Dafür waren beide zu verschieden in ihrem Lebenskreis. Nein, es war viel einfacher und darum wirklicher. Und doch war von der Begegnung am Weihnachtsabend ein kleiner Lichtschein auf einen bisher dunklen und verkrümmten Weg geworfen.

Wenn sie sich nun sahen, im Ort oder auf dem Friedhof, grüßten sie sich. Der Mann blickte auf, was er vorher nie getan hatte, und sah ihr entgegen. Sie blieb oftmals bei ihm stehen, und sie sprachen miteinander. Von den kleinen Dingen des Alltags, die so wichtig sind und die man gerne einem anderen mitteilt.

Und eines Tages fing der Mann an, auch die anderen Menschen zu grüßen, wie es im Ort üblich war. Und da die kleinen Begegnungen mit der Frau aufgefallen waren, fingen sie an, ihm einen Gruß, ein Wort zuzurufen, wie sie es untereinander taten. Die Fremdheit wich. Das machte sie bereit, in sich eine Türe aufzumachen, die den anderen einlässt. Sie begannen, miteinander zu sprechen. Es hieß nun nicht mehr im Ort – »Da geht der Pole.« Jetzt sagten sie zueinander: »Sieh, da kommt der Josef!«

Und so war in dessen Leben eine Veränderung gekommen, weil jemand am Weihnachtsabend seine Türe aufgemacht hatte.

Aber war es nicht der Josef, der kam und anklopfte?

Die Weihnachtsgeschenke

Am Telefon:

»Dein Weihnachtspäckchen? Ja, es ist gut angekommen. Ach, es waren ja so viele Geschenke zusammengekommen. Micha war ganz übergedreht. Zum Schluss riss er nur noch die Papiere von den Päckchen.«

»Hat er sich über meine Holzeisenbahn gefreut? Ich dachte, in seinem Alter wäre es das Richtige.«

»Ach ja, die Holzeisenbahn ist nett. Sie rollt so gut. Und die roten Räder fand Micha toll. Es war die dritte Eisenbahn, die Micha zu Weichnachten bekam.«

Nachdenklich legte ich nach dem Gespräch den Telefonhörer auf.

1946 – Heiligabend.

Laut und schrill hallte die Fabriksirene durch die Werkhallen der großen Möbelfabrik. Die Räder der Maschinen schwangen aus. Nach dem lauten Maschinenlärm betäubte die plötzliche Stille. Nur das schleifende Geräusch des Handfegers, mit dem der alte Fittchen seine Schleifmaschine abfegte, war noch zu hören. Der stille Mann, immer von Schleifstaub ganz grau, seine Lunge hatte schon lange etwas abbekommen, meinte väterlich, er müsste mich in der mir fremden Umgebung etwas betreuen. Er legte den Handfeger beiseite und rief mir zu: »Na, min lütt Deern, nu wüllt wi mal!« Auch ich hatte meine Werkbank aufgeräumt und die Schnitzeisen in der Schublade verwahrt. Da konnten sie jetzt zwei Tage ruhen, denn es war Heiligabend und die Feiertage folgten. »Na, nu kumm man«, sagte der Alte und ging voran. Von allen Seiten strömten die Angestellten freudig erregt in die große Halle. Nicht, dass uns da eine Weihnachtsfeier erwartete. Nein, weil Weihnachten war, durfte jeder zwei von den in der Fabrik für diesen Zweck hergestellten Holzdingen erwerben. Ich freute mich so darüber, als hätte ich ein Glückslos gezogen. Alles, was sonst in der Fabrik hergestellt wurde, ging nach Amerika oder wurde an die Besatzungssoldaten verkauft. So auch die von mir geschnitzten Holzteller für eine Stange Zigaretten im Wert von tausend Mark. Der Stundenlohn dagegen betrug siebenzig Pfennig.

»Da, den Nähkasten möchte ich haben!«, rief ich gleich aus, als ich die Sachen sah. Man konnte ihn nach beiden Seiten ausziehen und die oberen Fächer waren unterteilt. Nun hatte ich ein wunderbares Geschenk für meine Mutter, dazu noch ein unerwartetes. »Und die Holzeisenbahn möchte ich!« Die Lokomotive zog zwei Kipploren, und alles war sehr stabil gebaut. Da kann sich unser kleiner Udo auch mal draufsetzen, dachte ich und sah meinen kleinen Neffen vor mir, der mit seinem Kinderdasein, besonders für meine alten Eltern, einen hellen Schein auf das mühsame Nachkriegsdasein legte. Was wird der für Augen machen? Schob er doch bisher seine Bauklötzchen als Eisenbahn durchs Zimmer. Nirgendwo sonst konnte man in diesem zweiten Nachkriegswinter solche Dinge erwerben. Verschlangen sie auch meinen halben Monatslohn, und der reichte oft nicht für das Nötigste, so hüpfte doch mein Herz in Lämmersprüngen vor Freude. Nicht schnell genug konnte ich mich auf meinen Heimweg machen.

»Fröhliche Weihnachten!«, rief ich Fittchen beim Weggehen zu.

»Fröhliche Weihnachten. Un kumm man god wedder trüch«, rief er zurück.

Auf meinem eiligen Weg zum Bahnhof wurde ich dann

doch auf der Weserbrücke von einem vertrauten Bild fest gehalten. Die Weser führte in diesem kalten Winter Eisschollen. Nicht so große und dicke wie in Königsberg, wenn der Eisbrecher die Pregeldecke durchbrochen hatte. Doch war es ein mich fesselndes Bild, wie die Schollen auf- und niederwippten, sich stießen und drehten und mit der Strömung weitertrieben. Ich vergaß ganz, wo ich war. Doch kein Schlossturm grüßte zu mir herüber, als ich wieder aufsah.

Auf dem Bahnsteig standen die Menschen dicht gerammelt, und als der Zug in Richtung Hamburg einfuhr, schob und drängte sich die Masse in die Abteile. Eingekeilt in die Menge wurde ich durch die Nachdrängenden mit hineingeschoben. Doch das Dicht-an-dicht-Stehen hatte auch sein Gutes. So wärmte sich Mensch an Mensch im kalten Zug. Eine und noch eine Stunde standen wir so, und der Zug fuhr nicht los. Eine Frau, die mir am nächsten stand, kramte aus der Tasche ein Stück Brot und begann es langsam zu verzehren. So, wie wir alle damals aßen, um ein Sättigungsgefühl zu verspüren. Bei diesem Anblick jedoch verspürte ich, wie sich mein leerer Magen zusammenzog. Die Frau ahnte wohl, was in mir vorging. Noch einmal griff sie in die Tasche, holte ein Stück Brot hervor, sah mich freundlich an und reichte es mir wortlos. Wie ein Weihnachtsgeschenk war mir dieses Stück trocken Brot. Eine von den unerwarteten Gaben, die aus gutem Herzen kommen und das eigene warm machen. Ich erfuhr, dass die Frau in Bremen ausgebombt war, jetzt auf dem Lande wohnte und noch keine Zuzugsgenehmigung erhalten hatte. In unser Gespräch dröhnte der Lautsprecher. »Alles aussteigen! Maschinenschaden! Ein Zug in Richtung Hamburg ist auf Gleis sieben bereitgestellt.« Alles stürzte und drängte aus den Abteilungen, jagte mit dem Gepäck, mit Koffern, Taschen und Beuteln die Treppe runter und die andere hoch, schob und quetschte sich neu in die Abteile. Dabei verlor ich die Frau aus den Augen. Und wieder vergingen zwei Stunden, ehe sich der Zug am Heiligabend mit den verfrorenen Menschen langsam in Bewegung setzte.

Als ich in Ottersberg aus dem Zug stieg und mich auf den Weg nach Everinghausen machte, lag winterliche Dunkelheit über dem Land. Am Anfang des Weges standen noch einige Häuser, aus denen warmes Licht auf die Straße fiel. Was spielte sich wohl jetzt am Heiligabend in den Häusern ab? Ob die Menschen, die darin lebten, wussten, was es in dieser Zeit bedeutet, das Zuhause behalten zu haben? Bald hörten die Häuser auf und Buschwald stieß rechts und links an den Weg. Allein zog ich meine Straße in der Dunkelheit der Nacht, die die Nacht der Weihnacht war. Und schien auch kein Stern mit hellem Gefunkel auf meine einsame Wanderschaft, so wurde mir doch ganz froh ums Herz, wenn ich daran dachte, dass auch ich bald, nicht die Türe einer wohl geordneten Häuslichkeit mit ihren Weihnachtsvorbereitungen, doch die Türe zu unserer Bodenkammer aufklinken würde und in Helle und Wärme bei meinen Lieben wäre. Die zweite Weihnacht fern der Heimat würde nicht mehr so schwer wie die erste sein. Immer ist das erste Fest nach einem Verlust das Schwerste. Und dann war da noch die große freudige Erwartung in mir, wenn ich an das überraschte Gesicht meiner Mutter dachte und an das glückliche Kindergesicht meines kleinen Neffen, wenn ich meine Geschenke übergeben würde. Und wie ich so weiter auf der Straße entlangwanderte, die in einer Richtung ins Moor führte und abbiegend in die Wümmewiesen, der kein weiß leuchtender Schnee die nächtliche Düsternis nahm, da war mir doch, als ginge ich einem Licht entgegen, dem hoffnungsvollen, erwärmenden Licht der Weihnacht.

318

Vom Wiesenweg aus konnte ich dann schon den einsam gelegenen eichenumstandenen Bauernhof sehen. Seine Fensterlichter spähten traulich in die Dunkelheit, als wollten sie sagen: »Es ist Heiligabend. Komm, du wirst erwartet.«

Froh, nach dem langen Warten auf dem Bahnhof und dem weiten Weg nun angekommen zu sein, durchquerte ich die Viehdiele, hörte das Kettengerassel der Kühe, nahm den Geruch nach Heu und Rübenfutter wahr, sah die Bauernfamilie durch die Glastüre friedlich in der Küche am Abendbrottisch sitzen und stieg die kleine schmale Stiege zum Boden hoch. Eine Türe wurde aufgestoßen, ein kleiner Jubelruf, der Kleine sprang mir entgegen. Die Eltern kamen zur Türe, und ich hörte sie erleichtert aufseufzend sagen: »Da bist du endlich.« Und es war hell. Es war warm. Ich war zu Hause, das immer da ist, wo man erwartet wird.

Und die Geschenke? Ja, sie waren eine große Überraschung, eine unerwartete Weihnachtsfreude. Liegt nicht in einem unerwarteten Geschenk, das aus der Liebe kommt und auch so angenommen wird, ein Schimmer des Weihnachtsgedankens verborgen?

»So ein wunderbarer Nähkasten!«, rief meine Mutter aus. »Nun bekommen all meine zusammengesammelten Nähutensilien einen Platz. Jeder Faden und jeder Knopf ist ja kostbar in dieser Zeit. Dieser schöne Nähkasten ist ja fast ein Luxusgegenstand in unserer Flüchtlingswohnung.« Und dann hörten wir ihr schönes helles Glockenlachen, das sie nicht verloren hatte. »Einen Kleiderschrank haben wir nicht, aber einen hochfeinen Nähkasten.« Und das Kind? Der Kleine hüpfte überglücklich mit glühendem Gesichtchen auf einem Bein durchs Zimmer und rief zum wiederholten Male: »Wie freu ich mich! Wie freu ich mich, dass der Weihnachtsmann die Eisenbahn bei dir abgab.«

In meiner Kammer steht heute noch auf einem Bord die alte, vom Spielen ramponierte Lokomotive. Ich habe sie durch alle Jahre von Umzug zu Umzug bewahrt. Sie könnte viel erzählen. Von einer vergangenen Zeit und von Kindern, die in einer ärmlichen Umgebung, doch in der Geborgenheit der Liebe der Familie aufwuchsen und die noch die große, die überwältigende Freude erleben konnten.

Die Weihnachtsgabe

Du hast mir Katharinchen geschickt
mit dem Duft aus Kindheitstagen.
Ein Duft, der alte Erinnerung bringt
und den Lichtschein aus Weihnachtstagen.

Von der Weihnachtszeit in der alten Stadt
mit ihren Dächern und Türmen
mit dem Pregel und seinem Eisschollengang
mit Schneeluft und Winterstürmen.

Ich höre wieder den Weihnachtston
vertrauten Choral in den Gassen.
»Vom Himmel hoch« die Luft erfüllt.
Die Bläser durchziehen die Straßen.

Ich seh eine Tanne im Schneeglanzkleid
voll Lichtern am Münzplatz stehen.
Wir tragen Päckchen in Weihnachtspapier
und wollen nach Hause gehen.

Nach Hause zu gehn in der alten Stadt
hat uns das Schicksal genommen.
Nach Hause zu finden in Gottes Reich
ist zu uns die Weihnacht gekommen.

Doch immer gehört zu der Weihnachtszeit
zu dem Dank für die himmlische Gabe
der Erinnerung Bild und der Weihnachtsduft
und Vertrauen der Kindertage.

Buchsbaumduft –
Erinnerungsduft

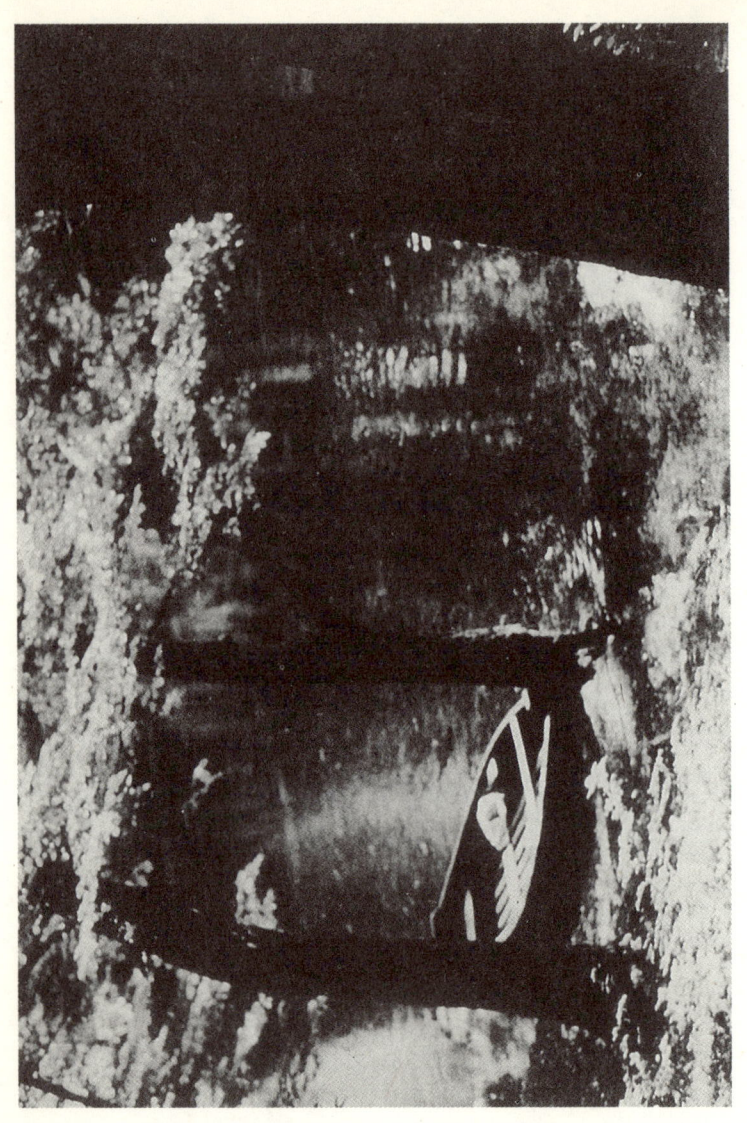

Krutinna

Krutinna

deine Wasser
aus der Weite gekommen
masurischer Seen
mitgerissen Glanz
unzähliger Sommer
im gewundenen Hochuferbett
unter geneigten Bäumen
Krutinna
deine Wasser –

Aus glasklarer Helle
lockt rotrunder Stein.
Lichtgrüne Kronen spiegeln
smaragden und golden
behütenden Bogen und
haltenden Grund.

Hier in der Stille
lichtgrüner Helle
hier in der Helle
lichtgrüner Stille
nah dem Morgen
der Schöpfung
deine Wasser
Krutinna.

Buchsbaumduft

Auf der Krimhalbinsel, im Schwarzen Meer, liegt nahe bei Simferopol der alte Sultanspalast Bachtschissarei. Schon in dem Klang des Namens Bachtschissarei liegt etwas von dem Zauber von 1001 Nacht. Versunken ist die Zeit, da der Tatarenfürst hier seinen Hofstaat hielt und Haremsdamen die von Buchsbaum gesäumten Wege durchschritten. Heute sind die in gutem Zustand befindlichen Häuser und Anlagen den Besuchern als Museum zugänglich.

Und doch ergreift noch ein Zauber der vergangenen Zeit den Besucher. Die warme Luft in den Hofgärten, von den Gebäuden des alten Tatarenschlosses umgeben, ist süß und schwer. Es duftet aus einer Fülle von Blumen, Büschen und Hecken und aus den herabhängenden Zweigen eines Baumes mit fremdartigen großen Blütenkelchen. Die vielen Menschen, die sich in den Zaubergärten aufhalten, kaum westliche Touristen, sind wie von der sie umgebenden Atmosphäre gehalten. Frauen mit gutmütigen Gesichtern, ein Umschlagtuch um den Kopf, sitzen still und geduldig auf den Bänken. Männer, mit den gestickten Kappen aus Usbekistan auf dem Kopf, gehen in ihren langen Gewändern zwischen den buchsbaumeingefassten Beeten hin und her. Es sind ganz andere Erscheinungen als die Russen, die in Jalta und Sotschi zu sehen waren, die zur Erholung, meist als Auszeichnung, ans Schwarze Meer gekommen waren, in eines der neu erbauten Heime oder in einen der zum Erholungsheim umgewandelten alten Paläste. Diese Menschen hier wirken in ihrem ruhigen Dasein wie zugehörig. Kamen sie wie ich, um den alten Sultanspalast zu besichtigen oder aus einem anderen, mir unbekannten Grund hierher?

Das eigentliche Museum zeigt Kostbarkeiten des alten Tatarenfürsten, Gewänder, Krummsäbel und kunstvolle Gefäße. Doch mehr noch interessiert die fremdartige Welt des Harems. Der große Aufenthaltsraum der Haremsdamen ist hell und freundlich. Durch die holzgeschnitzten Fensterverkleidungen, damit keine Einsicht von außen möglich ist, dringt mehr Licht, als man von draußen vermuten konnte. Die Wände entlang befinden sich gepolsterte Ruhebänke mit orientalischen Mustern. Davor stehen kleine dünnbeinige Tischchen mit metallgetriebenen und kunstvoll ziselierten Platten. Der kleinere Nebenraum dagegen ist sehr viel einfacher eingerichtet. Er war der Aufenthaltsraum der alten Frauen, der ehemals begehrten, der beiseite geschobenen. Sie mussten die jüngeren Frauen, die in der Gunst des Sultans stehenden, bedienen. Auch hatten sie sich in der freien Zeit nützlich zu machen und fleißig zu spinnen.

Spätestens hier überfällt einen das traurige Ahnen schwer zu bewältigender Schicksale. Kamen die Frauen mit ihrem Einverständnis in dieses Tatarenschloss oder gegen ihren Willen? Wie ertrugen sie ihr Leben, das Herausgehobenwerden, das Fallen, den Sturz in die Ungnade, das Abgeschobensein?

Als wäre es eine Antwort, befindet sich in der schattigen Ecke eines Innenhofes ein seltsamer Brunnen, der Tränenbrunnen von Bachtschissarei. Ein aufgerichteter, hell schimmernder Marmorstein hat an seiner Vorderseite kleine, handgroße Schalen. Aus ihnen tropft langsam das Wasser von einer Schale in die nächste, und wenn diese gefüllt ist, weiter in die folgende. Es ist wie ein Brunnen der nicht versiegenden Tränen.

Der große Poet Russlands, Puschkin, besingt ihn in seinem Poem »An die Fontäne im Palast von Bachtschissarei« als Brunnen der Liebe.

> Zwei Rosen hab ich dir gebracht,
> Du wunderbarste der Fontänen,
> Von Liebe flüsternd Tag und Nacht,
> Versiegst du nie gleich Dichtertränen.

Einmal war es der Sultan selbst, der den Schmerz der vergeblichen Liebe erfuhr. Er hoffte, die Liebe von Maria zu gewinnen, der jungen schönen Polin, die das Schicksal hierher verschleppt hatte. Doch seine Werbung blieb ohne Erfolg, denn Marias Sehnsucht nach der Heimat ließ keinem anderen Gefühl Raum. Sie verzehrte sich in ihrem Heimweh, berichtet Puschkin weiter in seinem Gedicht.

Der schönen Sprache Puschkins nachsinnend, gehe ich noch einmal durch die Gärten, sehe scharlachrotes Blumenglühen von tiefdunklem Blättergrün umgeben und atme wieder diese fremde süße Luft. Die intensive Wärme dieser Landschaft lässt die Düfte hier besonders berauschend und stark die Luft durchziehen. Und da steigt, als ich an einer Hecke stehen bleibe, ein Duft zu mir empor, den ich tief einatme und der mich schon einmal, vor langer Zeit, mit seiner Herbe und Süße besonders berührt hat. Doch wo war es? Und woher kommt jetzt dieser Duft? Er entströmt dem großen Strauch, neben dem ich stehe. Und nun erkenne ich an den kleinen dunkelgrünen rundlichen Blättern, dass es ein Buchsbaumstrauch ist, der schon viele Jahre alt sein muss.

Und da ist es, als hätte ich an einem Zauberring gedreht. Wie im Märchen von Tausendundeiner Nacht befinde ich mich auf einmal in einer ganz anderen Welt, die in starkem

Gegensatz zu dieser steht, Tausende von Kilometern von der Krimhalbinsel entfernt, in einem Land, das nicht weit von Marias Heimwehland liegt. Da war es, wo der Buchsbaumduft in mir eine Sehnsucht in die Ferne weckte. Und wieder erfüllt mich dieses Empfinden, das sich nun zurückwendet und in der Ferne das Land der Sehnsucht sucht. In traumhafter Wirklichkeit sehe ich die Bilder vergangener Tage.

Ich befinde mich in einem kleinen, herbstblumenbunten Bauerngarten, in einem Dorf im westlichen Ostpreußen. Neben mir steht ein Weidenkorb, den ich mit dem großblättrigen rauen Kraut fülle, das verfüttert werden soll und das hier unter den alten Zwetschgenbäumen wächst. Die warme Herbstluft weht mir einen Duft zu, herb und süß zugleich, der mir fremd ist. Er kommt herübergeweht von den Buchsbaumeinfassungen der Beete im kleinen Vorgarten des alten Bauernhauses. Das alte Haus mit seinem tief heruntergezogenen Strohdach liegt da wie in die Landschaft hineingeschmiegt. Vom hohen Storchennest auf dem Giebel, Jahr für Jahr immer höher aufgebaut, flog der Adebar die grünsaftigen Wiesen an, bevor er sich im Frühherbst auf den Weg in den Süden machte. Eine alte Frau, die Oma hier, sitzt mit Klein-Jungchen auf dem Schoß in der grünen, mit Schmuckleisten verzierten Holzveranda vor der Eingangstüre. Sie lässt das Jungchen »Hoppa, hoppa, Reiter« machen. Ich höre ihre raue, brüchige Stimme:

»Maikäfer flieg,
Dein Vater ist im Krieg …«

Sie wartet, dass jemand vorbeikommt, sich über den Staketenzaun mit den weißen Spitzenden lehnt und ein bisschen mit ihr plachandert. Doch keine Noabersche lässt sich blicken. Nur ein kleines Mädchen treibt eine Schar Gänse über die sandige Dorfstraße heimwärts. Es kommt wohl niemand, um ihr etwas zu vertellen, und die alte Frau zieht sich in die Kühle des Haues zurück. Und das liegt da, als könnte es nicht anders sein, als dass es den Menschen im Sommer Kühle und im Winter Wärme gäbe und Geborgenheit, von einer Generation zur anderen.

Ich habe den Korb mit dem Kraut gefüllt, das ich zerschneiden und dem Schweinefutter beimengen soll. Doch vorher muss ich noch die große dunkle Wassertonne in der Küche füllen, Eimer für Eimer von der Pumpe beim Heuschober neben der Scheune. Noch ein Schulmädchen, bin ich als Erntehelferin der jungen Bäuerin zugeteilt, deren Wärme und Verständnis es mir leicht macht, alle ungewohnte Arbeit zu tun.

Ich richte mich auf und lasse meinen Blick an Haus und Stall vorbei über das Land wandern, über den Fohlengarten hinweg zu der Weite der sanfthügeligen Landschaft. Wie breite Bänder ziehen sich die braunen Streifen der abgeernteten Felder hügelan, dazwischen, wie in einen Flickerteppich eingewebt, das saftige Grün der Rübenfelder, die noch auf die Ernte warten. Weit hinten, über dem blaudunstigen Waldesrand, steht eine große, rotgoldene Herbstsonne. Sie legt mit ihrem Spätnachmittagslicht einen warmen Glanz wie tröstend über das Land. Hält doch alles den Atem an und lauscht angstvoll hinaus, in diesen Herbsttagen des Krieges. Liegt dieses Dorf doch allzu nah der Grenze. –

Ich weiß, das alte Haus gibt es nicht mehr, und seine Bewohner hat das Inferno des Krieges, wenn sie am Leben blieben, irgendwo hingetrieben. Irgendwohin, wo sie erst fremd, nicht eingebunden in den Kreis vertrauter Menschen und Lebensgewohnheiten, sich zurechtfinden mussten.

Geblieben ist die Erinnerung an das weite Land mit seiner stillen Schönheit. Geblieben ist die Erinnerung an seine Menschen, die im Einklang mit sich selbst ihr Leben führten. Die auf sich nahmen, was in ihrem Lebenskreis das Schicksal von ihnen abverlangte. Die aus der selbstverständlichen Hingabe ihre Kraft und Ruhe gewannen.

Wie ein Urbild vergangener Zeit sehe ich vor mir die junge Frau am Herdfeuer stehen und die Abendsuppe bereiten. Bild des erfüllten Daseins, Bild der Ruhe.

Buchsbaumduft, Sehnsuchtsduft in die Ferne, in ein Land, das es so nicht mehr gibt, in das Land, in dem ich zum ersten Mal diesen Duft wahrnahm.

Der Ball

Frieda, die mich eines Tages zu sich nach Hause mitnahm, aufs Land, war aus einem kleinen Dorf, nicht weit von Königsberg gelegen, zu uns in den Haushalt gekommen. Es war ihre erste Stelle, und am Anfang hatte sie viel Heimweh gehabt und am Morgen verweinte Augen. Meine Mutter ermunterte sie, von zu Hause zu erzählen. Das tat sie gerne, und das half ihr. Bald kannten wir ihr Elternhaus, ein kleines Bahnwärterhaus an der Strecke Königsberg-Heiligenbeil gelegen, das kleine Haus mit der Feierabendbank davor und den beiden Fliederbüschen, die Küche mit dem großen Herd und dem hell gescheuerten Holzfußboden, der am Sonnabend mit feinem weißen Sand bestreut wurde. Wir lernten die Geschwister kennen, den Fritzke vor allem, dem sie immer wieder hatten die Bixen flicken müssen. Doch wenn sie zu zerkoddert waren, kam von irgendwoher Ersatz. Denn »Schickt der liebe Gott Jungens, schickt er auch Bixen.« Ja, und das Mamachen konnten wir uns bald vorstellen, das liebevoll-energisch die große Kinderschar regierte. Die Mutter hatte Frieda gar nicht gern in Stellung weggegeben. Aber wie sollte sie, Frieda, sonst bisschen was verdienen für später, »fiere Aussteuer.« Und dann war da noch der Vater, der stille ernste Mann, der das Bahnwärteramt versah und am Feierabend mit seiner Piep auf der Bank vorm Haus saß.

Wenn Frieda erzählte, war ich nicht von ihrer Seite zu bekommen. Ich folgte ihr von der Küche ins Zimmer, vom Zimmer in die Küche. »Bist mein kleines Nachzagelchen«, sagte sie dann. Vom ersten Tag an hatte ich Frieda in mein Herz geschlossen und sie wohl mich. Frieda hatte sich dann bald eingelebt gehabt. Ihre hellen Augen blickten fröhlich in die Welt, und die Wangen hatten bald die Heimwehblässe verloren und bekamen wieder ihre frische Farbe. Mein Vater sagte einmal: »Frieda ist wie ein taufrischer Apfel.« So klein ich auch war, das verstand ich. Um Frieda war etwas wie frische Morgenluft.

Einmal wurden Friedas Wangen wirklich so rot wie die eines Apfels. Das war, als meine Mutter sie fragte, ob sie die nächste Woche nach Hause, zu den Eltern wollte. Es passte gerade so gut, denn danach ginge es mit der ganzen Familie, Frieda sollte mit, für einen Monat an die See. Ich sah, wie sie einmal schluckte, sich einen Ruck gab und munter heraus fragte: »Und das kleine Evachen, lassen Sie das mit? Die Elternchen werden sich freuen.«

So zog ich am folgenden Sonntag mit Frieda zum Bahnhof. Die Straßen lagen noch in der Ruhe der Sonntagsfrühe. Nur die Straßenbahn fuhr bremsenquietschend den Schiefen Berg hinunter zum Münzplatz. Wir ließen sie fahren. Einen verschnürten Pappkarton in der einen, mich an der anderen Hand, hatte Frieda entschlossen verkündet: »Die Dittchen sparn wir. Wir gehn!« Mein Herz schlug in freudiger Erwartung. Der Tag war wie ein aufgeschlagenes Buch mit hellen Seiten, die sich mit bunten Bildern füllen würden. Die Vorfreude ließ mich an Friedas Hand hüpfen. Bei jedem Hüpfer hüpfte der Ball mit, den ich in einem roten gehäkelten Netz um den Hals trug. Der Ball war mein schönstes Geschenk zum fünften Geburtstag gewesen. So einen großen hatte ich noch nie besessen. Dunkelblau schimmerte seine Lackfarbe. Ein silberner breiter und zwei schmale Streifen umrundeten ihn. Zwei unterschiedlich große Silberpunkte gaben dem Ball ein Oben und Unten. Geheimnisvoll, wie der Nachthimmel, war er mir erschienen. Nur zaghaft hatte ich ihn zuerst zu prellen gewagt. Weich und federnd war er zu mir hochgesprungen. Immer wieder hatte ich ihm, mich um mich selbst drehend, einen Schlag gegeben. Nur das Springen des schönen großen Balles war wie eine Verzauberung um mich gewesen. Von ihm konnte ich mich nicht trennen. Er hatte mit auf die Reise gemusst.

Als wir am Hauptbahnhof in den Zug gestiegen waren, nicht am Nordbahnhof, wie ich erwartet hatte (»Wir fahrn ins Natangsche, Trautsterche, nich ins Samland anne See«), verstaute Frieda das Gepäck, und wir gingen raus auf den hinteren Perron. Grüne Wiesen mit schwarzbunten Kühen flogen an uns vorbei, weißviolett blühende Kartoffelfelder und lange Baumreihen der Chausseen. »Da!«, schrie Frieda auf. Wir waren an ihrem Bahnwärterhäuschen vorbeigefahren. Eine Schar Kinder stand hinter dem Staketenzaun und schrie und winkte. Als der Zug gehalten hatte, mussten wir ein Stück die Schienen entlang zurückgehen.

In der Haustüre standen Friedas Eltern und erwarteten uns. Die Hände vor der blauweiß gestreiften Schürze gefaltet, sah die Mutter ihrer Tochter entgegen. »Is' doch ne staatsche Mariell, die Frieda«, sagte sie, den Kopf seitlich zum Vater neigend. »Und tüchtig! Hätt' sonst die Herrschaft ihr Tochterchen mitgegeben? Wer die mal kriegt, die Frieda.« Freundlich wandte sie sich dem Besuch zu. »Und du bist das Evachen, nich?« Da nahm mich auch schon ein Junge, es war Fritzke, bei der Hand. Der traute sich zuerst von den Kindern. »Komm, ich zeig dir.« Er lief mit mir hinters Haus auf den Grasplatz. Unter einem Drahtgestell schiepste und piepste und wuselte eine Schar kleiner honiggelber Keuchelchen durcheinander. Vorsichtig, ganz behutsam, wie ich es dem wilden sommersprossigen Jungen gar nicht zugetraut hätte, holte er so ein kleines Knäuelchen hervor und legte das flaumfederweiche

Keuchelchen mir in die Hand. Ich spürte sein kleines Herz schlagen. Oder war es meines, das so vor Erregung klopfte?

Von der Haustür her schallte es: »Kommt eete! Kommt eete!« Und wieder zog mich Fritz an der Hand mit ins Haus und in die Küche an den Schragentisch, auf dem in einer riesigen Steingutschüssel die Kartoffelkeilchen dampften. Die Mutter hatte Friedas Leibgericht gemacht und extra viel Spirkel ausgebraten. Nach dem Mittag half Frieda in der Küche, und wir Kinder liefen zum Spielen in den Apfelhof. Meinen Ball nahm ich mit und ließ ihn zwischen den Apfel- und Kruschkenbäumen hoch in die Luft fliegen. Immer, wenn ich die Arme zum Fangen hochstreckte, sah ich den Sommerhimmel weit und hell und seidenblau durch das grüne Geäst der Bäume schimmern. Ich warf der kleinen Ella den Ball zu, und sie warf ihn weiter zu den anderen Kindern. Der große Gerhard gab ihn nicht gleich weiter, sondern prellte ihn um die Bäume herum. Wir liefen hinterher und schrien und lachten und kullerten uns vor Vergnügen im kühlfrischen Gras. Als Frieda rief: »Kommst mit zu Naujoks Weide? Willst doch das Hietscherchen sehn«, brachte ich schnell den Ball ins Haus und folgte ihr.

Wir gingen einen schmalen ausgetretenen Pfad, an einem weidengesäumten Bach entlang, zur Pferdekoppel hin. Die Stute mit dem Fohlen stand im Grünschatten der Eiche. An ihrem Schenkel war das Trakehner Brandzeichen deutlich zu sehen. Frieda streckte die offene Hand aus und lockte mit schmeichelnder Stimme: »Komm, Hietscherchen! Komm!« Zuerst kam die Stute heran. Langsam, den Kopf gesenkt, hielt sie auf uns zu. Zögernd folgte das Fohlen seiner Mutter. Aus Friedas Hand fraß die Stute die mitgebrachte Brotkruste. Das Fohlen drängte sich heran, und ich durfte ihm auch eine Brotkruste reichen. Weich fühlte ich die sammetweichen Lippen

Ostpreußische Landschaft

des Tieres. Doch als ich es streicheln wollte, warf es den Kopf zurück und jagte mit seinen staksigen Fohlensprüngen davon.

Auf einmal erklang eine Männerstimme hinter uns. »Na, bist all wieder da?« Frieda drehte sich hastig um und wurde ganz rot. Er hatte sie also kommen sehen. Auf seine Frage nickte sie nur. »Na, wie isses inner Stadt? Gehst auch mal tanzen?« Forschend betrachtete er Friedas Gesicht. War da etwas, ein Ausdruck, den er nicht kannte? Doch Frieda sah ihn offen und treuherzig an.

»Manchmal geh ich. Mit Malchen. Weißt doch, von Klimschats. Die is auffem Tragheim.« »Und sonst«, bohrte er weiter, »denkst noch an Ostern?« Sie nickte und wurde zu ihrem Ärger wieder rot. Der junge Naujoks trat dicht an sie heran. »Die Lärche, weißt doch, hab ich gepflanzt. In unsern Garten. Kannst sie sehn, vom Fenster.« Frieda lehnte sich leicht an ihn an und sagte leise, aber bedeutungsvoll: »Hab all zweihundert Mark gespart.« Er legte von hinten seinen Arm um Frieda. Und so standen sie eine ganze Weile, sahen über die grünen Weiden in die verblauende Ferne, in der wohl alles lag, was sie sich füreinander wünschten und erhofften. Als wir wieder zurückgingen, war ich so dreibastig, zu fragen: »Du, Friedchen, war das dein Schmisser?« »Dammlige Marjell«, ruckste sie mich am Arm. Doch dann lachte sie auf. »Amend!«

Am Holzstoß beim Staketenzaun erwartete uns Fritz. Er zog die Schwester zu sich herunter und flüsterte ihr was ins Ohr. »Erbarmzig! Die kleine Marjell!«, entfuhr es Frieda. »Ir seid auch dreidammlige Kreeten.« Dann ging sie eilig ins Haus. Auch Fritz lief weg. Ich sah mich nach einem Spielgefährten um. Nur die kleine Ella saß auf der sonnenbeschienenen Türschwelle und streichelte immerfort die Katze auf ihrem Schoß. Sie sah nicht zu mir auf. »Ellachen, wollen wir mit dem Ball spielen?« Sie antwortete nicht und streichelte weiter das Katzenfell. Ich lief ins Haus und suchte den Ball. Doch wo war er? »Mein Ball! Wo ist mein Ball?« Frieda kam herbei, nahm mich wortlos bei der Hand, führte mich zum Kleiderschrank im Schlafzimmer und öffnete die knarrende Schranktür. Unten, im Dunkel, an das sich das Auge erst gewöhnen musste, lag ein zusammengedrücktes Etwas, hässlich, wie die Schale einer verdorbenen Frucht. Nur langsam begriff ich, dass das mein schöner großer Ball gewesen war. Wie aus der Ferne hörte ich Friedas Stimme: »Die Lorbasse haben damit Fußball gespielt, als wir weg waren. Da ist der Ball auf den Stacheldrahtzaun geflogen.«

Vom Klunkermus am Abend wollte ich nichts essen. Frieda brachte mich zeitig ins Bett. Die schöne bunte Welt hatte alle Farbe verloren. Die Erlebnisse des Tages, beim Stadtkind neue Empfindungen weckend, das Fohlen am Zaun, das weiche Küken in der Hand, diese Erlebnisse versanken, und eine große Traurigkeit breitete sich aus. Den Ball gab es nicht mehr. Nie mehr würde die große nachtblaue Kugel um mich herumspringen.

Erst als Frieda schlafen kam, alle Kinder schliefen in dem kleinen Haus zu zweit im Bett, löste sich die allumfassende Traurigkeit. »Na, min Muske«, flüsterte sie besorgt, »schläfst noch nich? Mach man de Kuckelchen zu.« Ich rollte in der Bettkuhle dicht an sie heran und spürte ihre Nähe und Vertrautheit als Tröstung. Spürte die sorgende Hingabe, die dieses Mädchen vom Lande warmherzig über alles breitete, was ihrer Fürsorge bedurfte. Eine wohlige Schwere und Müdigkeit erfasste mich, und in den sich herabsenkenden Schlaf hinein begleitete mich ihre beruhigende und die Wellen meines Schmerzes glättende Stimme. »Schloap man, min Muske, schloap. Das liebe Gottchen schickt wieder das Sonnchen. Schloap man, schloap.«

Licht über der Samlandküste

Es ist die Samlandküste mit ihrem Licht, es ist das Rauschen der anrollenden See, das sich mit dem Rauschen der großen küstennahen Wälder vermischt, wenn ich an Lochstädt denke. Es ist die Erinnerung an eine kinderliebe Schwester, die uns wie eine warme Sonne vom großen Heimweh befreite, wenn ich an Lochstädt denke, an die Zeit, die meine Schwester und ich dort in der Kinderheilstätte verbrachten.

Unsere Mutter war ganz blass geworden, als der Kinderarzt Dr. Lange, das Röntgenbild in der Hand, auf mich wies und zu ihr sagte: »Die Kleine schicken Sie man gleich mit in die Lungenheilstätte, wenn Sie Ihre Ilse hingeben.« »Die auch?«, war es erschrocken von Mutters Lippen gekommen. Ilse, ja, die war sehr krank gewesen. Aber nun die Kleine auch? Es war eine doppelte Besorgnis, die sie so erschrecken ließ. Es war 1930, die Zeit der allgemeinen schlechten Wirtschaftslage in Deutschland. Die Eltern waren in keiner Krankenkasse, was damals gar nicht so selten war. Sie mussten nach einem Ausweg suchen. Als wir nach Monaten wieder gesund und munter nach Hause kamen, war das geschnitzte, wertvolle Herrenzimmer verkauft und das Zimmer an ein älteres Fräulein vermietet.

So kam es, dass unsere Mutter mit uns mit der Kleinbahn nach Lochstädt fuhr. Unsere fröhliche Mutter war so anders als sonst, so verhalten und ernst. Das wurde uns erst so recht bewusst, als sie uns in der Kinderheilstätte abgab. Ja, abgab, denn es war für die Monate unseres Aufenthaltes kein Besuch erlaubt. Einmal waren die Eltern da gewesen und hatten uns, wir durften es nicht wissen, aus der Ferne beim Waldspaziergang beobachten können.

Ja, oft waren wir im Wald, und immer war es uns Stadtkindern ein Erlebnis. Es konnte einem fast schwindelig werden, wenn man an den hohen Stämmen hinaufblickte, an denen die Ansatzstellen der Äste immer höher hinaufkletterten und wie ein großer Quirl in der Luft standen, bis sie eine weite dunkle Krone bildeten. Hier und da leuchtete das Himmelblau hell hindurch. Weich war der Waldboden in dem lichten Untergehölz und würzig die Luft. Manchmal sammelten wir Walderdbeeren. Jedes Kind bekam einen kleinen Becher, den es vollsammeln sollte. Das fiel mir immer sehr schwer. Am Abend gab es dann für alle einen Teller Walderdbeeren mit Milch, und ich wunderte mich, dass auch ich einen vollen Teller bekam. Niemals wieder habe ich irgendwo in einem Wald so viele Erdbeeren gesehen. Überall leuchtete es am Boden rot aus den Blätterbüscheln. Nah am Haus war auch die See, die von frühester Kindheit vertraute. Ihr Rauschen schläferte uns am Abend ein und weckte uns am Morgen.

Doch oft, besonders im ersten Monat, war das Kinderherz vom Heimweh bedrückt. Es fehlte in dieser Zeit über unserem Kinderleben der gütige freundliche Blick, unter dem sich ein Kind erst geborgen und angenommen weiß. Schwester Elfriede, die unsere Kinderstation leitete, war wohl ein mit ihrem Leben unzufriedener Mensch. Sie ärgerte sich über alles und jedes und schimpfte viel mit den ihr anvertrauten Kindern. Einmal hatte sie meine Schwester hart ausgeschimpft und an den Zöpfen hin- und hergezogen, weil ihr Nachthemd kaputt war. Sie musste nämlich unsere Sachen nähen. Bei ihr fühlten wir uns hilflos und ausgeliefert und weinten am Abend in unsere Kissen.

Doch eines Tages, ganz plötzlich, hatte unsere Pein ein Ende. Eine große Aufregung war durchs Haus gegangen, eine Unruhe, ein Laufen und Rufen. Hatte eine böse Krankheit auf der Station um sich gegriffen? War etwas mit Schwester Elfriede passiert? Wir haben es nicht zu wissen bekommen. Jedenfalls wurde unsere Station aufgelöst, und wir kamen zu Schwester Lottchen. Schwester Lottchen hatte ein liebes rundes Gesicht, das, eingerahmt von der gerüschelten Haube der Königsberger Diakonissen der Barmherzigkeit, so lieb und gütig auf uns Kinder sah, wie die Mutter Sonne aus meinem Bilderbuch. Und so fühlten wir uns bei ihr, als hätte eine dunkle Wolke wieder die Lebenssonne freigegeben. Schwester Lotte merkte man gleich an, dass sie Kinder gerne hatte. Einmal, als ich zum Tuberkulin-Test runter ins Arztzimmer musste, hatte sie mir als Trösterchen eine Schokoladenmaus geschenkt. Die hielt ich fest in der Hand, als ich auf dem langen, halbdunklen Flur alleine warten musste. Erst, als alles vorbei war, brachte ich es fertig, sie zu verspeisen. Aber da war sie schon zu einer weichen Creme verschmolzen.

In späteren Jahren kam Schwester Lottchen nach Königsberg und saß in der Aufnahme des Krankenhauses der Barmherzigkeit. Es war ihre Altersaufgabe. Oft, wenn ich vorbeikam, sprang ich hinein, um ihr »Guten Tag« zu sagen. Ich habe nie vergessen, was dem Kinderherzen damals dieser gütige Mensch bedeutet hatte.

Aber da ist noch etwas, das ich nicht vergessen habe, ein für mich als Kind neues und großes Erleben. Auch das verbindet auf besondere Weise mit der Zeit in Lochstädt. An dem unruhigen Tag, als wir am nächsten Morgen zu Schwester Lotte kommen sollten, als die Station aufgeteilt und Kinderbetten hin- und hergeschoben wurden, wusste man nicht so recht, wohin mit uns. Meine Schwester, ein anderes Mädchen und ich sollten die Nacht in der großen Liegehalle schlafen. Das war ein Abenteuer. Wir drei Kinder in der großen Halle alleine. Jeden Tag mussten wir dort einige Stunden liegen, mussten ganz still sein und durften kein Wort sprechen. Jetzt konnten wir uns Geschichten erzählen, so viel wir wollten. Aber es war mehr ein Gewisper und Geflüster, denn es war doch ein eigenartiges Gefühl für uns, so alleine hier die Abenddämmerung und die Nacht zu erwarten.

Die leichte Dämmerung hob das Trennende der Glaswände auf. Wir lagen wie unter den Kiefern, deren Baumkronen die Halle berührten. Es wurde in dieser nordischen Sommernacht nicht ganz dunkel. Alles war geheimnisvoll eingetaucht in einen verwobenen Schimmer. Ein Schatten senkte sich herab, Vogelgeflatter. Die Gefiederten suchten ihre Schlafbäume auf. Ein heller Stern erglänzte, noch einer und noch einer. Wie unterm Sternenzelt schliefen wir ein. Und dann das Erwachen am nächsten Morgen. Erst war nur das Rauschen in der Luft da, das An- und Abschwellen der anrollenden und sich wieder zurückziehenden See. Ich öffnete langsam die Augen. Die beiden anderen schliefen noch fest. Ich sah nach draußen und erstaunte in meiner kindlichen Seele. Vor mir lag im Morgenglanz die ausgeruhte Welt. Solch ein Erwachen hatte ich noch nie erlebt. Allein, ohne die Elterngeborgenheit, so nah der Natur. Keine abschließende Hauswand stand trennend dazwischen. Rosafarbenes Frühlicht durchfingerte die Kiefernkronen. Ihre dunkle Schwere war aufgehoben. Die Kiefernstämme warfen das Licht kupferfarben zurück. Der Himmel darüber, ein weit gespanntes Seidentuch. Leicht, den Morgen unter den Flügeln, stiegen die Vögel zu ihm auf. Licht und schwerelos erschien die Welt. Es war wie eine Begegnung mit der Schöpfung.

Natürlich konnte ich dieses Empfinden damals nicht in aussprechbaren Worten denken. Doch all die Jahre ist die tiefe Empfindung dieses Schöpfungsmorgens mit seinem Licht und seinen Farben in mir geblieben. Dieses Licht, das die einzigartige Luft über dem Samland entstehen lässt, dieses Gewebe aus See- und Waldluft, aus Dünen- und Sandgeflimmer. Dieses Licht, das Farben über das Land breitet, wie sie wohl kaum irgendwo anders so zu finden sind.

- Man müsste ein Maler sein – habe ich manchmal in späteren Jahren gedacht, wenn ich dieses Bild, diesen Morgen an der Samlandküste vor mir sah. Aber solche Bilder sind vielleicht gar nicht dazu da, um gemalt zu werden, sondern um als Abglanz des himmlischen Schöpfungswunders in uns zu leben.

Zu Hause im weiten Land

Der Winterhimmel zeigte an seinem Rande noch einen glühend roten Streifen, als ich in Mensguth aus dem Zug stieg. Der Schnee knirschte unter meinen Schritten. Auf dem Bahnhofsplatz stand kein Bauernfuhrwerk, kein Pferdeschlitten, wie ich erwartet hatte, mit dem ich hätte zurück nach Gilgenau fahren können. Aber was machte es einer jungen Arbeitsdienstmaid schon aus, die etwa zehn Kilometer durch das ostpreußische Winterland zu Fuß zurückzulegen. Die Richtung wusste ich. Ich musste die Straße nach Passenheim gehen und bei Kuckuckswalde hatte ich links nach Gilgenau abzubiegen.

Nach der überheizten Luft im Zugabteil war es befreiend, die frische Winterluft zu atmen. Und wie schön lag das Land vor mir unter seiner großen, reinen weißen Schneedecke. Wie anders diese unberührte Schönheit, als in der Stadt Königsberg. Zwei Tage hatte ich für ein Familienfest Urlaub gehabt und diese Zeit für manchen Weg durch die Stadt genutzt. Dort hatte der Schornsteinruß bald das reine Weiß des Schnees in ein schmuddeliges Grau verwandelt gehabt. Die Häuser hier hatten eine weiße Haube auf, und auch auf den Pfosten der Zäune saß eine kleine kugelige weiße Mütze. Schlittenspuren, die hier und da zu einem Gehöft hinführten, hatten ihre Linien in den Schnee gezeichnet. Ach, eigentlich war es wunderschön, diesen Weg durch die Winterwelt zu gehen, zumal kein scharfer Wind wehte.

Wie eisig war er übers Land gefahren und durch unsere Kleider, als wir Arbeitsdienstmaiden von unserm Neujahrsurlaub zurückgekommen waren. Da hatte uns am Bahnhof ein Kastenschlitten erwartet. Raureif hatte den Pferden in den zotteligen Mähnen gehangen und dem Bauern, unserm Kutscher, in den buschigen Augenbrauen über seinen frostroten Wangen. Freundlich hatte er uns begrüßt und mit der Peitsche nach hinten auf den Kastenschlitten gewiesen: »Steigt man ein und huckt euch hin.« Und da er noch ein Späßchen machen wollte, fügte er hinzu: »Vorige Woch hab ich man Ferkelchens zum Markt gefahren. Und diese Woch hab ich junge Frolleinchens.« Mit einem scharfen Peitschenknall und »Hü« war es losgegangen wie der Sausewind. Doch hatte er in seinem hoch geschlagenen Fellkragen noch einmal den Kopf zu uns gewandt und uns begütigend zugerufen: »Aber nu is frisches Stroh drin!« Und das war nur gut, denn der Fahrwind verstärkte den eisigen Ostwind und zog durch alle Kleider. Wir waren ja nicht so gut verpackt wie unser Fahrer, der einen langen Schafspelz anhatte. So legten wir uns auf den Boden des Schlittens ins Stroh, dicht an dicht, um uns gegenseitig zu wärmen. Halb erstarrt erwarteten wir das Ende der eisigen Fahrt.

Wie gut, dass es heute zwar frostklar war, aber kein scharfer Wind wehte. Der letzte rosa Schein am Himmel war verlöscht, doch erhellte der Schnee die Dämmerung. Immer seltener kam ich an einem Gehöft vorbei. Ein kleines Wäldchen rahmte den Weg. Rehspuren kreuzten ihn, und hier und da war der Schnee auf der Futtersuche weggescharrt. Wie war es doch gut, dass man nicht wie die Kreatur unstet durchs Land ziehen musste, dass man wusste, wohin man gehörte und wo man sich am Abend zur Ruhe legen würde.

Doch auf einmal war dieses gar nicht mehr so gewiss. Plötzlich merkte ich es. Ich hatte mich verlaufen. Längst hätte ich nach Kuckuckswalde kommen müssen, um nach Gilgenau abzubiegen. Wo war ich nur? Keine Orientierung in dem weiten Schneeland. Hier und da ein Baum, eine Tannenreihe, doch nirgends ein Gehöft. Sollte ich nach links gehen, nach rechts, geradeaus weiter? Wolken zogen herauf. Drei große dunkle Vögel flogen vor mir auf, setzten sich auf einen Baum, erhoben sich und folgten meinem Weg, als beobachteten sie mich. Gab es hier Wölfe? Hatte sich nicht mal einer aus Polen hierher verirrt gehabt? Große lautlose Weite um mich her und nichts, nichts als Schnee. Kälte, die den Körper hochstieg. Und keine Fahrspur mehr, die andeutete, dass hier jemand auf dem Weg gewesen war, hin zu einem Ziel, wo auch Menschen waren. Ein großes Gefühl der Verlorenheit nahm von mir Besitz.

Doch gerade da stiegen auf einmal Bilder vor mir auf, wie bei dem kleinen Mädchen mit den Schwefelhölzchen in Andersens Erzählung. Ich sah das Zuhause vor mir. Um den Familientisch saßen wir Kinder mit den Eltern, vom warm leuchtenden Schein der Hängelampe wie umschlossen in dem dämmerigen Raum. Das gab mir igendwie Kraft, auf meinem ziellosen Weg weiter durch den Schnee zu stapfen. Da tauchte in einer hügeligen Senke eine größere Baumgruppe auf und die Gebäudeansammlung eines Gutes. Wäre ich nicht so erschöpft gewesen, ich wäre darauf zugelaufen.

Auf mein Klopfen an die Gutshaustür wurde mir bald geöffnet. Eine Frau mit einem guten freundlichen Gesicht, es war die Gutsherrin selbst, hörte sich teilnehmend mein Missgeschick an. Und was ich nicht erwarten konnte, sie empfing mich, als wäre ich ein lieber Gast, und es wäre ganz selbstverständlich, dass ich, da ich Hilfe brauchte, zu ihnen käme. Sie führte mich ins Wohnzimmer an den gedeckten Abendbrottisch, an dem die Familie beisammensaß unter dem Schein der Lampe.

Ja, so waren sie, die Menschen in dem weiten Land. Sie taten ihre Türen dem Verirrten auf, boten Gastfreundschaft und halfen mit großer, natürlicher Selbstverständlichkeit.

»Kindchen«, sagte die Hausfrau fürsorglich, als ich an dem Familientisch Platz genommen hatte, »wollen Sie nicht auch einen Teller Beetenbartsch, zum Aufwärmen? Sie sehen ja ganz verfroren aus. Und hier ist hausgebackenes Brot und Gänseschmalz.«

Alle Verlorenheit wich. Ich war bei guten Menschen. Und während ich die Beetenbartschsuppe aß, breitete sich langsam die Wärme wieder in mir aus. Der Hausherr ließ dann einen Schlitten anspannen und brachte selbst einen Fahrpelz heraus, in den ich mich warm einwickeln konnte. Ja, so kam es, dass ich doch noch wohlbehalten in der Nacht in Gilgenau, in meinem Arbeitsdienstlager ankam.

Leise, ganz leise, um den Schlaf der anderen nicht zu stören, zog ich mich aus und kletterte in mein Hochbett, rollte mich in die Decke und versuchte, es mir auf dem Strohsack so wohlig wie möglich zu machen. Als ich mich auf die Seite drehte, sah ich durch das Fenster draußen ein rotes, geheimnisvolles, schwankendes Licht. Es war der alte Adromeit mit der Stalllaterne auf seinem nächtlichen Weg zu unserer Heizung, um wieder Koks aufzuschütten.

Der alte gebeugte Mann mit seinem Laternenlicht, der für uns, während wir schliefen, seine Arbeit tat, die Gutsleute, die mir heute in meiner Not so hilfreich beigestanden hatten, ließen in mir ein Gefühl von Geborgenheit aufkommen. Wenn dies auch eine andere Welt war als das Zuhause in Königsberg, so waren es doch die Menschen in dem Land, zu dem ich gehörte, die mir das Gefühl gaben, aufgehoben zu sein. Ruhig und gelöst streckte ich mich aus zum Schlaf der Nacht. Ich sah noch, dass es zu schneien anfing. Große, weiche Flocken legten sich auf die Dächer im weiten Land, unter denen Menschen und Tiere ruhten, auf die Felder, wo unter der Schneedecke die Wintersaat der kommenden Zeit entgegenharrte.

Warneckers Weihnachtsmarzipan

Der kalte Winterwind, der auf dem freien Feld vor den Toren der Stadt Tilsit hohe Schneewehen auftürmte, hatte auch noch in den Straßen genug Kraft, um unvermutet mit einem Pfiff um die Ecke zu brausen. Wer unterwegs war, sah zu, dass er nach Hause kam. Dem kleinen Mädchen, das munter über die aufgeschippten Schneewälle am Straßenrand lief und sprang, schienen Kälte und Winterwind nichts anzuhaben. Sie erwärmte ihr froh schlagendes Herz. Wär nicht der kalte, pfeifende Wind, sie hätte gesungen. Etwas vom Winter, etwas von Weihnachten. Ja, sie war frohgemuter Stimmung, denn zu Hause sollte heute Marzipanbacktag sein. Und sie war unterwegs zum Gaswerk in der Kohlstraße, um den Marzipanbacker abzuholen. Das Tilsiter Gaswerk verlieh auf Vorbestellung die Marzipanbacker. Sie freute sich, Vatchen, der viel beschäftigte Kaufmann, wollte extra früh aus dem Kontor kommen. Marzipanbacktag, dafür machte er sich frei, das war ein Familienereignis bei ihnen.

Zu Hause im kühlen Vorderzimmer lagen schon auf Backblechen die Randmarzipanstücke und das Teekonfekt zum Nachtrocknen. Schon am letzten Sonntag hatten sie alles bereitet. Die ganze Familie war um den Küchentisch vereint gewesen bei der freudigen Weihnachtsvorbereitung im hellen Schein der Küchenlampe. Muttchen hatte die Marzipanmasse ausgerollt und die Formen für die Böden ausgestochen. Schwester Liselotte und sie hatten die etwas dickeren Stücke für die Randstreifen am Lineal entlang zugeschnitten, die Ränder der Böden mit Rosenwasser bestrichen und die Randstreifen vorsichtig darauf gesetzt. Vatchen, der Ruhige, der

Geduldige, hatte die Aufgabe gehabt, die Ränder mit dem Kneifeisen zu verzieren. Nun lagen alle Stücke, noch hell und blassgesichtig, zur Weiterverarbeitung bereit.

Der Wind jagte um die Ecke der Hohen Straße, die jetzt die Langgasse durchschnitt. Sie sprang vom Schneewall auf den Gehweg. Schnell noch musste sie einen Blick in das weihnachtlich geschmückte Schaufenster des Bäckerladens werfen. Zwischen einem Teller billiger Persipanherzen und einem mit echten Marzipanherzen nickte ein rot bemantelter Weihnachtsmann mit dem Kopf und schlug mit der Rute ans Fenster. Unser Marzipan, dachte sie, wird doch das allerbeste Marzipan.

Das letzte Stück bis zur Kohlstraße lief sie auf dem Gehweg. Eilig betrat sie das Gaswerk. »Guten Tag. Mein Vater hat für heute einen Marzipanbacker bestellt«, sagte sie schon im Hereinkommen mit einer kleinen Besorgnis in der Stimme, es könnten alle schon ausgeliehen sein. Es war ja nicht mehr lange bis Weihnachten. Die kleine rundliche Frau an der Ausgabe schaute auf, legte ihr Strickzeug beiseite, nahm erst noch geruhsam ein Schlubberchen Kaffee aus der bauchigen Tasse zu sich, ehe sie fragte: »Dein Name? Eure Wohnung?«

»Traute Warnecker, Deutsche Straße«, kam es hastig. Der Finger der Frau glitt die Liste entlang. »Ja, ist vorbestellt. Morgen wiederbringen. Es warten noch viele drauf.« Traute nahm den Marzipanbacker entgegen, machte einen kleinen Knicks, sagte: »Auf Wiedersehen«, und machte sich auf den Heimweg.

Nun spürte sie doch den kalten Wind. Er kniff in die Wangen, fuhr durch den Mantel, ließ die Finger klamm werden. Sie war froh, als sie ihr Haus erreicht hatte, lief schnell die Stufen hoch und klingelte. Ihr Vater, der gerade erst heimgekommen war und noch seinen Gehpelz anhatte, öffnete. »Der Marzipanbacker ist da!«, rief sie ihm munter entgegen. Die hellen Augen unter den dunklen Brauen blitzten vor Freude, das Gesicht war windgerötet, der Kindermund lachte ihm entgegen. »Tochterchen«, sagte der Vater, sich liebevoll zu ihr herabbeugend, leise. Da wirbelte es um ihre Füße, da sprang ein kleines schwarzes Etwas mal an seinem Herrchen, mal an dem Kind hoch. »Mohrchen, Mohrchen«, begrüßte das Kind den kleinen Mischlingshund.

»Da seid ihr ja beide«, war nun Frau Warneckers Stimme zu hören, die aus der Küche trat. »Dann kann es ja gleich losgehen, Tante Lischen und Liselotte warten schon. Aber du, Traute, Mohrchen darf diesmal nicht in die Küche.« »Ach Muttchen«, bettelte das Kind, »lass ihn doch.«

»Nein, sein Rumlungern ist ja nicht zu ertragen. Und du weißt doch, was für gierige Augen er machen kann. Marzipan für einen Hund ist zu schade.« Als hätte Mohrchen den Sinn der Worte verstanden, ließ er den Schwanz hängen, schnüffelte nur noch einmal an den Gummigaloschen, die Traute ausgezogen und neben die Flurgarderobe gestellt hatte, und verzog sich in sein Körbchen.

Wohlige Wärme schlug den Ankommenden entgegen, als sie die Küche betraten. Es war heute tüchtig eingekachelt worden. Gemütlich sollte es sein. Tante Lischen, die sich selbst ganz zur Familie gehörig rechnete, saß schon tatbereit am Tisch. Sie sprach immer von »unseren Kindern«. »Unsere Kinder singen wie die Engelchen«, erzählte sie ihren Freunden. Vor ihr lag schon die erste Partie Marzipan auf einem Porzellanbrett zum Bräunen bereit. Der Vater schloss den Backer an die Gasleitung an. Alle schauten gespannt zu, wie die Mutter den Backer, der wie eine umgekehrte Pfanne aussah, über das Marzipan hielt. Blau leuchtend züngelte die Flamme am

Tellerrand des Brenners auf. Leicht nahm das Marzipan die Bräunung an, schnell mussten die Stücke gewechselt werden. Beim Randmarzipan wurde der Backer kurze Zeit auf seine kleinen Füße gestellt. Als alle Partien gebrannt waren und so wunderschön appetitlich gebräunt auf den Tellern lagen, atmeten alle erleichtert auf. Was für ein Anblick, die kleinen Brote des Teekonfektes, die runden Stücke, die mit Aprikosenmarmelade gefüllt werden sollten, die Marzipanherzen, die gleich eine Zuckergussfüllung bekommen würden und Verzierung aus Zitronat, Sukkade und anderen kandierten Früchten.

Nun kam Vaters große Stunde. Er war der Meister der Verzierung. Aus den grünen, gelben, roten Früchten legte er die schönsten Muster. Blumen rankten sich nach beiden Herzseiten, ja, sogar fremdartige Bäume. Einige große Herzen wurden zu besonderen Weihnachtsgeschenken der Familie Warnecker und wurden immer sehr bewundert. Tante Ella sollte ein besonders schönes Herz in diesem Jahr bekommen, weil sie es so mit dem Herzen hatte.

Wieder hatte jeder seine Aufgabe. Tante Lischen bereitete den Zitronenguss und die Mutter füllte ihn vorsichtig in die Randmarzipanherzen. Die Kinder durften in diesem Jahr auch schon die kleinen Herzen für den bunten Teller verzieren. Liselotte hatte gemeint, das könnten sie schon, und der Vater hatte sie ermuntert. Nun glühten die Wangen der Kinder vor Eifer.

Der warme Lichtschein der Lampe lag wie eine beschützende Glocke über dem Tisch mit den freudig schaffenden Menschen. Sie vereinte das Gefühl, zusammenzugehören, etwas zu machen, das zur weihnachtlichen Freude aller war. Im leichten Dämmer lag der übrige Teil des Raumes, der große gemauerte Kachelherd mit der blinkenden Messingstange, das Wandbord mit den blank gescheuerten Aluminiumtöpfen, der weiß schimmernden Häkelspitze am Rand des Bordes, mit den Mäuschen und dem Zuckerstück in jeder Zacke. Alles das gehörte dazu, die Menschen im Lichtschein, die häusliche Umgebung im leichten Dämmerschein. Alles vereint gab das Gefühl, zu Hause zu sein.

Erst war nur ein feines Summen von Tante Lischen zu hören, doch dann begann sie mit ihrer wohlklingenden Stimme voll und klar zu singen, »Am Weihnachtsbaum die Lichter brennen«. Die Kinderstimmen fielen ein, dann Vaters, dann Mutters Stimme.

»Wisst ihr noch«, erinnerte Tante Lischen, »wie wir einmal beim Marzipanmachen alle Weihnachtslieder gesungen haben, die wir nur kannten, weil du, Trautchen, damals noch ein kleines Marjellchen, immer gebettelt hattest, singt doch mein Lied. Singt doch mein Lied. Keines war es. Erst Heiligabend, als wir sangen« … und das traute, hochheilige Paar«, da klatschtest du in die Hände. »Das isses. Das isses, Trautes Lied«.

»Ja, ja«, nickte die Mutter, »du hattest immer Einfälle.«

Heiligabend. – Der vom Gaswerk ausgeliehene Marzipanbacker war noch durch manchen Tilsiter Haushalt gewandert. Auf den bunten Tellern lagen nun die köstlichen Stücke des nach alten Rezepten hergestellten Königsberger Marzipans und durften endlich verzehrt werden. Im Hause Warnecker war die Bescherung vorbei. Die Mutter verabschiedete auf dem Flur Tante Lischen. Herr Warnecker saß im Sessel, blätterte in einem Bildband und genoss die ruhigbesinnliche Stimmung im Weihnachtszimmer. Als er aufblickte, sah er zu seiner großen Verwunderung, wie seine Tochter Traute sich zu Mohrchen herabneigte und ihm ein Stück Marzipan in die Hundeschnauze schob. Es rührte ihn.

So lieb hatte sein Kind das Tier, dass es ihm von der kostbarsten Weihnachtsleckerei etwas abgab. Was für eine Überwindung für ein Kinderherz. Doch hob er die Brauen und lauschte gespannt, als sie in das Hundeohr flüsterte. »Als Belohnung, Mohrchen, weil du kein Stück gefressen hast. Muttchen hatte gezählt. Einmal lecken, das macht doch nuscht.« Der Vater richtete sich auf. »Was höre ich da? War Mohrchen im Vorderzimmer und hat am Marzipan geleckt?« Halb schuldbewusst sah das Kind zu ihm auf. »Ich wollte mir doch noch einmal das große Marzipanherz ansehen, das du gemacht hast, mit den beiden Palmbäumen. Da ist er durch die Tür gewutscht … Eins, zwei, drei war er auf dem Sofa, hat die Pfötchen auf den Tisch gelegt und ganz schnell über das Marzipan geleckt. Nicht gefressen, kein Stück«, beschwor sie. »Aber bitte, Vatchen, nichts Mutter sagen. Amend' wird sie noch boßig auf Mohrchen, wegen des Marzipans. Son Hundchen hat doch auch mal Lecker.«

In dem Moment betrat Frau Warnecker wieder das Zimmer, doch hatte sie die Worte wohl nicht mehr gehört. Erschöpft von allen Weihnachtsvorbereitungen, aber glücklich, dass alles so gut abgelaufen war, ließ sie sich in einen Sessel fallen, nahm sich ein Stück Marzipan vom bunten Teller, biss ein Stück ab und sagte zu ihrem Mann und den Kindern gewandt: »Ich finde, in diesem Jahr schmeckt es ganz gesonders gut. Nicht zu trocken.«

Liselotte musste ein Lachen verbergen, und Traute sah halb bittend, halb beschwörend zum Vater hin. Der langte sich auch ein Stück, betrachtete es und biss hinein. »Wirklich, Muttchen, unser Königsberger Marzipan schmeckt in diesem Jahr ganz köstlich. Es ist so gut gelungen, weil eben *alle* mit beteiligt waren. Jeder auf seine Art.«

Schlittschuhlaufen

Der Vorfluter, dicht vor meinem kleinen Häuschen, der das Wasser der weiter gelegenen Wiesen und Felder sammelt, ist nun auch zugefroren. Pulverschnee liegt auf der mit Erlen bewachsenen Uferböschung.

Vor einigen Tagen, als das Wasser noch offen war, hatte sich ein Graureiher am Ufer niedergelassen. Den schlanken, biegsamen Hals weit vorgereckt, starrte er in das Wasser und hielt Ausschau, ob sich nicht ein silberhelles Fischlein zeigte. Eine große Schar Wildenten war zu ihm hingeschwommen und hatte dumm zutraulich auf den großen grauen Vogel geblickt, als wollten sie fragen: »Wer bist du, großer fremder Geselle?« Doch unbeirrt durch die vor ihm hin und her schwimmende Entenschar hatte er weiter ins Wasser gestarrt, ohne seine Haltung zu verändern. Nach einer Zeit waren die Enten, eine nach der anderen, gelangweilt davongeschwommen.

Jetzt, da auch das letzte Wasserloch zugefroren ist, immer mehr hatte sich ihr feuchtes Reich eingeengt, haben sie sich auf- und davongemacht, hin zu dem fließenden, noch offenen Wasser der Wümme.

Der Vorfluter mit seiner Eisfläche ist jetzt von den Kindern in Besitz genommen. Ein paar Jungen sausen auf ihren glatten Kufen hin und her und spielen Eishockey. Und wie es so dazugehört, verliert einer die Balance und plumpst auf den Hosenboden, dass es kracht. Er bleibt erst einmal ein Weilchen liegen, hält sein Bein umklammert und wiegt sich hin und her. So, wie er es im Fernseher beim Fußballspiel gesehen hat. Doch hier ist kein Gewinn daraus zu ziehen, und es bedauert ihn auch niemand. So steht er wieder auf und ist schnell mit Eifer wieder beim Spiel. Zwei Mädchen kommen in großem Schwung angesaust. Sie haben schöne weiße Schlittschuhstiefel an. Mit denen soll es sich wohl gut laufen. Sie schneiden einen Bogen, bremsen ab und wenden. Ihre Gesichter sind blank und frisch von der schönen Winterfreude des Schlittschuhlaufens. Auch ein junger Vater ist auf dem Eis. Er will seinem kleinen Töchterchen das Schlittschuhlaufen beibringen. Es ist noch sehr klein, doch hat es auch schon solche feinen weißen Schlittschuhstiefelchen an. Das Kind hat noch nicht den Unterschied vom Gehen zum Gleiten herausbekommen. X-beinig stakst es neben dem Vater her. Da schiebt er es ein Stück neben sich her und stützt es von hinten. Dann versucht er, es aus zwei Meter Entfernung zu sich zu locken. Mit steifen, durchgedrückten Knien kommt es ins Wanken. Schnell greift die schützende Hand des Vaters zu. Liebevoll neigt er sich zu dem Kind, drückt den kleinen Unterkörper etwas nach hinten, sodass es leicht in die Knie geht. Und langsam, langsam wird aus dem Gehen ein vorsichtiges Gleiten. Ein freudiger, vertrauensvoller Kinderblick zum Vater auf, eine zurückschimmernde Freude im Vatergesicht. O ja, die Kunst der schönen Schwünge und das losgelöste Gleiten auf der Eisbahn ist nicht an einem Tag zu erlernen.

Wie war es doch mit uns gewesen? Hatte nicht unser Herz bis zum Hals geklopft, als auf dem Gabentisch die ersten funkelnagelneuen Schlittschuhe gelegen hatten? Schlittschuhe, die das ganz neue Lebensgefühl der schnellen jagenden Fortbewegung und der großen Weiträumigkeit schenken sollten. Doch unsere Schlittschuhe waren keine silberblitzend verchromten, waren keine, an denen weiße Stiefelchen wie angewachsen dazugehörten. Es waren einfache Stahlschlittschuhe, und ein Nuddler gehörte dazu, den man nicht verlieren durfte, weil mit ihm die Schlittschuhe an den »hohen Schuhen« festgeschraubt, wir sagten angenuddelt, wurden.

Und gleich am Ersten Feiertag ließen wir dem Vater keine Ruhe und bettelten: »Heute, heute noch liebes Vatchen!« Und er willigte ein. In freudiger Erwartung zogen wir los zum ersten Schlittschuhlauf, während Muttchen zu Hause damit beschäftigt war, dem Gänsebraten durch fleißiges Begießen zu einer schönen knusprigen Bräune zu verhelfen.

Aber was hatte unser Vater nur mit uns vor? Warum ging er nicht, als wir den Roßgärter Markt überquerten, die Weißgerberstraße zum Schlossteich runter? Der Schlossteich war doch das Paradies der Schlittschuhläufer. Da tummelte sich die Königsberger Jugend und alle, die sich noch dazu rechneten, auf dem Eis. Zum Schlossteich mussten wir doch runter, wo die Jungen in langen Ketten die Mädchen über die Eisfläche jagten, unter der Brücke hindurch, sie voll Übermut einkreisten, die Kette lösten und weiterjagten, dass der frische Winterwind nur so um die Backen blies. Nein, zum Schlossteich ging er nicht mit uns. Den ganzen Roßgarten zog er mit uns entlang, an der Stadthalle vorbei, am Krankenhaus der Barmherzigkeit, am Städt. Krankenhaus, bis sich uns der rote Backsteinbau des Roßgärter Tores zeigte, eines der schönen Stadttore Königsbergs. Seine besondere Bauweise war durch den erhöhten Mittelbau ausgeprägt, flankiert von zwei schlanken Türmen. Den hochgezogenen Torbogen schmückten zwei Medaillons mit den Porträts der preußischen Generäle Scharnhorst und Gneisenau. Ja, zum Roßgärter Tor ließ uns der Vater aufschauen, wie er uns auf alles aufmerksam machte, was die alte Stadt zu erzählen hatte. Doch dann durchschritten wir das Gewölbe des Tores, das hallend die Schritte aufnahm, und gingen über die kleine, dahinter liegende Brücke. Und da lag sein angesteuertes Ziel, eine kleine, abgeschirmte Eisfläche. Der Zickzackgraben der Wallanlagen führte hier sein Wasser, nachdem es unter der Cranzer Allee durch einen Düker geflossen war, in den Oberteich. Doch bevor es sich so ganz breit verströmen konnte, hatte sich der große, rund gebaute, festungsbewehrte Dohna-Turm davorgesetzt, der Bruder des Wrangelturmes an der Südwestseite. Diese stille, abgeschirmte Eisfläche hatte unser Vater für unsere ersten Versuche mit den Schlittschuhen ausgesucht. Ob sich unser Vater, der ein sehr guter Läufer war, ein bisschen für die ungeschickten Anfangsversuche seiner kleinen Mädchen genierte? Ungeduldig erwartete ich den Moment, da ich mich auf die Schlittschuhe stellen und loslaufen könnte. Zu lange dauerte es mir, bis Vater uns die Schlittschuhe angenuddelt hatte. Endlich konnte ich mich aufrecht stellen und, wie ich dachte, loslaufen. Verlockend sah ich die Eisfläche vor mir, setzte den Fuß, das Gleiten probierend, vor, lehnte energisch Vaters Hilfe ab, zog das andere Bein nach. Und da lag ich schon, bautz, perdautz auf dem Hosenboden, dass es krachte. Da war ich bereit, wie meine Schwester, erst einmal an der Hand des Vaters zu üben. Bald brauchte ich nur noch den Riemen anzufassen, den Vater in der Hand hielt. Das ging recht gut, machte mich aber so übermütig, ließ mich meine Fähigkeit so überschätzen, dass ich gleich mit dem Bogenschneiden beginnen wollte. Doch da musste ich auf dem Wallgraben beim Rossgärter Tor die eindringliche Lebenslehre erhalten, dass vor den Preis immer erst die Mühe gesetzt ist. – Die kleinen Mädchen entwuchsen der Hilfe des Vaters und konnten wie die anderen Kinder auf dem Schlossteich ihre Runden drehen, Bogen schneiden und, angehockt auf einem Fuß gleitend, das andere Bein vorgestreckt, »Pistole schießen«. Jeden Winter waren wir in der Schlittschuhzeit bis zum Dämmern auf dem Eis, losgelöst, unbeschwert der Winterfreude hingegeben, wenn auch zu Hause die Pflicht der Schularbeit wartete. Dann kam die Zeit des Kettenjagens und Jahre später ein Morgen, an dem der Schlossteich sich in einem besonderen Licht zeigte und mehr zu geben hatte, als ausgelassene Jugendfröhlichkeit.

Es war der erste Morgen eines neuen Jahres. In der Sylvesternacht, beim Klang der schwingenden Domglocken, die ihre Feierlichkeit durch das geöffnete Fenster ins Zimmer trugen, hatten wir es uns versprochen. »Morgen früh, um neun Uhr auf dem Schlossteich. Kommst du?« »Ja.« »Bestimmt?« »Ja, ich komme. Bestimmt.«

Feiner weicher Schnee war in der Nacht gefallen, hatte die Wege und die schon angegrauten, aufgeschippten Schneewälle wieder mit reinem Weiß überzogen. Schöner, reiner, unverbrauchter konnte sich kein Morgen eines neuen Anfangs, eines neuen Jahres zeigen. Niemand außer uns hatte sich nach der langen Sylvesterfeier zum Schlittschuhlaufen auf den Weg gemacht. Rosaheller Lichtschimmer lag auf der Schneedecke der Promenadenwege und auf den Abhängen zum Schlossteich hinunter. Flaumfederschnee zerstob, als sich ein kleiner Vogel vom Ast des Eisbeerenstrauches erhob. Auf der Eisfläche waren einige Männer dabei, die Schlittschuhbahnen zu räumen. Mit ihren großen Schneeschiebern hatten sie schon eine weite Bahn von der Schlossseite her zur Holzbrücke hin, und darunter hindurch, gezogen. Wir setzten uns auf die Holzbank, schnallten die Schlittschuhe fest und flogen über das Eis dahin, das an diesem Morgen in seiner ganzen Weite uns gehörte. In hellem Morgenglanz leuchtete der Himmel an diesem frühen Wintertag des jungen neuen Jahres über uns. Ein unbeschreibliches Gefühl, das sich hinaushob über das Glück eines

Zusammengehörigkeitsgefühls junger Menschen, breitete sich in uns aus. Wir jagten dahin, wie in eine unendliche Weite hinein, in der die Grenzen aufgehoben waren, über der das Licht einer geahnten, großen hellen Hoffnung stand.

Die Spur

An frostklarem Tag
wenn der Schnee
hörbar knirscht
unterm Schritt
seh ich vor mir
wieder das Land.
Das ferne, das nahe
vertraute.
Die Weite gedehnt
zum Unendlichen hin.
Unter dem Schneeglanz
der weißen Kristalle
ruhen die Felder
die dunklen, lichthell
verwandelt.

Zwischen den hohen Kiefern
das alte holzbraune Haus.
Dort, unterm Strohdach
sind sie zu Hause
legen sich schlafen
mit ihrem Kind.
Noch denken sie – immer
wird es so sein –
Doch hart knarrn
die Kiefern im Wind.

Ausgesternt ist
der nachtblaue Himmel.

Unter dem Sternengefunkel
ein Klang, helles
Schellengeläut.
Ein Schlitten
zieht seine Spur
zieht mit den Kufen
die Linien, ein Siegel
über das Land.
Nicht zu verwehen
nicht auszulöschen
die Spur in mir.

Diese frostklaren Tage
wenn der Schnee
hörbar knirscht
unterm Schritt …

Am Uferrand

Am Uferrand

Den Sandweg kam ich herab
auf verwehter Spur
die führte den Fuß.
Von der nordischen Birke
begleitet, der lichten
hellweißen. Hornklee –
und Thymiansüßduft
wehte der Wind
vom verwachsenen Hang.

Nie aufgehört hab ich
zu lieben den Pfad
im Durstland der Stille.

Da schlug der See sein
Auge auf, das erglänzte
silbern, bis zum Waldsaum
der schattigen Wimper.
Da stieg der Atem des Wassers
hoch aus Kalmus und Schilf.
Da verwob das Heute den Traum.

Und wieder
spielten sie an dem See
standen im Wasser, den
Stichling zu fangen
die flachsblonden Kinder
schwangen den Kescher

und sangen. Das Wasser trugs
wie ein Vogel.
Am Uferrand stand ich
und lauschte. Sie sangen
in fremder Sprache.

Den sandigen Pfad
war ich gekommen
auf verwehter Spur.

Bernstein – bewahrte Sonne

Ein Altfrauengesicht, das mir irgendwie bekannt, ja vertraut erscheint. Die Frau sitzt im Fährhaus einer Bootsanlegestelle am Bodensee und verkauft Fahrkarten. Als sie mit einem Fahrgast spricht, weiß ich es. Ja, sie kommt aus Ostpreußen. Immer durchflutet es mich warm, wenn dieser Klang an mein Ohr dringt, diese altvertraute, kindheitsgewohnte, ostpreußische Sprachmelodie. Doch schon bevor mir ihre Sprache die Heimat verriet, konnte ich es mit Sicherheit annehmen. Trug sie doch einen großen, honiggolden schimmernden Bernsteinklunker an langer Silberkette.

Bernsteinschmuck, geheimnisvolles Zugehörigkeitszeichen zur großen Familie derer, die aus dem Bernsteinland kamen oder ihm nahe verbunden sind.

Bernstein, bewahrte Sonne aus uralter Zeit. Harz der »pinus succinifera«, einer Fichtenart, die vor 50-35 Millionen Jahren in der nördlichen Hälfte der heutigen Ostsee wuchs. Die Wasser der Eiszeit trugen den Bernstein in südwestliche Richtung. Das Hauptgebiet blieb bis heute die Samlandküste als Fundort.

Bernstein, honiggolden, rotgolden, dunkelgrün und braundunkel bis blaudunkel hat schon in der jüngeren Steinzeit die Menschen angeregt, es zu gestalten, ihm eine Form zu geben. Die Artefakte von Schwarzort, tierische und menschliche Gestalten, wohl als Amulett getragen, zur Beschwörung übersinnlicher Kräfte, begeistern in ihren abstrakten Formen noch heute den Betrachter. Ich erlebte die Faszination einer Worpsweder Bildhauerin, als sie während eines Vortrages diese Funde im Lichtbild zu sehen bekam.

Von unseren Vorfahren, den Prußen, sind solche gestalteten Formen nicht bekannt. Doch gehörte der Duft des verbrannten Bernsteinharzes zu ihrem Totenkult.

Spätere Jahrhunderte ließen den Bernstein zum kostbaren Geschenk zwischen den Herrschern werden. Bernsteinschnitzer und Bernsteindrechsler verfertigten Skulpturen und prunkvolles Tischgerät. Noch immer verstummen nicht die Vermutungen über den Verbleib des Bernsteinkabinettes, das Friedrich Wilhelm I. im Jahre 1716 dem Zaren Peter der Große zum Geschenk machte, und das im Verlauf des Zweiten Weltkrieges von Zarskoje Selo nach Königsberg gebracht wurde und seit Kriegsende verschollen ist.

Nicht lange vor dem großen Bombenangriff auf Königsberg habe ich es im Schloss bewundern dürfen. Die Wandverkleidungen, mosaikartig mit flachen Bernsteinstücken geschmückt, in Kontrastfarben zusammengesetzt, zeigten wunderbare Farbeffekte.

Bei dem Anblick des Bernsteinzimmers wurde in mir wieder ein Kindertraum lebendig. Wasserfeen leiteten mich zum Bernsteinschloss, das auf dem Grund der Ostsee stand. Das Schloss, die Räume, die Möbel waren aus Bernstein und leuchteten durch das Wasser im honiggoldenen Bernsteinton. Waren es die Worte von Agnes Miegel gewesen, früh waren mir ihre Gedichte vertraut geworden, die diesen Kindertraum erstehen ließen? Sagt sie doch von den alten Prußengöttern in ihrem Gedicht »Mainacht«,

> Herden und Saaten segnend
> Schwanden sie über das Meer.
> Ihre hohen Bernsteinkronen
> Blitzten noch lange her.

Bernstein, wie gehörte er zu unserem Kindheitssommer, wenn wir an der Samlandküste barfuß den Wellensaum abliefen und nach Bernstein suchten. Nach einem Sturmtag mit hohem Wellengang, mit brausend sich überschlagenden Wellen, war das Suchen besonders ergiebig. Bald hatten wir Kinder so einen kleinen Pungel voll gesammelt, ein prall zusammengeknüpftes Taschentuch. Wie schön konnte man damit spielen, Muster auf der Sandburg legen, Kästchen bekleben, schönstes Geschenk für die Tanten, ja, sogar mit glühender Stricknadel Löcher durch das aufduftende Bernsteinharz bohren und eine Kette aufziehen.

Richtiger Bernsteinschmuck lag dann auf dem Gabentisch zur Einsegnung. Von den Eltern eine goldgelbe Kette mit gedrechselten Olivperlen, zum Verschluss hin immer kleiner werdend. Und sorgsam verpackt überreichte mir mein Onkel seine Gabe, ein besonders schönes Bernsteinstück. Ich war dabei gewesen, als er es an der Samlandküste in Brüsterort gefunden hatte. Nachdenklich prüfend hatte er es betrachtet und langsam weggesteckt.

»Da ist ja ein Insekt eingeschlossen!«, rief ich in freudiger Überraschung aus. Ja, seine Vermutung, als er das Stück Bernstein am Strand auflas, hatte sich bestätigt, nachdem er das Stück in der Bernsteinmanufaktur in der Sattlergasse hatte anschleifen lassen. Nun war es deutlich zu sehen, das kleine Tier, eine Fliege, die vor Jahrmillionen gelebt hatte und durch das herabtropfende Harz eingeschlossen wurde.

Bei dem Geschenk lag ein Zettel. In schöner Kunstschrift war darauf zu lesen –

Hest Börnsteen jefunde
behol em bi di.
Dat loat die jesunde

moakt wol di und frie.
De Börnsteen het Fier,
hat Hitt un het Kraft,
dat is e Befrier
wo Wunder schafft.

Ja, bis in unsere Zeit wurde dem Bernstein eine heilende und bewahrende Kraft zugesprochen.

Dieses Bernsteinstück ist nach dem Krieg wie durch ein Wunder wieder in meine Hände gelangt. Als ich erfuhr, dass Toni Koy, die Königsberger Goldschmiedemeisterin, die weit über Ostpreußens Grenzen Bekannte, nach der Flucht im Erzgebirge lebte, nahm ich mit ihr Verbindung auf. Sie, die wie kein anderer Goldschmied Bernstein, das Gold des Ostens, verarbeitete, nie die Gestalt zerstörte, die die Natur dem Stück gegeben hatte, schuf aus diesem Stück ein Kleinod. Sie fasste den Stein und ließ ihn zum Mittelpunkt eines Strahlenkranzes werden, einer Sonne, deren Mitte der Bernstein war.

Einmal hatte ich sie noch in Königsberg, in ihrer Werkstatt in der Hornstraße, aufgesucht. Ich sollte für eine Freundin die Eheringe abholen. In der Nacht vorher träumte ich, sie händigte mir nicht gewöhnliche goldene Ringe aus, sondern besonders gestaltete. Eine Spirale fasste einen roten Stein. Ich erzählte Toni Koy davon. Sie gab mir einen Metallstab und Silberdraht in die Hand und forderte mich auf: »Bilden Sie Ihren Traumring nach!« Dazu sagte sie noch: »Ich empfinde die Spirale als ein Zeichen des Lebens. Sie erinnert uns daran, dass sich manche Ereignisse unseres Lebens auf einer höheren Stufe wiederholen. Es liegt an uns, was wir daraus machen.«

An diese Worte habe ich in meinem späteren Leben manchmal denken müssen.

Als wir in den letzten Jahren die Kurische Nehrung wiedersehen konnten, wurde ich in Schwarzort an Toni Koy
besonders erinnert. Es war beim Betreten der kleinen Kirche
am Südrand von Schwarzort bei den Neu-Karwaitener
Fischerhäusern. Lange Jahre als Museum fremdbestimmt und
völlig ausgeräumt, war sie gerade erst der christlichen
Gemeinde übergeben.

Hatte uns doch Toni Koy einmal geschrieben, dass ihr
Großvater als Sohn des Pfarrers in Schwarzort geboren wurde. Doch hatte ihr Großvater wohl noch in der alten Holz-
kirche mit dem Tonnengewölbe gepredigt, die man in Karwaiten abgebrochen und hier wieder aufgebaut hatte, als die
Wanderdüne Karwaiten zu begraben drohte.

Zu der Bernsteinküste und der Nehrung hat Toni Koy eine
tiefe Beziehung gehabt. So schreibt sie in einem Brief: »Ich
will noch hinzufügen, dass mir die Nehrung meine eigentliche Heimatlandschaft war.« Weil sie das Besondere dieser
Landschaft erfasste, sein verwandelndes Licht, bewahrte sie
in ihren Arbeiten das Licht und Leuchten des Bernsteinstü-
ckes, wie es in ihre Hand kam.

Bernstein, geheimnisvolle Verbindung zum Land unseres
Ursprungs. Bernsteinschmuck, immer mit einer Nachdenklichkeit und Bedachtsamkeit umgehängt oder angesteckt.

Das Gold der Samlandküste – bewahrte Sonne.

Wieder im Licht

Nehrungssand, eine Hand voll
drei Steine aus der Krutinna
Indizien, Beweise, dass ich
das Land wiedersah, das versunken lag
am Traumstraßenende, dunkelverblaut.

Glaubhaft sah im Gegenwartslicht
sanftgrünes Hügelgelände
wieder vernarbt verwundetes Land
und den hohen, den hellen Himmel
über dem Einst und dem Jetzt
gespiegelt in Seewasseraugen
von Kupferkiefern umsäumt.

Nehrungssand, eine Hand voll
drei Steine aus der Krutinna
erinnern. Sehnsucht im Licht –

Ein Herz für einen Hund

Angebunden an eine lange Wäscheleine lag er im Innenhof unseres Hotels. Immer sahen wir ihn, wenn wir am großen Rosenbeet vorbei zu den Mahlzeiten in den Speisesaal gingen. Gehörte er einem Mitarbeiter des Hotels, der keine Zeit für ihn hatte?

Es war ein junges Tier, ein Mischlingshund, schmalgliedrig und dunkelhaarig. Er lag nicht mit der angespannten Wachheit da, die alles Geschehen im Umkreis beobachtet, wie es sonst bei Hunden üblich ist. Er bellte nicht, er stellte sich nicht auf, er sah uns nicht an, zerrte nicht an seiner Leine. Manchmal lag er an seiner Leine auf der anderen Seite der Anlage auf dem Rasenstück. Das war wohl die einzige Abwechslung, die man ihm gab. Still lag er da, als warte er auf etwas geduldig, das sich irgendwann ereignen müsste.

An einem Morgen ließ ich mir Zeit vor dem Frühstück, saß am offenen Fenster und sah auf die Wasserweite des Kurischen Haffes. Das frühe Morgenlicht ließ es silberblau schimmern. Am Horizont hielt sich noch ein Hauch des frühen Morgenrotes. Ein Fischkutter schaukelte auf dem leicht bewegten Wasser. Ein Morgen der Stille –Atem für die Seele.

Da holte mich aus dem Versunkensein das Bild einer Gestalt am Haffufer. Eigentlich waren es zwei, die da gingen. Ich erkannte eine Dame aus unserem Hotel. Sie führte den Hund an der langen Leine. Kann man jetzt schon seinen Hund mit nach Litauen mitnehmen, fragte ich mich. Doch wunderte ich mich über die seltsame Hundeleine.

Beim Weg zum Mittagessen überquerte diese Dame mit

uns den Innenhof. Wieder lag der Hund an seinem Platz. Doch anders als sonst richtete er sich auf und sah der Frau erwartungsvoll entgegen. Die Gleichgültigkeit war wie weggewischt, hellwach saß er da. »Paulchen«, hörten wir die Dame liebevoll auf den Hund einsprechen, »hier kannst du nicht mit. Aber warte, nachher gehen wir wieder spazieren.« Und zu uns gewandt gab sie eine Erklärung ab. »Der Hund gehört dem Jungen von einem Hotelangestellten. Er bekam ihn geschenkt. Immer liegt das Tier nur hier. Niemand geht mit ihm aus. Und sehen Sie seine krummen Beine. Er ist auch nicht richtig ernährt. Wir nehmen den Hund jetzt immer auf unseren Ausflügen mit. Und denken Sie, das junge Tier konnte nicht einmal spielen. Spiel ist doch die natürliche Lebensäußerung eines jungen Tieres.« Und mit einem schönen Ausdruck im Gesicht sagt sie noch: »Wir wollen das Tier mit nach Deutschland nehmen. Wir verhandeln schon mit dem Besitzer. Hoffentlich klappt es.«

Auf dem Weg in den Speiseraum hören wir hinter uns ein sehnsüchtiges Miefen. Der kleine Hund weiß wohl, wer ihn wirklich gerne hat.

Die letzten Tage auf der Kurischen Nehrung. Wir nehmen Abschied von der Düne im hellen Licht, von der ewig rauschenden See, von dem weiten Strand, an dem wir Bernstein gesucht und nach einem Sturmtag auch gefunden haben. Wir nehmen Abschied von diesem großen herrlichen Wald, der seine hohen Kiefernstämme kupfergolden leuchten lässt, der Waldtäler voller Blaubeeren hat und dessen Wege uns mit immer neuen schönen Eindrücken beschenken. Wir kommen in ein leicht hügeliges Waldgelände ohne Unterholz. Wir hören das Rauschen der nahen See. Durch die Baumstämme scheint das helle Blau des Himmels. Am Waldrand, dunkel gegen den Himmel, wie eine Silhouette, steht da die Frau mit dem Hund. Ein stilles Bild. Ist es für beide ein Abschieds-weg? Ein Abschiednehmen? Es fällt wohl nicht schwer, die Schönheit eines rassigen Tieres zu bewundern und ihm sei-ne Aufmerksamkeit zu schenken. Hier aber handelt es sich um ein zurückgebliebenes, offenbar durch mangelnde Zuwen-dung geschädigtes Tier. Wie wird sich der Hund wieder in sein altes Dasein hineinfinden, wenn keine lockende freund-liche Stimme ihn zum Spielen ermuntert, ihn zum Ausge-hen abholt?

Am letzten Abend hören wir die freudige Nachricht: »Es klappt nun doch. Der Besitzer überlässt uns den Hund.« Wir sehen in ein strahlendes Gesicht. Wir haben unsere Fragen: »Wie wollen Sie es machen? Es ist doch gar nicht einfach, ein Tier in ein anderes Land zu überführen. Wie wird es auf dem Flugplatz in Litauen sein und in Deutschland bei dem Zoll?«

»Wir wagen es«, sagt die Frau mit Entschlossenheit. »Er kommt in die Reisetasche. Man hat uns gesagt, dass gar nicht alle Reisetaschen durchleuchtet werden. Es werden nur Stich-proben gemacht. Der Tierarzt war vorhin da und hat uns Beruhigungsspritzen für die Reise gegeben. Wir haben ja eine Ärztin unter uns, die wird sie verabreichen.«

Flughafen Polangen. Unruhe. Aufgeregte Reisende, die in ihren Papieren kramen. Ein Gewirr von Koffern und Taschen. »Sollen wir die Filme rausnehmen?«, ruft jemand. »Es müs-sen doch alle Taschen durch den Durchleuchtungsapparat!«

Hat der Hund die allgemeine Nervosität gespürt und ist nun unruhig geworden? Wie Kinderweinen hört es sich an, was da aus der Reisetasche dringt. Doch bald ist es wieder still. Beim Einsteigen ist jeder mit sich beschäftigt. Das Flug-zeug hebt ab. Noch einen letzten Blick auf das Land der Sehn-sucht werfen, ehe die Wolken alles verhüllen. Heller Strand, leuchtende Dünen, Silberglanz des Wassers.

Am Kurischen Haff

Landung in Hannover. In diesem Jahr steht kein Zollbe-
amter am Ausgang, der uns fragt: »Haben Sie Bernstein?«
Unsere Freunde sind noch nicht da, die uns abholen wollten.
Wir müssen warten. Und da sehen wir sie, da kommt die
Dame mit dem Hund. Paulchen hat jetzt schon ein richtiges
Hundehalsband um. Immer wieder sieht er zu seinem Frau-
chen hoch, das ihn nicht seinem Schicksal überlassen wollte
und einiges für ihn gewagt hat.

»Es ging alles gut«, sagt die neue Hundebesitzerin glücklich.

»Paulchen war ganz still, als er in der Reisetasche durch
den Durchleuchtungsapparat geschoben wurde. Die Zöllner
hatten auch gerade weggesehen. Sie erwarteten wohl auch
nichts, was zu beanstanden wäre, bei unserer Reisegruppe.«

»Wir freuen uns wirklich mit Ihnen und für den Hund, dass
alles so gut abgelaufen ist, auch hier auf dem Flughafen.«

»Es ist schön, dass alle so Anteil genommen haben. Ich danke Ihnen.«

Wir sehen ihnen nach. Paulchen, der kleine Hund, ist noch
etwas benommen von der ungewohnten Reise. Er setzt sei-
ne dünnen Beine noch etwas unsicher, schnüffelt auf dem
Boden und sieht immer wieder vertrauensvoll zu seiner
Begleiterin hoch, die ihn in ein neues, wohl glücklicheres
Hundedasein führt.

Lindenduft

Ein Wiedersehen mit Königsberg

Der Baum meiner Kindheit war eine Linde. Sie stand mit ihrem schwarzdunklen Stamm und ihrer breiten Blätterkrone vor unserem Haus in der Franz. Schulstraße. Eigentlich war es gar keine richtige Straße, denn die Durchfahrt zum Burgkirchenplatz war durch einen Schlagbaum gesperrt. So war es eine stille Straße, die im vorderen Teil, in dem die große Linde stand, eher ein Platz war. Es muss der Schulhof der Franz. Schule für die Kinder der Hugenotten gewesen sein, die einst am Schiefen Berg gestanden hatte. Um die Linde herum war im großen Kreis gute schwarze Erde, durch Feldsteine abgegrenzt. Da spielten die Jungen Messerchenstechen, und wir Mädchen versuchten, es ihnen gleichzutun und ihnen recht viel Land abzugewinnen. Über alle unsere Kinderspiele hielt die Linde breit und geduldig ihr Geäst mit den herzrunden Blättern.

Im Sommer schenkte sie uns den honigsüßen Duft ihrer Blüten. Das Fenster im Wohnzimmer stand weit offen. Die Geranien im Blumenkasten, von der Sonne durchschienen, leuchteten glühend rot. Der Duft der Lindenblüten wehte zu uns herein. Wir saßen am Abendbrottisch und strichen uns die gelbe Landbutter, die Mutter vom Markt, vom Stand der seit Jahren vertrauten Frau Klemusch, mitgebracht hatte, dick aufs Brot. Die Schwester erzählte, frohes Lachen, die ruhige Stimme der Eltern. Abendlicht. Lindenduft. Zuhausesein.

Von ihren herabhängenden Zweigen pflückten wir die Blüten und trockneten sie ausgebreitet auf dem Boden. Und wenn im Winter der Schnee auf den dunklen Ästen lag und einer von uns wieder einmal nicht nach Hause gefunden hatte, bevor er auf der Eis- oder Rodelbahn ganz durchnässt und durchkühlt war und nun hustete und schnupfte, dann gab es den nach Sommer duftenden Lindenblütentee, der immer half.

O alte Linde über Kinderspiel. O honigsüßer Sommerduft der Kinderzeit, durchs Fenster hereingeweht.

Nach dem großen Bombenangriff 1944, als ich nach den drei Tagen Einlasssperre in der noch glühenden und nach Trümmerbrand riechenden Stadt die Eltern suchte, da stand auch sie, die alte Linde, mit angekohlten Zweigen da, von Trümmerbergen umgeben.

Noch einmal, im Oktober, suchte ich die zerbombte Straße auf. Ich wusste, ein Stück der gekachelten Herdwand war stehen geblieben, und da hing am goldenen Messinghaken ein kleines Bunzlauer Kännchen. Das wollte ich holen, zur Erinnerung an unser Hab und Gut. Und da wurde ich auf ein kleines Wunder aufmerksam. Die angekohlte alte Linde hatte wieder Blätter getrieben. Die starke Kraft des tief wurzelnden Baumes hatte im Oktober, da er sonst die Blätter abwarf, neue, hoffnungsvolle zartgrüne Blättchen hervorgebracht.

Alte Linde, Baum der Kindheit, werde ich dich wiederfinden, wenn ich nach Königsberg komme? So mancher Heimwehreisender fand nicht sein Haus, doch alte Bäume wieder. –

Wir waren auf der leer gefegten Kneiphofinsel gewesen, hatten vor der Domruine und dem Kant-Grabmal gestanden, wir sahen die Einheitsbauten in langen Reihen am Pregel die Vergangenheit zudecken, die verfremdete Langgasse, wir fuhren über die Hochstraße, die das lebendige Auf und Ab der auf Hügeln erbauten Stadt verschluckte, sahen das Loch im Herzen der Stadt, wo das geschichtsträchtige Schloss mit seinem Turm gestanden hatte, dem Wahrzeichen der Stadt.

Wir kamen zum ehemaligen Schlossteich. Durch Trümmerschutt in seinem Wasserbett eingeengt, ohne den Rahmen der alten Bäume, ohne Bänke zum Verweilen, ist er nicht mehr der Schlossteich unserer Tage. Wir setzten uns am jetzt hohen Ufer ins Gras, an der Seite, da die Konditorei Schwermer gelegen hatte, sahen zu ihm herab und aßen unser Mittagsbrot. Uns gegenüber – der Platz meiner Kindheit. Im Hintergrund eine riesige graue Häuserkette mit dem Hochzeitspalast, davor, bis zum Schlossteich, eine Grünfläche. Im Vordergrund ein neues, architektonisch gut gestaltetes rotweißes Gebäude, ein Fernsehstudio. Dort müsste die Burgkirche gestanden haben. Wo die Franz. Schulstraße lief, eine große, unbebaute Grünfläche.

Der alte Lindenbaum. Er hat sich nicht für mich bewahren können! Nun, da viele Gebäude fehlen, scheint die wieder erbaute Stadthalle, jetzt Museum, recht nahe zu liegen. Ganz nah zu ihr, den Rossgarten quer durchschneidend, ein Häuserblock mit einem Torweg. Links von der Stadthalle ein altes, sehr schmales, schwarzdunkles hohes Haus, an das ich mich nicht erinnern kann. Es muss ein stehen gebliebenes Hinterhaus sein. Davor, zum Schlossteich hin, einige windschiefe Schuppen, wohl für die Bewohner des Hauses. An der Stirnseite des Teiches, dort, wo früher das Schloss mit seinen Türmen sichtbar war, steht jetzt ein zwölfstöckiges Hochhaus dunkel und bedrückend da. Und es sollte doch, nach Ansicht der sowjetischen Vertreter, die den Abriss des Schlosses befürworteten, eine neue, helle Zeit dokumentieren.

Wir fahren den uns fremden Steindamm entlang, am Nordbahnhof vorbei, am Landgericht mit den Wisenten, am Tiergarten, vor dessen Eingang viele Menschen stehen. Wir kommen zur Luisenkirche, die, wie so viele Kirchen im ehemals sowjetisch verwalteten Gebiet, nicht mehr ein Gotteshaus ist. Ein freundlicher älterer Herr führt uns durch ihre Räume, die jetzt für ein Puppentheater umgestaltet wurden. Man hat eine Decke eingezogen und einen Theaterraum für 100 Personen geschaffen. Im Foyer hängen an den Wänden sehr schöne, fantasievoll gestaltete Kinderzeichnungen.

Gleich hinter der Kirche, wo die alten Friedhöfe lagen und auch die Großeltern begraben sind, dreht sich das Hochrad im Vergnügungspark. Das bunte, laute Treiben auf dem ehemaligen Friedhof ist dem alten Herzen ein Schmerz.

Wir wenden uns nach links, den ruhevollen alten Bäumen zu, den noch erhaltenen Anlagen von Luisenwahl. Vor dem hier errichteten alten Holzbau Blumenbeete und Ruhebänke. Auf einer Bank sitzen zwei Russen beim Brettspiel. Die Frau daneben, mit einem dicken Bündel auf dem Schoß, ihrem eingewickelten Kind, ein Bild, wie von Barlach geschaffen.

Der Weg neigt sich. Kaum ein Mensch ist hier. Zwischen hohen Bäumen schlängelt sich noch immer das Flüsschen durch Luisenwahl. Von der kleinen, weißen Brücke aus verfolgen wir seinen Lauf und sehen das Wasser zwischen dunklem Blattgrün glänzen. Stille um uns. Die Zeit scheint stehen geblieben zu sein. Ein seltsames Empfinden. Zwei Welten dicht beieinander, das Jetzt des lauten Vergnügungsparkes auf dem alten Friedhof und hier ein Hauch der Vergangenheit.

Vor uns aufsteigend ein Hang. Das war im Winter der beliebte Rodelberg der Königsberger. Jetzt liegt er da in hellem Rasengrün. Seitlich grenzt ihn oben eine Baumreihe alter Linden ab. Junge Leute stehen davor und pflücken von den tief herabhängenden Zweigen Lindenblüten zum Trocknen. Wie wir es einst taten.

Ein Duft der alten Zeit weht zu uns herüber. Sommerduft – Lindenduft –

»Unsterblich duften die Linden ...«

Königsberg

Oktober 1992

Verfremdet
das Netz der Straßen.
Wohnblocks wie Riesen
hilflos und grau.
Suchend
bin ich gegangen
Spuren zu finden
im alten Gesicht.
Wo find ich
sein Lächeln?

Der Pregel
einst pulsende Ader
zum Spiegel erstarrt
umschließt er die Insel.
Einsam und groß
die Ruine, der Dom
offen zum Himmel
sucht Zeichen
der Hoffnung.

Fast im Verborgnen –
Ein Licht wird entzündet.
Trauernd um alle Zerstörung
und Opfer gemeinsamer Schuld
stehn Russen und Deutsche
den Grundstein zu legen

zum Mal des Gedenkens
für alle Verstorbnen der Stadt.

Die Flammen der Kerzen
in ihren Händen
ein Zeichen.
Auf ihren Gesichtern
wieder das Lächeln.

Gespräch mit den Eltern

Ihr seid mir überall nah, liebe Eltern. Nicht nur hier, auf dem Friedhof. Mit meinen Gedanken kann ich euch überall finden. Und doch komme ich gerne hierher, zu euren Gräbern. Es ist die Wirklichkeit eines Weges zu euch, den mein Fuß gehen kann. Ich sehe euch vor mir und denke an die letzten Jahre eures Lebens.

»Von der Heimat gehn ist die schwerste Last …«, sagt Agnes Miegel in dem Gedicht »Die Fähre«.

Auch ihr musstet an fremdem Ufer landen, wurdet zu Fremden. Ungewohnt war alles und anders als zu Hause im vertrauten Lebensbereich, in dem man euch gekannt hatte. Und was euch besonders schwer war, ihr ward ohne die Verbindung mit den Freunden des Lebens, nicht mehr mit dem Gruß und Besuch der Verwandten, mit ihnen nicht mehr im Gespräch. Zu viele hatten Krieg und Flucht euch weggerissen. Ihr konntet beruflich keinen Neuanfang wagen, weil ihr zu den Älteren gehörtet, die kein Darlehen zum Aufbau bekamen. Ihr trugt euer euch aufgelegtes Leben. Ich hörte von euch kein nutzloses Klagen. So, wie es bei Agnes Miegel in dem Gedicht »Es war ein Land« heißt: »Nie zu klagen war unsere Art …«. Mit Ehrfurcht erfüllt mich das Erinnerungsbild, das ihr mir gabt. Das Bild eines Lebens, das auch in schweren Jahren in würdevoller Demut getragen wurde.

Ach, liebe Elternchen, wie gerne hätte ich es für euch am Lebensabend etwas leichter gehabt. Ja, manchmal redete ich euch so an, »liebe Elternchen«, wenn es mir so warm ums Herz war. Auch im Brief, den ich euch jede Woche schrieb. Ich wusste ja, wie sehr ihr in der ländlichen Einsamkeit auf dem abgelegenen Gehöft darauf wartetet, dass ein Gruß zu euch kam. Freudig trug den Brief einer von euch die roh zusammengehauene Stiege hoch, die vom Viehstall zu eurer Bodenkammer führte. Die Treppe, die vorher da war, hatte der Bauer herausgerissen und verlegt. Ihn störte es, dass ihr alten stillen Menschen über seine Wohndiele gingt. Ja, mir ist, als höre ich das Geräusch der eisernen Türklinke und den Ausruf: »Unser Tochterchen hat geschrieben!« Und dann war eure Stube von Freude erfüllt und dem Gefühl unserer Zusammengehörigkeit. Wie sagtest du doch, liebe Mutter, als ich euch nach dem Bombenangriff im brennenden Königsberg gesucht hatte und in Ratshof bei Verwandten fand: »Wir haben ja uns!«

Die gefährdete Zeit hatte uns besonders bewusst gemacht, wie viel der nahe vertraute Mensch im Leben bedeutet. Dieses Bewusstsein war auch später der Reichtum, aus dem wir lebten, vor dem manches andere unwichtig erscheinen musste. Und darum gab es auch gute und frohe Stunden und Dankbarkeit für vieles im Leben.

Nun ist der Wacholder, den ich auf euer Grab pflanzte, schon so hoch und breit geworden. So lange ruht ihr schon auf diesem kleinen Dorffriedhof. Hier, und nicht auf dem alten Friedhof in Königsberg, wo eure Eltern begraben lagen. Ich weiß noch, wie wir am Totensonntag mit der Straßenbahn zu den Hufen fuhren. Dort, bei der Luisenkirche, lag der Friedhof. Vater trug die großen Tannenzweige zum Zudecken und wir Kinder kleinere. Kinder wollen ja immer in alles Tun der Erwachsenen einbezogen werden. Manchmal lag schon Schnee auf den Hügeln. Mit unseren Händen schaufelten wir ihn weg und legten die Tannenzweige darauf, ganz dicht. Das machen wir so, damit die Großeltern nicht frieren, dacht' ich als kleines Kind. Wenn dann der schöne, nur mit natürlichen Pflanzen und Zapfen geschmückte Kranz seinen Platz gefunden, standen wir eine Weile ganz still da. Wir Kinder wussten, jetzt denken die Eltern an ihre Eltern, und wir fühlten uns ein klein wenig ausgeschlossen. Da war so viel in ihrem Leben, das weit, weit vor unserem Leben gewesen war.

Der Besuch bei den Großeltern auf dem Friedhof bekam dann immer noch einen besonderen Abschluss. »Zum Aufwärmen«, meinte Vater. Wir gingen zu Amende, der Konditorei gegenüber dem Tiergarten. Waren wir eingetreten und hatten die filzstoffschwere Portiere zur Seite geschoben, schlug uns warme Luft entgegen, leises Stimmengewirr und der Duft nach Kaffee und Konditorkuchen. Mit großen Augen standen wir dann am Kuchenbuffet, denn an dem Tag durften wir Kinder selbst den schönsten Kuchen aussuchen. Wie weit liegt das alles zurück. Wie warm wird mir bei der Erinnerung an die Zeit der Kindheit, an die Zeit im Frieden in der alten schönen, von der Geschichte geformten Stadt Königsberg. Wie schwer hat der unselige Krieg in das Leben der Menschen eingegriffen.

Ich bin jetzt schon mehrmals wieder in Königsberg gewesen, liebe Eltern. Die Stadt, die für uns verschlossen war und wie versunken erschien, lässt ihre Kinder wieder herein. Ich habe den alten Friedhof aufgesucht und glaubte, der Herzschlag setzt einen Moment aus. Dort, wo eure Eltern ruhen, drehte sich ein Hochrad. Die russischen Familien, die festtäglich gekleidet den Vergnügungspark aufsuchen, wissen nicht, dass sie über Gräber gehen. Die alten Friedhöfe, die an die früheren Bewohner der Stadt erinnerten, sind verschwunden. Aber die Pläne der alten Machthaber sind nicht aufgegangen. Auch dort gibt es Menschen, die sich dafür schämten, die nach denen zu fragen begannen, die einst dort lebten. Ein Zeichen des Gedenkens wurde gesetzt. Auf dem alten Luisenfriedhof, beim Hammerweg, der jetzt ein etwas verwilderter Park ist, wurde ein großes Holzkreuz errichtet. An ihm ist eine Tafel angebracht mit russischer und deutscher Aufschrift: »Hier wird ein Denkmal errichtet zu Ehren all derer, die in Königsberg, Kaliningrad begraben liegen. – Kulturgemeinschaft Eintracht«. Davor liegt der Grundstein für das Gedenkmal. Als er gelegt wurde, nahmen Russen und Deutsche an der Feierstunde teil. jeder hielt eine brennende Kerze in der Hand. Ein Licht der Versöhnung.

So still ist es bei euch, liebe Eltern. Rot leuchtend verglüht die Sonne am Winterhimmel. Wie oft sahen wir sie zusammen untergehen, damals, an den Sommerabenden an der Samlandküste. Die Töpfe mit dem braun gewordenen Heidekraut werde ich wegnehmen. Wie zu Hause werde ich ganz dicht eure Gräber mit den Tannenzweigen zudecken. In eurem Wacholder habe ich, ganz versteckt, ein kleines Vogelnest entdeckt. In der Stille eurer Nähe hat das Vögelchen im Sommer gebrütet. Auf eurem Grabmal hat es gesessen und gesungen. So kurz hintereinander seid ihr heimgegangen. So ist es manchmal bei Menschen, die sehr miteinander verbunden waren. Nun ruht ihr beide nebeneinander. Das ist auch nicht allen Heimatvertriebenen gegeben.

Noch einmal habe ich meine Schnitzeisen hervorgeholt und aus einer Eichensteele euer Grabmal gearbeitet. Ein Vogel, das Bild für die Seele, steigt mit ausgebreiteten Schwingen empor. Er schwebt in einem Sonnenkranz. Er erhebt sich zum Licht. – So schwer auch euer Lebensabend war, ich weiß, ich kann ganz ruhig sein. Ihr seid heimgekehrt in die große Heimat, in die ewige Heimat des Gottesreiches.

*Wiedersehen
und Begegnungen*

Kurische Nehrung

Erinnerung und Wiedersehen

Jahrzehntelang haben wir nicht gewusst, wie sich das Leben nach dem Krieg auf der Kurischen Nehrung abspielt. Im Land unserer Vorfahren, im Land unserer Kindheit, im Land unserer Sehnsucht. Standen noch die alten heimeligen Fischerhäuser? Gab es noch die Dörfer Sarkau, Rossitten, Pillkoppen, Nidden, Schwarzort? Wer bewohnte sie jetzt?

Nur spärlich drangen die Nachrichten von diesem Land hinter dem Eisernen Vorhang zu uns. Dieses Abgeschnittensein schien die räumliche Entfernung von Jahr zu Jahr weiter auszudehnen. Wir konnten eher nach Australien als in das Land unserer Kindheitstage.

Doch die Bilder der Erinnerung verblassten nicht. Die Bilder wurden intensiver, sie begannen von innen zu leuchten. Hatten wir doch schon damals empfunden, dass dieses Land unter dem weiten Himmel einzigartig sei. Es hatte zu uns gesprochen, und mit allen Sinnen hatten wir es in uns aufgenommen. Wie lebendige Wirklichkeit stand es vor uns, das Land der Stille.

Land der Stille. Dünenkette, die sich in unendliche Weite fortsetzte. Immer weiter zog es den Wanderer in sie hinein, über große Dünentäler, über den Grat der steil zum Haff abfallenden Düne. Alle Unruhe des Lebensalltags versank vor dieser Landschaft wie am Schöpfungsmorgen. Man war in einen eigenartigen Zustand versetzt. Nur das Bewusstsein des eigenen Daseins und der Atem dieser großen unberührten Landschaft, nur dieses Jetzt, erfüllte das ganze Sein.

Helles Licht unter dem großen Himmelsbogen, entstanden aus der Luft über See und Haff und dem hellgelben Sandgeflimmer der Düne.

Nehrungswald der Kindheit. Kiefernstämme kupfergolden aufleuchtend in der Abendsonne. Blaubeergestrüpp, das sich weit über den Waldboden ausbreitete. Hockend, mit dem roten Eimerchen, um sich herum die dunklen Beeren pflückend. Kaddiggestrüpp, stachelig, Tannenduft vom Waldboden aufsteigend. Waldduft, Sommerduft der Kindheit.

Und so stand es all die Jahre in der Erinnerung vor mir, das kleine Fischerdorf am Haffufer, umschlossen vom großen Bogen der Düne. Nicht mehr von ihr bedroht wie einst, da sie noch nicht gezähmt, noch nicht durch den unermüdlichen Fleiß der Menschen bepflanzt, so manches Nehrungsdorf mit ihrem wandernden Sandleib zugedeckt hatte. Wie heimelig lagen sie da, die dunkelbraunen strohgedeckten Fischerhäuser mit ihren Geräteschuppen, zu denen der Geruch nach altem Holz, der Fischgeruch der Netze und der Ruch der Räucherkaulen gehörte. Bis an die Gärten hatte sich der feine Sand gedrängt. Doch beim Staketenzaun mit den weißen Spitzen war ihm Einhalt geboten. Der Fleiß der Fischersleute hatte den Boden verbessert und ertragreich gemacht. Kartoffeln standen in ihrem dunklen Kraut. Es duftete nach Dill, der sich überall zwischen den Gemüsebeeten ausgesät hatte. Sommerbunte Blumenfülle triumphierte über die Kargheit des Bodens außerhalb des Gartens. Goldleuchtend hielten Sonnenblumen ihre Köpfe dem Licht entgegen. Wie ein gemalter Hintergrund für alle diese Sommerfarben stand der dunkle Holzton der Hauswand. Weiß und kurenblau waren die Fensterumrahmungen gestrichen. Über die Fischer-

So war es einst (Kurenkähne und Fischernetze)

häuser mit ihren Schuppen und den zum Trocknen aufgehängten Netzen wanderte der Blick zum Haff. Eine Reihe Kurenkähne, Kahn hinter Kahn, zog wie in einer gebogenen Linie aufs Haff hinaus. Die Kurenwimpel mit ihren bunten Motiven, die den Booten den eigenwilligen Charakter gaben und immer wieder die Maler anregten, standen wie Silhouetten gegen den hellen Himmel. Die kleinen Stofffahnen am Ende flatterten im Wind. Bild der Erinnerung.

Solche Bilder, die zum Fischfang ausfahrenden oder am Ufer in Reihen liegenden Kurenkähne, gibt es heute nicht mehr. Von den später zu uns gekommenen alten Nehrrungsbewohnern haben wir die Nachricht, dass nach dem Krieg die Fischerbrigaden der vom Asowschen Meer und Baikalsee gekommenen Fischer das Haff mit Motorbooten abfischten. Mit den Kurenkähnen, die dem Wetter und den Bedingungen des Haffes angepasst waren, konnten sie nicht umgehen. Die Kurenkähne wurden an Land gezogen, trockneten aus und wurden bis auf wenige verheizt. Der Kurischen Nehrung war damit eine Besonderheit genommen, die aus jahrhundertealter Tradition der Nehrung gewachsen war.

*

Der Eiserne Vorhang hat sich gehoben. Wir können in das Land unserer Kindheit und Jugend reisen, das ersehnte Land wiedersehen. Kaum noch hatten wir daran geglaubt, dieses noch erleben zu können. Es war für uns, als sei aus dem Dunkel der Versunkenheit das Land wie eine Insel wieder emporgetaucht.

Drei Sommer haben wir nun schon den hellen Himmel der Kurischen Nehrung erlebt. Wir sind wieder durch den alten Nehrungswald in Schwarzort gegangen, mit seinem Kad-

digstrauch und den Kupferkiefern. Würzig wie einst, nirgendwo nie wieder so geatmet, stieg der Duft des Waldbo-
dens zu uns auf. Die Hohe Düne zog uns in ihre Weite hinein. In der Toten Düne leuchteten zwischen dem Trockengras
die gelben Köpfchen der Immortellen. Bei unserer Wanderung nach Alt-Negeln lief am Haff die frische Elchspur neben
unserem Weg her. Doch er, der Elch, dem wir so gerne mit
seinen großen Elchschaufeln und dunklem Blick, wie aus
dunklen Gründen längst vergangener Zeit, begegnet wären,
hielt sich im hohen Weidengebüsch verborgen.

Viel hat sich in den Dörfern in den fast fünfzig Jahren verändert. Die Sowjetherrschaft hat ihre Spuren hinterlassen.
Doch finden wir im heute litauischen Teil der Kurischen Nehrung, mehr als wir zu hoffen wagten, noch manches Zeugnis
der alten Bewohner der Nehrung.

Noch stehen vereinzelt die alten Grabmale mit ihren selt-
samen Formen auf dem alten Friedhof bei der Kirche in Nidden. Im heidnischen Aberglauben verwurzelt ist die stilisier-
te Krötenform der Grabmale, die den Verstorbenen vor Unheil
durch Kröten bewahren sollte. In den Kurischen Sagen wird
viel von der Unheil bringenden Macht der Kröten berichtet.
Davor sollte der Tote geschützt sein. Doch oftmals ist gleichzeitig das christliche Kreuz auf die Form gesetzt. Sollte es eine
doppelte Vergewisserung des Schutzes sein? Oder lebte bei
den Nehrungern Aberglaube und Christenglaube, beides miteinander verknüpft? In einer Ecke des Friedhofes mit seinen
alten Bäumen ist eine ganze Ansammlung solcher alter Grabmale aufgestellt. Neben der Krötenform sind vielfach Blu-
men- und Vogelmotive zu finden, früher farbig bemalt. Zwei
litauische Künstler sollen sich besonders für den Erhalt dieser für die Kurische Nehrung so typischen alten Grabmale
eingesetzt und sie bewahrt haben.

Wiedersehen mit der alten Fischerstraße. Fast wie in alter Zeit reihen sich die kleinen Holzhäuser. Von ihren heutigen Bewohnern, meist Litauern, sind sie gut instand gehalten. Manche Häuser tragen noch die schön verzierten Giebelbretter, und der Giebel hat als Bekrönung gekreuzte Pferdeköpfe, Vögel oder ornamentale Zeichen der kurischen Volkskunst. In den bunten Gärten leuchten Cosmea, Ringelblume und Flox. Ein Kind, so ein kleiner Blondkopf mit wasserhellen Augen, kommt an den Zaun gelaufen, lacht uns an und winkt uns zu.

Die Straße führt zum Haff hin. Hier lagen einst die Kurenkähne, plätscherte das Wasser an ihren Bug, drehten sich die bunten Wimpel im Wind. In silberheller Weite liegt das Haff vor uns. Der pastellfarbene Himmel gibt seine unterschiedlichen Blau- und Grautöne an den Wasserspiegel weiter. Ockerhell leuchtet der Bogen der Hohen Düne, der bis zum Grabszter Haken hin wie mit einem Arm das Haff von einer Seite umschließt. Und da gewahren wir etwas, das uns wie ein kleines Wunder erscheinen will. Wie im Traumbild langer Jahre zieht ein Kurenkahn mit aufgestelltem großem Sprietsegel seine ruhige Bahn über das stille Wasser des pastellfarbenen Haffes. Die Ruhe und Schönheit dieses Bildes erfüllt die Seele wie eine fein klingende Musik. Wem haben wir dieses Erlebnis zu danken? Woher kommt der Kurenkahn, der dort auf dem Haff seine Bahn zieht wie in alter Zeit? Damit diese alte Tradition am Kurischen Haff nicht verloren geht, hat der in Nidden lebende Maler und Bildhauer Eduardas Jonushas mit viel persönlichem Einsatz und Opfer den Kurenkahn originalgetreu nachgebaut. Als der Kahn am anderen Tag am Ufer angelegt hat, können wir ihn näher in Augenschein nehmen. Seine Größe ist beachtlich. Schwer und stark sind die Holzplanken. Die Bootswand ist in Kraweeltechnik ausgeführt. Die Spanten sitzen aufeinander. Dem schweren Kahn gibt die geschwungene Linie des hochgezogenen Bugs sein besonderes Aussehen. Der Kurenwimpel hat sich in Windrichtung gedreht. In seinem Schnitzwerk ist der Elch zu sehen, das Symboltier der Nehrung.

In Preil in den dreißiger Jahren

Wandernde Düne

Wir Kinder der Zeit
deren Narben erinnern
staunend stehn wir
dass wieder dies sein kann
am Rande der Kurischen Düne
am Anfang unendlicher Weite.

Unsere Sehnsucht
Jahrzehnte verwahrt
zieht mächtig
ins Dünengelände hinein.

Wandernde Wolken
Lichtwunderschatten
Bogen und Grat und
die Senke im Licht.
Einsame Spur
hier trabte der Elch
trug sein Geweih
durch den Wind.
Haffwellenglanz
von der Düne umarmt.

Wandernde Düne
Wandernde wir.

Hohe Düne

Begegnung mit dem Maler
und Bildhauer Eduardas Jonushas

Lange Jahre schon, erzählt uns Eduardas Jonushas, als wir ihn besuchen, habe er den Plan gehabt, den Kurenkahn zu bauen. Etwas sollte für die Nachwelt aus der Zeit erhalten bleiben, als die alten Nehrunger diesen Landstrich zwischen See und Haff bewohnten, durch den Fischfang ihren Broterwerb fanden und Schiff, Haus und Gerät den Bedürfnissen und ihrem Lebensgefühl entsprechend gestalteten.

An der Außenwand des kleinen Hauses, in dem wir ihn besuchen, ist ein großes geschnitztes Relief angebracht. Ein Männerkopf mit einem von Wind, Wetter und vom schweren Leben geprägten Gesicht. Hiermit wollte Eduardas Jonushas dem alten Kuren ein Denkmal setzen. Zeitlos ist es, wie diese Landschaft.

Unverkennbar weist dieser Kopf Ähnlichkeit mit dem Künstler auf. Erscheint er uns nicht selbst wie der alte Kure? Hier, in diesem Landstrich unter dem hohen Himmel, hat er sein Zuhause gefunden, hat die Stimme dieses Landes in sich aufgenommen und lässt sie durch seine Kunst zu uns sprechen.

Da sind seine Bilder. Über den Dünenzug trabt der Elch, eine Spur durch die Einsamkeit und Weite der Dünenlandschaft ziehend. – Die Wanderdüne hat Dorf und Kirche schon fast begraben. Von Haus zu Haus sind die Wegspuren deutlich, welche die vielen Füße auf dem Weg zum Nachbarn ausgetreten haben. Zeichen der Verbindung zwischen den Bewohnern, Zeichen der Anteilnahme.

»Noabersche, Noabersche, kommst?« – Ein alter Fischer

sitzt vor dem Geräteschuppen auf der Bank und ist dabei, Netze zu flicken. Von seiner Schulter her sieht ein dunkler Vogel ihm dabei zu. – In hellem Holzrahmen das Bild von drei Kurenkähnen auf nachtdunklem Wasser. Ihre Segel fangen das erste glühende Frührot auf, das sich am Horizont zeigt.

Neben der Türe hängt ein Bild, das in seiner rätselhaften Mystik immer wieder den Blick anzieht. Wie die untergehende Sonne manchmal eine rotgoldene Brücke über das Wasser legt, ist hier noch einmal vom Rund der Sonne ausgehend ein Querbalken aus rotem Licht gelegt. Wie aus dem Wassergrund hervorschimmernd, ist ein Vogel mit ausgebreiteten Schwingen zu sehen, von vier großen Nägeln gehalten. Im Vordergrund sitzt eine Menschengestalt. Aus einer Hand rinnt, wie aus einer Zeitenuhr, der Sand, die andere hält einen Nagel in einer Gebärde, die der fragende Ausdruck im Gesicht des Menschen verstärkt.

Userm fragenden Blick gibt der Künstler Antwort. »Das Leiden des Menschen. Das Leiden meines Volkes. Wohin wird der fünfte Nagel kommen und vollendet das Zeichen des Pentagramm, das Zeichen für den Menschen. Was muss mein Volk noch leiden? Trifft der fünfte Nagel ins Herz?«

Ja, die Zukunft dieses Landes ist noch nicht gesichert. Dankbar erinnern wir uns, dass die Litauer nach dem Krieg, in eigener Notzeit, den hungernden Frauen und Kindern aus dem Königsberger Gebiet, die in ihrem Elend Hilfe suchend zu ihnen kamen, Obdach und Brot gaben. So mancher verdankt dieser Hilfe sein Leben. Wir erfahren etwas von dem Leben Eduardas Jonushas. Es ist ein Kriegsschicksal unserer Generation. Den Vater und drei jüngere Brüder verlor er durch die Schrecken des Krieges. Er war noch ein Junge, als er auf der Flucht von der Mutter mit dem kleinsten Geschwisterchen, einem Säugling, getrennt wurde. Mit anderen zu einem Transport gesammelt merkte er, dass es nach Russland gehen sollte, und sprang in Wilna aus dem Zug. Lange irrte der dreizehnjährige Junge umher und suchte die Mutter, bis er sie letztendlich wiederfand. Doch musste später auch er, wie manche Litauer, das schwere Leben in einem sowjetischen Lager in Sibirien erfahren.

Schwere Erlebnisse finden nicht einfach ein Vergessen. Sie sind zu einem Stück des Lebens geworden und prägen Denken und Empfindung. So sind diese Erlebnisse auch in seinen ausdrucksstarken Bildern zu finden, die wir in seinem Atelier sehen konnten.

Mit dem Rücken zum Betrachter steht ein Gefangener in seiner fast durchsichtigen Gestalt, die Hunger und Entbehrung ausdrückt, mit einer Geige in der Hand. Vor ihm schauen viele Mitgefangene mit den großen Augen Hungernder zu dem Spieler auf. Angedeutet ranken sich um ihre Köpfe Rosen, die aus dem Dornenkranz erblühten. Ein Ausdruck ihrer Empfindung, die die Musik ihnen schenkte. Speise für die Seele. Das Bild mit dem Titel »Es geht immer vorwärts« prangert den Kommunismus an. Die Menschen werden durch einen Tunnel getrieben. Die Türen zu beiden Seiten sind verschlossen. Es gibt keinen Ausweg. Es geht auf das dunkle Loch zu, von Männern mit Lanzen weitergetrieben.

Auch die großen Themen der Jetztzeit, die alle betreffen, sind dargestellt. Die Gefahr der Atommacht, die Gefährdung und Zerstörung der Natur. »Das Testament« heißt das Bild mit der Frage an uns, was wir unseren Kindern vermachen.

Bezeichnend für unsere Zeit, »Der leere Thron«. Es ist kein König, kein Gott, kein Halt. Die Menschen gehen im Kreis. Aus dem Kosmos schauen Augen auf die sich im Kreis bewegenden Menschen. Manches in seinen Werken erinnert in

Kurenkahn – originalgetreu nachgebaut von dem Künstler
Eduardas Jonushas

der Themenwahl und Deutlichkeit an A. Paul Weber. Doch sind beide Künstler ganz individuelle Persönlichkeiten in ihrem Kunstschaffen.

Wir sind in Eduardas Jonushas einem bedeutenden Künstler unserer Tage begegnet, der die Zeichen der Zeit erkennt und darstellt. Desto mehr bewegt es uns, dass dieser Künstler sich mit warmem Herzen der Bewahrung der Kulturwerte der Kurischen Nehrung annimmt, den Kurenkahn baute, Kurenwimpel schnitzte und jetzt alles sammelt, was mit den Bewohnern der Nehrung zusammenhängt. Er ist dabei, ein Museum zu bauen.

Vor einem Jahr sahen wir auf seinem Grundstück die beiden Gedenkmale für die alten Bewohner von Rossitten und Pillkoppen stehen, die inzwischen dort aufgestellt sind.

Wir sind berührt von der Begegnung mit diesem Künstler, diesem Menschen, der sich für die versöhnende Kraft unter den Menschen einsetzt.

In Königsberg

Am Gartenzaun

Oktobergold des Ahorns und dunstige Herbstluft legen über die so veränderte Stadt unserer Vergangenheit eine eigenartige Stimmung. Sie ist wie leise Trauer, die zu den Empfindungen unseres Wiedersehens passt, und sie ist zugleich von einer beschenkenden stillen Freude, die der Anblick der flammenden Schönheit der alten Bäume verbreitet, die oftmals noch aus der Zeit herstammen, da wir in dieser Stadt unserer Kindheit und Jugend lebten.

Der Ruch nach Erde und Laub, Herbstgeruch, strömt von dem verwilderten Gartengrundstück zu uns her, das einst zum Besitz von Agnes Miegels Großeltern gehörte und auf das sie einst von ihrem Fenster in der Hornstraße sehen konnte.

Und wir stehen mit dem Rücken zu diesem Grundstück und schauen auf das Haus, in dem sie wohnte und von dem aus sie als alter Mensch den Weg in die Fremde antreten musste. Noch einmal hatte sie, ehe sie fortging, Abschied von der so schwer verwundeten Stadt genommen, von der Kneiphofinsel mit dem zerstörten Dom, den sie in ihren Werken als zutiefst mit ihrem Leben verbunden beschrieben hatte, den sie »Mein Dom« nannte.

Wie vielen Menschen, die wie sie in der Fremde das Gefühl hatten, aus ihrer Verwurzelung herausgerissen zu sein, konnte sie mit ihrem Werk erinnernde Geborgenheit schenken. Stammt doch von ihr das schöne Wort vom »Schutzengel Erinnerung«.

Und wundersam berührt erleben wir in diesen Tagen, dass

ihr Werk und ihre tiefe Menschlichkeit, die alles Leben achtete, allem Leben gut war und sich immer für das Leben entschied, auch zu den heute in Königsberg lebenden Menschen spricht.

O Agnes Miegel, erfährt die Seele in den Weiten des ewigen Raumes eine Ahnung, dass deine Worte hier wieder eine Heimstatt finden? Dass wir hier, nach jahrzehntelanger Abwesenheit, in deiner Vaterstadt, mit vielen russischen Menschen deiner gedenken und eine Gedenktafel für dein Leben und Werk an deinem Haus enthüllen? –

Ein besonderes Aufhorchen ist spürbar, als nach den Reden verschiedener Vertreter der Stadt und der Kulturgemeinschaften nun die Vorsitzende der Agnes-Miegel-Gesellschaft Worte aus dem Gedicht von Agnes Miegel »Am Gartenzaun« spricht und ihrer Ansprache zugrunde legt:

»Nahwersche, Nahwersche, / Komm an den Zaun! / Wo bleibst du? / … / Meine Jungchen und deine, / Nahwersch Kinder, / Haben sich geschlagen. / Meine schönen Jungchen, / Deine jungen Söhne, / Schlafen im Acker. / Pflug geht darüber, / Saat tropft und Regen, / Neigen sich die Ähren / Flüsternd in ihren Schlummer! / In der grünen Ebene / Zwischen Weichsel und Wolga. / … / Komm an den Zaun!«

»Und heute stehen wir an dem von Agnes Miegel beschworenen Zaun!«, wird die Ansprache weiter ausgeführt. Agnes Miegels Stimme sei nicht ungehört verhallt. Nach den furchtbaren Geschehnissen und schrecklichen Irrtümern, durch die unsere Völker gegangen sind, stehen wir miteinander am Gartenzaun.

Und ein Dank wird an die vielen Bürger dieser Stadt ausgesprochen, die die Dichterin an diesem Gartenzaun willkommen heißen.

Eine junge Frau ist vor die nun enthüllte Bronzetafel mit

dem Bildnis Agnes Miegels getreten. Ihre Worte trägt der Herbstwind zu uns her. Es sind russische Worte, doch wir können Rhythmus und Klang aufnehmen, spüren Verinnerlichung von Dichterworten. Die russische Lyrikerin Apollinaria Sujewa hat ihr Gedicht »Rückkehr« genannt und es der geistigen Rückkehr Agnes Miegels gewidmet. Wie die goldenen Herbstblätter sich beim leisen Niedersinken als Bild in unsere Seele legen, so nehmen wir diese Worte, die nun in der Übersetzung in unserer Muttersprache zu uns herüberklingen, in uns auf.

»... / Die Hörner erklingen in unsichtbarer Himmelshöhe. / Der Kreis schließt sich. Die Rückkehr ist beendet, / die vor vielen Jahren begann. / Lautlos wird das Siegel von der Tür fallen. / ... / Ich komme hierher, um zu schweigen. / Oktoberseufzer, Ahornruf: »Agnes ...« / Der bittere und traurige Engel deiner Poesie / wird leicht meine Schulter berühren. / ... / Die Nachricht ist abgeschickt ... / Und der Empfänger öffnet das Buch.«

Wir lauschen den letzten Worten nach. Sind nicht wir hier zum Empfänger einer Botschaft geworden? Der Botschaft, dass da, wo Menschen sich gegenseitig achtend bereit sind, offen füreinander zu sein, echte Begegnung geschehen kann.

Es war Agnes Miegel, die hier mit ihrem Werk eine Brücke baute, über die wir, Menschen beider Völker, aufeinander zugegangen sind.

Wiedersehen
mit Königsberg

Über den Gräbern
ein Spielplatz.
Über dem Haus
grünt der Rasen.
Nicht finden konnt' ich
die Straße der Kindheit.

Aber da war eine Spur
eine schmale
die bin ich gegangen.
Eine Türe war offen.

Und wir lernten die Namen.
Wir legten die Hand
auf die Narben.
Leise sag ich »Nadeshda
dein Leben, dein schweres …«

Brücke der Begegnung

Das ist das Erlebnis dieser Tage. Wir haben Begegnungen mit Menschen dieser Stadt gehabt, die offen und ohne Vorbehalte auf uns zukamen. Es entstehen Verbindungen und Freundschaften. Die Stadt fängt an, auf eine neue Weise für uns zu leben.

Begegnungen sind Geschenke des Lebens. Das empfanden wir einst ähnlich stark, als wir nach dem Inferno des Krieges, dankbar dafür, am Leben geblieben zu sein, doch abgeschnitten von den alten Fäden des vertrauten Lebenskreises, uns tastend und suchend auf neuen Wegen bewegten. Und da gab es unvorhergesehene Begegnungen, Sternstunden zwischen den Menschen.

Wer bist du? Was denkst du? Offen und staunend gingen wir aufeinander zu, auf dem neuen Weg.

Und ähnlich ist es mit den Begegnungen im heutigen Königsberg. Es ist ein besonderes Aufeinanderzugehen, auf einem neuen Weg. Es gibt nur den neuen Weg. Es gibt nur das Suchen nach einem neuen Weg.

Wir möchten uns näher kennen lernen, voneinander mehr erfahren. Mehrfach werden wir eingeladen. Von Frau Ludmilla zu einem Abendessen und Hauskonzert. Wir erleben die russische Gastfreundschaft und die große Liebe zur Musik und die zu bewundernde Lebensfreude, trotz der heute so schweren Situation in Königsberg. Und wir sind Gast im Haus der russischen Lyrikerin und lernen ihre Familie und die lieben Kinder kennen.

Sie spielt und singt uns ein Gedicht von Hermann Hesse vor, das sie übersetzt und vertont hat.

Ich halte das Buch mit Erzählungen und Gedichten »So war der Frühling in meiner Stadt« von Tamara Ehlert in der Hand. Apollinaria Sujewa hat es ins Russische übersetzt und einen Begleittext dazu geschrieben. Wie ist sie dem Dichterwort in seiner tieferen Bedeutung nachgegangen. Ein seltenes Geschenk für einen Schriftsteller, wenn so die Tiefe der Sprache heraufgeholt wird, durch den Echoklang einer verwandten Seele.

Und was jeden Menschen, der das alte Ostpreußen liebt, besonders berührt, ist ebenso der Echoklang der Empfindung dieser Landschaft, in die wir und sie hineingeboren wurden.

»Nur ein Mensch, der sich von Kindheit an in die raschelnden Märchen Rauschens hineingehört hat – von Kindheit an verzaubert durch die sonnige Melodie von Swetlogorsk (Rauschen) – kann das Leuchten der Lupinenfelder im goldig grünen Widerschein des Bernstein erblicken«, schreibt Apollinaria Sujewa zu der Erzählung »Das Stück Bernstein«.

Und weil sie dieses Land liebt, versteht sie auch unseren Schmerz um das Land unserer Väter, das wir verlassen mussten. Ja, mehr, als wir es oftmals bei uns im Westen erfahren.

»Ich verstehe es wohl besonders«, sagt sie uns, »weil es in unserer Familie ein ähnliches Schicksal gab.« Wir erfahren, dass ihre Großeltern aus wohlhabender adliger Familie sich aus Idealismus für die Revolution einsetzten und ihren Besitz freiwillig übereigneten. Doch in den Wirren der Geschehnisse musste der Mann sein Leben lassen. Die Frau wurde gezwungen, innerhalb weniger Stunden, ohne Gepäck, mit ihren beiden Kindern ihren Heimatort zu verlassen.

Und weil Apollinaria das Schicksal und das Leid dieses von ihr geliebten Menschen, ihrer Großmutter, in sich aufgenommen hat, der Großmutter, der sie viele bedeutsame und prägende Kindheitserlebnisse verdankt, kann sie auch die Menschen mit ähnlichem Schicksal besonders gut verstehen.

Ich las mein Gedicht »Wiedersehen mit Königsberg«. »Über den Gräbern ein Spielplatz / Über dem Haus grünt der Rasen / Nicht finden konnt ich die Straße der Kindheit / Aber da war eine Spur / eine schmale ...«, und werde aus dem Kreis der Anwesenden gefragt: »Und doch zieht es Sie immer wieder nach Königsberg?«

Und Apollinaria ist es, die die Antwort weiß:

»Es ist die Seele der Stadt!«

Mit ihrem großen Einfühlungsvermögen in die Sprache und die dichterische Aussage übersetzte sie einige meiner Gedichte. Zum Abschied überreicht sie mir eine große weiße Vogelfeder mit eingefügter Schreibmine. Sie fand die Feder an der Küste der Kurischen Nehrung. Ein wilder Schwan, der, aus den Weiten des Himmels kommend, sich am Strand niedergelassen hatte, verlor sie. Mit dieser Feder schreibe ich:

> Über die »Brücke Verstehen«
> können Vertrauen und Hoffnung gehen
> auf Frieden und eine bessere Welt.

In Königsberg
am Schlossteich – heute

Die Frau mit dem roten Tuch
hat die Stille gesucht
und den Ruch von Herbstlaub
und dunstigem Teich.

Sie ist der Enge entflohn
und dem Druck und der Last
der heutigen Stadt.

Auf altem Baumstumpf
der erdtief verwurzelt
wie alte Geschichte der Stadt –
nahe am Wasser sitzt sie
und sinnt.

Unter dem Herbstgold
des Ahorns
atmet ins Heute
vergangene Zeit.

Frau am Schlossteich